Gelassen und sicher im Stress

D1866747

Gert Kaluza

Gelassen und sicher im Stress

Das Stresskompetenz-Buch: Stress erkennen, verstehen, bewältigen

7., korrigierte Auflage

Mit 30 Abbildungen und 5 Tabellen

Springer

Gert Kaluza
GKM-Institut für Gesundheitspsychologie
Marburg, Deutschland

ISBN 978-3-662-55985-7 ISBN 978-3-662-55986-4 (eBook)
https://doi.org/10.1007/978-3-662-55986-4

Die Deutsche Nationalbibliothek verzeichnet diese Publikation in der Deutschen Nationalbibliografie; detaillierte bibliografische Daten sind im Internet über ► http://dnb.d-nb.de abrufbar.

© Springer-Verlag Berlin Heidelberg 1991, 1996, 2007, 2012, 2014, 2015, 2018
Das Werk einschließlich aller seiner Teile ist urheberrechtlich geschützt. Jede Verwertung, die nicht ausdrücklich vom Urheberrechtsgesetz zugelassen ist, bedarf der vorherigen Zustimmung des Verlags. Das gilt insbesondere für Vervielfältigungen, Bearbeitungen, Übersetzungen, Mikroverfilmungen und die Einspeicherung und Verarbeitung in elektronischen Systemen.
Die Wiedergabe von Gebrauchsnamen, Handelsnamen, Warenbezeichnungen usw. in diesem Werk berechtigt auch ohne besondere Kennzeichnung nicht zu der Annahme, dass solche Namen im Sinne der Warenzeichen- und Markenschutz-Gesetzgebung als frei zu betrachten wären und daher von jedermann benutzt werden dürften.
Der Verlag, die Autoren und die Herausgeber gehen davon aus, dass die Angaben und Informationen in diesem Werk zum Zeitpunkt der Veröffentlichung vollständig und korrekt sind. Weder der Verlag noch die Autoren oder die Herausgeber übernehmen, ausdrücklich oder implizit, Gewähr für den Inhalt des Werkes, etwaige Fehler oder Äußerungen. Der Verlag bleibt im Hinblick auf geografische Zuordnungen und Gebietsbezeichnungen in veröffentlichten Karten und Institutionsadressen neutral.

Verantwortlich im Verlag: Monika Radecki
Umschlaggestaltung: deblik Berlin
Fotonachweis Umschlag: © Annatamila/stock.adobe.com (Symbolbild mit Fotomodell)

Gedruckt auf säurefreiem und chlorfrei gebleichtem Papier

Springer ist ein Imprint der eingetragenen Gesellschaft Springer-Verlag GmbH, DE und ist ein Teil von Springer Nature
Die Anschrift der Gesellschaft ist: Heidelberger Platz 3, 14197 Berlin, Germany

Vorwort

Liebe Leserin, lieber Leser,

als Autor dieses Buches begrüße ich Sie sehr herzlich. Ich freue mich über Ihr Interesse.

Seit nunmehr über 25 Jahren beschäftige ich mich als Forscher und Lehrer sowie als Trainer und Coach mit dem Thema „Stress und Stressmanagement". Dieses Buch stellt meinen Versuch dar, die gewonnenen Erkenntnisse und Erfahrungen in einer verständlichen Sprache und praxistauglich für ein breiteres Publikum zusammenzufassen. Es versucht, eine Brücke zu schlagen zwischen wissenschaftlich-theoretischer Fundierung einerseits und praktischer Anwendung andererseits. Ich hoffe, dass dieser Spagat zwischen Theorie und Praxis geglückt ist.

In den vergangenen drei Jahrzehnten hat das Interesse an der Stressthematik sowohl in der Fachwelt als auch in der breiteren Öffentlichkeit beständig zugenommen. Ursächlich hierfür sind zum einen gravierende Veränderungen in unseren Lebens- und Arbeitsbedingungen, die für immer mehr Menschen zu Stress führen. Zum anderen haben neuere Erkenntnisse der neurobiologischen und gesundheitswissenschaftlichen Forschung unser Verständnis des Stressgeschehens und seiner Bedeutung für die Gesundheit des Einzelnen vertieft. Von beiden Entwicklungen wird in diesem Buch die Rede sein.

Mein eigenes anhaltendes Interesse am Thema beruht über seine große gesundheitliche Bedeutung hinaus wesentlich darauf, dass im Stressgeschehen besonders eindrucksvoll zu erkennen ist, wie gesellschaftliche Verhältnisse, individuelle Erlebnis- und Verhaltensweisen sowie biologische Prozesse aufs Engste miteinander verknüpft sind. Im Stress reagieren wir immer als ganzer Mensch mit Herz und Muskeln, mit Gefühlen und Gedanken und mit typischen Handlungen. Stress erfordert eine ganzheitliche Betrachtungsweise aus unterschiedlichen Perspektiven. Eine solche umfassende Sicht auf das Stressphänomen möchte ich Ihnen in diesem Buch nahebringen.

Es ist meine Überzeugung, dass Verstehen eine notwendige Voraussetzung für effektives Handeln ist. Insofern habe ich mich bemüht, im ersten Teil dieses Buches die gesellschaftlichen, psychologischen und biologischen Prozesse, die das Stressgeschehen bestimmen, umfassend und zugleich verständlich darzustellen. Im zweiten Teil des Buches geht es dann um Handlungsmöglichkeiten im Umgang mit Stressbelastungen. Dabei ist es nicht meine Absicht, Sie mit einfachen Ratschlägen und Patentrezepten zu versorgen. Denn die gibt es nicht wirklich. Stattdessen möchte ich unterschiedlichste Handlungsmöglichkeiten aufzeigen und Sie dazu ermuntern, Ihren eigenen je individuellen Weg zu einem gelassenen und gesunden Umgang mit Stressbelastungen in Beruf und Alltag zu finden. Ich bin zutiefst davon überzeugt, dass wir nicht nur Opfer belastender Verhältnisse sind, denen wir hilflos ausgeliefert sind, sondern dass jeder Einzelne über äußere und innere Freiräume, Entscheidungsmöglichkeiten und Handlungsspielräume verfügt, um trotz bestehender äußerer Belastungen für das eigene körperliche und seelische Wohlbefinden zu sorgen. Es ist meine Hoffnung, dass eine solche Überzeugung mit der Lektüre dieses Buches auch in Ihnen wächst und Sie den Mut finden, Ihre Freiräume zu erkennen und zu nutzen.

Das Buch erscheint hiermit bereits in der 7. Auflage. Die 1. Auflage erschien im Jahr 1991. Nachdem für die vorangegangene 6. Auflage dieses Buches der Text vollständig überarbeitet und auf den neuesten Stand gebracht wurde, habe ich in der hier vorliegenden 7. Auflage lediglich einige notwendige Fehlerkorrekturen vorgenommen. Dieses Buch ist zuallererst für alle stressgeplagten Menschen geschrieben. Für Menschen, die bereits erste körperliche oder seelische Anzeichen von Überlastung oder beginnender Erschöpfung spüren, und für Menschen, die an Erkrankungen leiden, bei deren Entstehung oder in deren Verlauf auch Stress eine Rolle spielt, und natürlich ganz besonders für alle diejenigen, die es erst gar nicht so weit kommen lassen und ihre Stresskompetenz weiterentwickeln wollen. Des Weiteren wendet sich das Buch an Menschen, die in ihrem Beruf mit Personalverantwortung betraut sind: an Führungskräfte in Wirtschaft und Verwaltung, an Fachkräfte aus dem Personalwesen und Personalentwickler, an Ausbilder und überhaupt an Lehrkräfte und pädagogische Fachkräfte. Auch für Fachkräfte aus dem Gesundheitswesen, der Rehabilitation, aus Sozialarbeit und Sozialpädagogik, für Therapeuten und Berater, die in ihrer täglichen Arbeit mit stressbelasteten Patienten und Klienten zu tun haben, ist dieses Buch geschrieben.

Das Buch eignet sich auch hervorragend als Begleitlektüre zur Teilnahme an einem Stressbewältigungskurs. Diese werden bundesweit unter dem Titel „Gelassen und sicher im Stress" angeboten und sind von allen gesetzlichen Krankenkassen als förderungswürdige Präventionsleistung anerkannt. Das bedeutet, dass gesetzlich Versicherte die Teilnahmegebühr zu einem großen Teil rückerstattet bekommen. Über Angebote in Ihrer Region informieren Sie sich am besten bei Ihrer Krankenkasse.

Ganz neu ist das internetbasierte Anti-Stress-Programm „MAURU – meine Insel", das über den PC und mobile Endgeräte (Smartphone, Tablet) genutzt werden kann. „Mauru – meine Insel" vermittelt – angelehnt an das vorliegende Buch „Gelassen und sicher im Stress" – vielfältige Wege der regenerativen, instrumentellen und mentalen Stressbewältigung. Und das auf eine völlig neue Art und Weise, denn „Mauru – meine Insel" ist ein sog. Serious Game, d. h. es nutzt Elemente aus Computerspielen, um die Motivation der User zu steigern. Informationen zu dem Programm finden Sie auf der Website ▶https://www.insel-mauru.de.

Ich wünsche Ihnen eine informative, anregende und hoffentlich motivierende Lektüre. Über Ihre Anregungen, konstruktiven Rückmeldungen und Erfahrungsberichte freue ich mich. Schreiben Sie mir unter info@gkm-institut.de.

Mein Dank gilt den Mitarbeiterinnen des Springer Verlages für die professionelle Begleitung des Buches über viele Jahre, insbesondere Monika Radecki, Sigrid Janke und Barbara Buchter (Lektorat).

Gert Kaluza
Marburg, im September 2017

Inhaltsverzeichnis

II Stress bewältigen

Serviceteil

Über den Autor

Prof. Dr. Gert Kaluza
ist psychologischer Psychotherapeut und als Trainer, Coach und Autor im Bereich der individuellen und betrieblichen Gesundheitsförderung tätig. Nach über 20-jähriger Tätigkeit an verschiedenen Universitäten gründete er 2002 sein eigenes Fortbildungs- und Trainingsinstitut (▶ www.gkm-institut.de). Er ist verheiratet und Vater von drei Töchtern. Seinen eigenen Ausgleich findet er bei Waldläufen, auf dem Golfplatz und beim Tango Argentino.

Professor Dr. Gert Kaluza
GKM-Institut für Gesundheitspsychologie
Liebigstr. 31a, 35037 Marburg
E-Mail: info@gkm-institut.de

Stress erkennen und verstehen

Check for updates

Stress – was ist das eigentlich? Eine Einführung

© Springer-Verlag Berlin Heidelberg 2018
G. Kaluza, *Gelassen und sicher im Stress*, https://doi.org/10.1007/978-3-662-55986-4_1

Stress in der Wissenschaft

Stress – noch vor 50 Jahren kannte kaum jemand dieses Wort. Allenfalls einige Materialwissenschaftler benutzten es und bezeichneten damit physikalische Kräfte bzw. Belastungen, die auf feste Körper einwirken und diese unter Umständen verformen. In den 40er Jahren des 20. Jahrhunderts dann führte der österreichisch-kanadische Arzt und Biochemiker Hans Selye (1907–1982) den Stressbegriff in die Medizin ein. Er bezeichnete damit ganz allgemein die Auswirkungen von Belastungen auf lebende Körper. Seine Forschungsarbeiten zeigten, dass unterschiedlichste körperliche und seelische Belastungen zu charakteristischen körperlichen und seelischen Veränderungen führen, die, wenn sie über längere Zeit andauern, eine ernste Bedrohung für die Gesundheit darstellen können. Wissenschaftler aus unterschiedlichen Disziplinen wie der Biologie und der Medizin, der Psychologie, der Soziologie und der Arbeitswissenschaft haben seitdem die Entstehung von Stress und seine Folgen für die körperliche und psychische Gesundheit intensiv erforscht.

Stress als gesundheitlicher Risikofaktor

Heute besteht kein Zweifel mehr daran, dass Stress zu den wichtigsten gesundheitlichen Risikofaktoren zählt, mit denen Menschen in den modernen westlichen Gesellschaften konfrontiert sind. Auch auf der politischen Bühne wird dem Thema vermehrt Aufmerksamkeit geschenkt. So hat die Europäische Agentur für Sicherheit und Gesundheitsschutz am Arbeitsplatz bereits im Jahr 2000 festgestellt, dass arbeitsbedingter Stress eine der größten Bedrohungen für das Wohlbefinden der Beschäftigten darstellt. Europaweite Befragungen haben ergeben, dass fast jeder dritte Beschäftigte davon betroffen ist. Studien deuten daraufhin, dass 50–60% aller verlorenen Arbeitstage mit Stressproblemen in Zusammenhang stehen. Gewerkschaften fordern vom Gesetzgeber eine »Anti-Stress-Verordnung«. Personalverantwortliche in Unternehmen sehen sich zunehmend mit der Frage konfrontiert, wie sie die Leistungsfähigkeit der Beschäftigten angesichts älter werdender Belegschaften und eines zunehmenden psychischen Drucks langfristig erhalten und fördern können.

Stress in Politik und Gesellschaft

So verwundert es nicht, dass der Stressbegriff inzwischen einen derart durchdringenden Eingang in die Alltagssprache gefunden hat wie wohl nur wenige Begriffe aus der Wissenschaft. Da ist die Rede nicht nur vom Stress am Arbeitsplatz, sondern auch vom Stress in der Schule und sogar im Kindergarten. Es gibt Leistungs-, Beziehungs- und sogar Freizeitstress bis hin zum Stress im Krankenhaus, im Straßenverkehr und selbst im Urlaub. Kaum ein Bereich alltäglichen Lebens, der nicht mit diesem Begriff assoziiert wird. Stress – so scheint es – beherrscht unser Leben. »Ich bin gestresst!« oder »Ich bin im Stress!« sind vielfach geäußerte wie gehörte Antworten auf die Frage nach dem persönlichen Befinden. Stress wird auch immer häufiger als Erklärung für unterschiedlichste Beeinträchtigungen des körperlichen und seelischen Wohlbefindens herangezogen (»Das kommt vom Stress.«). Und manchmal dient der Hinweis »Ich bin im Stress!« auch dazu, eigenes Fehlverhalten sich selbst und anderen gegenüber zu entschuldigen und einer kritischen Auseinandersetzung mit sich und anderen aus dem Wege zu gehen.

Stress im Alltag

Nicht selten schließlich mischt sich in die Klage über ein Zuviel an Stress ein Unterton von Stolz mit ein. Hier wird Stress zu einem Zeichen der Wichtigkeit und Bedeutsamkeit der eigenen Person, zu einem Statussymbol, das Anerkennung von anderen verspricht.

- **Was aber ist Stress überhaupt? Wodurch wird er ausgelöst und wie macht er sich bemerkbar?**

In diesem einleitenden Kapitel möchte ich zunächst das Verständnis von Stress klären, das der heutigen modernen Wissenschaft zugrunde liegt und das auch Grundlage für unsere späteren Überlegungen zu Ansatzpunkten und Strategien des Stressmanagements sein soll. Ich werde ein einfaches Rahmenmodell skizzieren, das dabei helfen wird, wesentliche Aspekte des Stressgeschehens zu unterscheiden und mögliche Ansatzpunkte zum Stressmanagement zu erkennen.

1.1 Die Stresstrias

Ein Beispiel

Herbert M., Mitte 40, arbeitet als leitender Ingenieur in einer großen Konstruktionsfirma. Er ist verheiratet und Vater von drei schulpflichtigen Kindern. Seit zwei Jahren schon steht er unter beruflicher Dauerbelastung. Interne Umstrukturierungen, die Einführung neuer computergestützter Konstruktionsverfahren und nicht zuletzt der Erfolg seines Unternehmens am Markt haben dazu geführt, dass das Arbeitspensum immer größer und die Anforderungen immer anspruchsvoller geworden sind. Bei seinen Kollegen gilt er als ehrgeizig und einsatzfreudig. Sein Chef schätzt sein Verantwortungsbewusstsein und seinen Arbeitseifer, und diese Anerkennung ist ihm enorm wichtig. Er kennt eigentlich keinen Feierabend und kümmert sich lieber um alles selbst, bevor er sich auf andere verlässt. Seit einiger Zeit bedrücken ihn auch familiäre Sorgen. Sein pflegebedürftiger Vater, der ebenfalls im Haushalt lebt, wird immer schwieriger, und seine Frau verlangt mehr Unterstützung und wirft ihm vor, er würde sich nicht genug um die Familie kümmern. Herbert M. hat zunehmend das Gefühl, dass ihm alles über den Kopf wächst. Obwohl er abends immer länger arbeitet und auch Arbeit mit in die Wochenenden nimmt, schafft er immer weniger. Er kann sich schlecht konzentrieren. Nachts kreisen seine Gedanken und er findet nur schwer in den Schlaf. Tagsüber sind Müdigkeit, Kopfschmerzen,

1

Wie erlebe ich Stress?

Nervosität und Reizbarkeit schon die Regel. Manchmal spürt er Schmerzen in der Brust, die ihm Angst machen.

Bei jedem Stressgeschehen – wie auch im Beispiel von Herbert M. – lassen sich grundsätzlich immer drei Aspekte voneinander unterscheiden. Bevor Sie weiterlesen, nehmen Sie sich bitte einen Moment Zeit, um einmal über Ihr ganz persönliches Stresserleben nachzudenken (► Kasten »Anregung zur Selbstreflexion«).

Anregung zur Selbstreflexion: Stress – was ist das eigentlich?

Bitte nehmen Sie sich einen Moment Zeit, um über Ihr ganz persönliches Stresserleben in der letzten Zeit nachzudenken. Die folgenden drei Satzanfänge sollen Ihnen dabei helfen, Ihre Gedanken zu ordnen. Bitte ergänzen Sie jeden der drei Sätze so, wie es Ihrem persönlichen Stresserleben entspricht.

- Ich gerate in Stress, wenn …
- Wenn ich im Stress bin, dann …
- Ich setze mich selbst unter Stress, indem …

Hier finden Sie einige häufige und typische Äußerungen anderer Menschen:

Ich gerate in Stress, wenn …

- mehrere Dinge gleichzeitig zu erledigen sind.
- verschiedene Menschen Unterschiedliches von mir wollen und das möglichst auch noch gleichzeitig.
- ich kritisiert werde.
- durch Störungen und Unterbrechungen mein Zeitplan durcheinander gerät.
- mein E-Mail-Postfach überquillt.
- der Tag schon morgens mit Hetze beginnt.
- ich einen Streit mit anderen nicht lösen kann.

Wenn ich im Stress bin, dann …

- bekomme ich feuchte Hände, einen trockenen Mund, Herzklopfen, einen Kloß im Hals, Magenschmerzen und Nackenverspannungen.
- kann ich schlecht einschlafen.
- werde ich innerlich hektisch und nervös.
- kann ich mich schlecht konzentrieren und verliere leicht den Überblick.
- fahre ich leicht aus der Haut und werde laut.
- rauche ich mehr als normal.

Ich setze mich selbst unter Stress, indem …

- ich alles 150%ig machen will.
- ich mir zu viel vornehme.

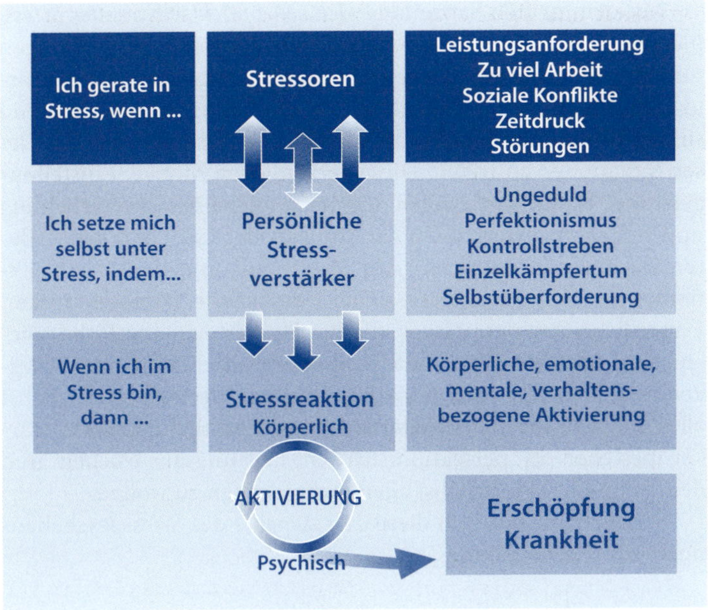

Abb. 1.1 Die drei Bestandteile des Stressgeschehens

- ich Tagespläne aufstelle, die überhaupt nicht zu schaffen sind.
- ich es immer allen ganz recht machen möchte.
- ich mir selbst keine Ruhepausen gönne.
- es mir zu wichtig ist, was andere über mich denken.
- ich mich um alles selbst kümmern will.

Stress besteht aus drei Teilen

Sicher ist Ihnen aufgefallen, dass die drei Satzanfänge jeweils unterschiedliche Aspekte des Stressgeschehens beleuchten. Es handelt sich dabei um die drei Bestandteile von Stress, die es grundsätzlich immer zu unterscheiden gilt, wenn wir über Stress sprechen (Abb. 1.1).

Stressoren

Der erste Satzanfang »*Ich gerate in Stress, wenn …*« zielt ab auf die Auslöser von Stress in Form von äußeren belastenden Bedingungen und Anforderungen. Diese nennen wir auch **Stressoren**. Im Falle von Herbert M. sind dies vor allem die gestiegenen Anforderungen bei der Arbeit sowie die zunehmende Pflegebedürftigkeit seines Vaters und der sich darüber anbahnende Konflikt mit seiner Frau.

Stressreaktion

Der zweite Satzanfang »*Wenn ich im Stress bin, dann …*« zielt ab auf das, was in uns und mit uns geschieht, wenn wir mit Stressoren konfrontiert werden. Es geht hier also um die körperlichen und psychischen Antworten auf Belastungen. Diese bezeichnen wir entsprechend als **Stressreaktionen**. Bei Herbert M. zeigen sich typische Stressreaktionen wie zunehmende Nervosität, Reizbarkeit und Konzentrationsmängel sowie Kopfschmerzen, Schlafstörungen und Herzbeschwerden.

Persönliche Einstellungen als Stressverstärker

Mit dem dritten Satzanfang »*Ich setze mich selbst unter Stress, indem …*« schließlich werden persönliche Motive, Einstellungen und innere Haltungen angesprochen, mit denen wir an die belastenden Situationen herangehen und die häufig mitentscheidend sind dafür, ob überhaupt und wie heftig Stressreaktionen in diesen Situationen auftreten. Diese persönlichen Motive, Einstellungen und Haltungen prägen die persönliche Stressverarbeitung und stellen gewissermaßen die Bindeglieder zwischen den äußeren Belastungssituationen (den Stressoren) und den Stressreaktionen dar. Wir bezeichnen sie als **persönliche Stressverstärker**. Persönliche Stressverstärker, die bei Herbert M. eine Rolle spielen, sind vor allem sein stark ausgeprägtes Bedürfnis nach Anerkennung besonders bei der Arbeit und sein Bestreben, möglichst alles selbst zu machen. Weitere häufige persönliche Stressverstärker bestehen in perfektionistischen Leistungsansprüchen und dem Wunsch, es möglichst allen recht machen zu wollen.

Schauen wir uns nun diese drei Aspekte des Stressgeschehens noch etwas genauer an.

1.2 Stressoren – was uns stresst

Als Stressoren bezeichnen wir wie bereits gesagt ganz allgemein alle die Anforderungsbedingungen in unserer Umwelt, in deren Folge es zur Auslösung einer Stressreaktion kommt. Also: Stressoren lösen Stressreaktionen aus. Dabei kann es sich inhaltlich um so völlig verschiedene Situationen wie etwa eine Naturkatastrophe, einen Autounfall, eine als ungerecht empfundene Beurteilung durch einen Vorgesetzten, ein überquellendes E-Mail-Postfach, ein schwieriges Kundengespräch, ein Streit in der Nachbarschaft oder einen verlegten Haustürschlüssel handeln.

Unterschiedliche Arten von Stressoren

Stressoren können in der physikalischen Umwelt entstehen, beispielsweise in Form von Lärm, starker Hitze oder Kälte. Auch der eigene Körper kann zu einer Quelle von Stressoren werden. Paradebeispiel dafür sind Schmerzen, besonders chronische Schmerzzustände, aber auch Hunger und Durst, Bewegungseinschränkungen oder Juckreiz können Stressreaktionen auslösen. Für viele von uns stehen mentale Stressoren, die im Zusammenhang mit Leistungsanforderungen entstehen, im Vordergrund des Stresserlebens. Prüfungen gehören hier ebenso dazu wie ständiger Zeitdruck, das Gefühl von Überforderung oder eine hohe Verantwortung. Neben Leistungsstressoren spielen soziale Stressoren, also Anforderungen, die im zwischenmenschlichen Kontakt entstehen, eine herausragende Rolle. Ungelöste, schwelende Konflikte mit anderen Menschen, Konkurrenzsituationen, aber auch Isolation und ganz besonders auch Trennungs- und Verlusterfahrungen sind Beispiele für solche zwischenmenschlichen Stressoren.

Nicht jede Anforderung ist ein Stressor

Doch nicht jede Anforderung stellt einen Stressor dar, d. h. nicht jede Anforderung führt automatisch zu körperlichen und seelischen Stressreaktionen. Dies ist nur bei solchen Anforderungen der Fall, bei denen wir unsicher sind, ob uns eine Bewältigung der Anforderung gelingen kann. Solange wir die Gewissheit haben, eine gestellte Anforderung auch bewältigen zu können, werden wir uns zwar unter Umständen kräftig anstrengen müssen, aber keinen Stress erleben.

Dies ist besonders augenfällig und leicht nachzuvollziehen am Beispiel einer Prüfung, der wir uns unterziehen müssen oder wollen. Diese wird ja gerade dadurch häufig zu einer stressreichen Erfahrung, dass wir nicht sicher sind, ob wir die gestellten Anforderungen werden erfüllen können. Ohne diese subjektive Unsicherheit darüber, ob die eigenen Fähigkeiten ausreichen werden, werden wir in einer Prüfungssituation wohl kaum Stress erleben, sondern diese möglicherweise sogar als willkommene Gelegenheit betrachten, unser Wissen und unser Können unter Beweis stellen zu können.

Entscheidend ist die subjektive Einschätzung von Anforderungen

Stress entsteht also immer erst dann, wenn eine Diskrepanz zwischen der Anforderung einerseits und unseren eigenen Bewältigungskompetenzen andererseits besteht. Das Stresserleben ist umso intensiver, je höher die Anforderungen im Verhältnis zur eigenen Leistungsfähigkeit eingeschätzt werden. Entscheidend für das richtige Verständnis des Stressgeschehens ist, dass es auf der subjektiven Einschätzung der Anforderungen und der eigenen Fähigkeiten und Ressourcen beruht. Es kommt nicht darauf an, ob die Situation, in der wir uns gerade befinden, »objektiv« gesehen oder von außen betrachtet eine Überforderung darstellt. Entscheidend ist allein, dass wir diese Situation so erleben und interpretieren. Für die Stärke des eigenen Stresserlebens spielt es letztlich keine Rolle, ob unsere Einschätzungen der Wirklichkeit entsprechen oder ob wir, beispielsweise aufgrund falscher Erwartungen, zu hoher Ansprüche an uns selbst oder mangelnder früherer Erfolgserfahrungen die Anforderungen überschätzen und unsere eigene Fähigkeiten unterschätzen.

Stressoren bedrohen persönliche Ziele und Motive

Das Beispiel der Prüfung macht auch deutlich, dass das Stresserleben umso intensiver ist, je bedeutsamer es für uns ist, dass wir die jeweilige Anforderung erfolgreich bewältigen. Es macht für den Grad des Stresserlebens doch einen erheblichen Unterschied aus, ob es sich um die alles entscheidende letzte Examensprüfung handelt oder um das monatliche Testat zur Lernkontrolle. Bedeutsam heißt, dass die erfolgreiche Bewältigung wichtig für uns ist im Hinblick auf die Verfolgung eigener Motive und Ziele. Im Falle der Prüfung geht es dabei beispielsweise darum, schulische und berufliche Ziele zu erreichen, aber oft auch darum, das eigene Selbstwertgefühl zu erhalten und zu stärken oder emotionale Anerkennung von Dritten zu bekommen. Stress entsteht, wenn wir wichtige Ziele und Motive bedroht sehen. Auch hier geht es letztlich nicht um die »objektive« Bedeutung der jeweiligen Situation. Entscheidend dafür, wie heftig Stress erlebt wird, ist allein, welche Bedeutung wir der Situation vor dem Hintergrund eigener Ziele und Motive beimessen und als wie bedrohlich wir ein mögliches Scheitern in dieser Situation subjektiv einschätzen.

Beispiel »Fahrprüfung«

Können Sie sich noch an Ihre Führerscheinprüfung erinnern? Haben Sie damals auch »Blut und Wasser geschwitzt«? Woher rühren die starken Stressreaktionen, die viele junge Menschen in dieser Situation erleben? Es ist wahrscheinlich weniger die objektive Schwierigkeit der Prüfungsanforderung als vielmehr die große subjektive Bedeutung, die der Erwerb des Führerscheins für sie hat. Er ist gewissermaßen Symbol des Eintritts in das Erwachsenenalter, verspricht neue Freiheiten und ist von enormer Bedeutung für das jugendliche Selbstwertgefühl. Und wie groß wäre die Blamage vor den Gleichaltrigen, vor den Eltern und auch vor sich selbst, wenn sie bei diesem wichtigen Entwicklungsschritt straucheln würden!

Transparenz und Kontrolle

Das Beispiel der Führerscheinprüfung weist uns auf weitere Merkmale von Stressoren hin, die die Stärke der durch sie ausgelösten Stressreaktionen beeinflussen. Wie im Falle der Führerscheinprüfung sind es nämlich insbesondere neue, wenig vertraute Situationen sowie Situationen, die wir selbst nicht oder kaum beeinflussen oder kontrollieren können, und Situationen, die schlecht vorhersehbar oder schwer zu durchschauen sind, die zu Stressreaktionen führen. Umgekehrt bedeutet dies auch, dass Stressreaktionen verringert werden können, wenn z. B. an Arbeitsplätzen durch klare Vorgaben und Information eine hohe Transparenz für die Beschäftigten herrscht und wenn Beschäftigten, wo immer möglich, eigene Kontrollmöglichkeiten und Handlungsspielräume eingeräumt werden.

Prüfungen sind nur ein Beispiel für Stressoren aus dem Leistungsbereich. Die Ausführungen lassen sich ohne Weiteres auch auf andere leistungsbezogene und soziale Anforderungen übertragen, wie z. B. das Führen eines schwierigen Kundengespräches, das Erstellen eines Projektberichts, einer Bilanz oder einer anderen Arbeit mit Terminvorgabe, eine unangenehme Auseinandersetzung mit einem Nachbarn oder die zeitaufwändige Pflege eines kranken Angehörigen. Jede dieser anforderungsreichen Situationen kann Stressreaktionen auslösen, und zwar immer dann, wenn wir persönlich bedeutsame Ziele und Motive bedroht sehen und unsicher sind, ob unsere Fähigkeiten ausreichen werden, um die jeweiligen Anforderungen erfolgreich zu bewältigen. In ► Kap. 3 werden wir uns noch ausführlicher mit den verschiedenen Formen von Stressoren in der Arbeitswelt und im Alltag auseinandersetzen, die im Stresserleben vieler Menschen heute im Vordergrund stehen. An dieser Stelle halten wir zunächst fest:

Fazit
Stressoren sind Anforderungen, deren erfolgreiche Bewältigung wir als subjektiv bedeutsam, aber unsicher einschätzen.

1.3 Stressreaktion – Antworten auf allen Ebenen

Im Stress reagiert der ganze Mensch

Mit dem Begriff der Stressreaktion bezeichnen wir zusammenfassend alle die Prozesse, die aufseiten der betroffenen Person als Antwort auf einen Stressor in Gang gesetzt werden, also alles das, was in uns und mit uns geschieht, wenn wir mit einem Stressor konfrontiert sind. Stressreaktionen zeigen sich in vielfältiger Weise auf der körperlichen Ebene. Sie äußern sich in beobachtbaren Verhaltensweisen, an denen Außenstehende erkennen können, dass jemand im Stress ist, und sie beeinflussen darüber hinaus die Art und Weise unseres Denkens und Fühlens. Wir reagieren sozusagen immer als ganzer Mensch mit Herz und Muskeln, mit Worten und Taten sowie mit Gefühlen und mit Gedanken auf die Konfrontation mit einem Stressor.

Stress mobilisiert die körperliche Energie

Auf der **körperlichen Ebene** kommt es unter Stress zu einer Vielzahl von Veränderungen, die insgesamt eine körperliche Aktivierung und Energiemobilisierung bewirken. Spürbar ist das z. B. an einem schnelleren Herzschlag, einer erhöhten Muskelspannung oder einer schnelleren Atmung. Die körperliche Stressreaktion versetzt uns innerhalb kürzester Zeit in Handlungsbereitschaft. Wird diese Aktivierungsreaktion allerdings über längere Zeit aufrechterhalten, weil Stressoren anhalten oder immer wiederkehren, so führt dies allmählich zu Erschöpfungszuständen und zu längerfristig negativen Folgen für die Gesundheit. Was dabei im Einzelnen geschieht und wodurch die körperliche Stressreaktion zu einer Gefahr für die Gesundheit werden kann, werde ich in ▶ Kap. 2 noch genau erläutern.

Typische Verhaltensweisen unter Stress

Die zweite Ebene der Stressreaktion umfasst das sogenannte **»offene« Verhalten**, das, was Außenstehende beobachten können. Also alles das, was die betreffende Person in einer belastenden Situation tut oder sagt. Häufige Stressverhaltensweisen sind z. B.:

- hastiges und ungeduldiges Verhalten, z. B. das Essen schnell hinunterschlingen, Pausen abkürzen oder ganz ausfallen lassen, schnell und abgehackt sprechen, andere unterbrechen;
- Betäubungsverhalten, z. B. mehr und unkontrolliert rauchen, essen oder Alkohol oder Kaffee trinken, Schmerz-, Beruhigungs- oder Aufputschmedikamente einnehmen;
- unkoordiniertes Arbeitsverhalten, z. B. mehrere Dinge gleichzeitig tun, »sich in die Arbeit stürzen«, mangelnde Planung, Übersicht und Ordnung, Dinge verlegen, verlieren oder vergessen;

- motorische Unruhe, z. B. mit den Fingern trommeln, kratzen, nesteln an der Kleidung, mit den Füssen scharren;
- konfliktreicher Umgang mit anderen Menschen, z. B. aggressives, gereiztes Verhalten gegenüber Familienangehörigen, häufige Meinungsverschiedenheiten um Kleinigkeiten, anderen Vorwürfe machen, schnelles »Aus-der-Haut-Fahren«.

Typische Gefühle und Gedanken unter Stress

Die **kognitiv-emotionale Ebene** der Stressreaktion umfasst das sogenannte »verdeckte« Verhalten, innerpsychische Vorgänge, die für Außenstehende nicht direkt sichtbar sind. Also alle Gedanken und Gefühle, die bei der betroffenen Person in einer belastenden Situation ausgelöst werden. Häufige kognitiv-emotionale Stressreaktionen sind z. B.:

- Gefühle der inneren Unruhe, der Nervosität und des Gehetztseins,
- Gefühle und Gedanken der Unzufriedenheit, des Ärgers, der Wut,
- Angst, z. B. zu versagen, sich zu blamieren,
- Gefühle und Gedanken der Hilflosigkeit,
- Selbstvorwürfe und Schuldgefühle,
- kreisende, »grüblerische« Gedanken,
- Leere im Kopf (»Blackout«),
- Denkblockaden, Konzentrationsmängel, »flatternde« Gedanken,
- »Tunnelblick«.

Oft schaukeln sich die körperlichen, verhaltensmäßigen, emotionalen und gedanklichen Stressreaktionen wechselseitig auf, sodass es zu einer Verstärkung oder Verlängerung der Stressreaktionen kommt. Es kann sich ein regelrechter Teufelskreis entwickeln. Durch z. B. unkontrolliertes Ausagieren des Ärgers (»Ärger über den Ärger«), durch Angst vor den körperlichen Stresssymptomen (»Angst vor der Angst«) oder Hadern mit der Situation steigert man sich immer weiter in die stressbedingte Erregung hinein. Aber auch eine günstige gegenseitige Beeinflussung im Sinne einer Dämpfung von Stressreaktionen ist möglich. Beispielsweise können wir durch eine Entspannungsübung oder durch Sport körperliche Stressreaktionen abbauen und häufig kann dadurch auch eine kognitive und emotionale Beruhigung eingeleitet werden. Wie umgekehrt auch z. B. durch ein emotional entlastendes Gespräch körperliche Erregung reduziert werden kann.

Mit den Prozessen, die den körperlichen Stressreaktionen zugrunde liegen, und ihren längerfristigen Auswirkungen auf die Gesundheit werden wir uns in ► Kap. 2 noch ausführlich beschäftigen. Halten wir bis hierhin fest:

Fazit
Stressreaktionen bewirken eine allgemeine Aktivierung, die sich in charakteristischen Veränderungen von körperlichen Funktionen, von Gedanken und Gefühlen und im Verhalten zeigt.

1.4 Persönliche Stressverstärker – hausgemachter Stress

Stress ist individuell

Persönliche Stressverstärker in Form von individuellen Motiven, Einstellungen und Bewertungen tragen dazu bei, dass Stressreaktionen ausgelöst oder verstärkt werden. Sie stellen gewissermaßen unseren »eigenen Anteil« am Stressgeschehen dar. Schon die Alltagsbeobachtung lehrt, dass unterschiedliche Menschen auf ein- und dieselbe Situation (z. B. eine Prüfung, einen Streit, einen Stau oder verlegten Haustürschlüssel) mit unterschiedlich heftigen Stressreaktionen antworten. Was den einen auf die Palme bringt, lässt den anderen kalt. Wo der eine unter Versagensängsten leidet, wittert der andere seine Chance. Durch was einer sich besonders herausgefordert fühlt, vor dem mag ein anderer sich resigniert zurückziehen. Eine Übereinstimmung darüber, was Gefahr ist und was nicht, wird sich von Mensch zu Mensch nur dort ergeben, wo extrem gefährliche oder gar lebensbedrohliche Umstände vorliegen. In der Realität des Alltags jedoch fallen die meisten Bewertungen darüber, wie bedrohlich eine leistungsbezogene, zwischenmenschliche oder sonstige alltägliche Situation ist, von Mensch zu Mensch sehr unterschiedlich aus. Der Grund für diese Unterschiede liegt darin, dass die Bewertung einer neuen Situation von unseren jeweiligen persönlichen Vorerfahrungen abhängt, die unsere Erwartungen und Befürchtungen, unsere Motive und Ziele, unsere Ansprüche an uns selbst und an andere prägen.

Häufige persönliche Stressverstärker

Ein ausgeprägtes Profilierungsstreben, Perfektionsstreben, Ungeduld und besonders auch die Unfähigkeit, eigene Leistungsgrenzen zu akzeptieren, sind weit verbreitete Beispiele für solche persönlichen Stressverstärker. Die Vorstellung, selbst unentbehrlich zu sein, sowie eine »Einzelkämpfermentalität«, die es nicht erlaubt, Unterstützung von anderen anzunehmen, kommen vielfach stressverschärfend hinzu. In zwischenmenschlichen Situationen tragen das Bestreben, es möglichst allen Menschen recht machen zu wollen, ein überstarkes Harmoniestreben und eine (zu) starke Abhängigkeit von der Zuwendung anderer Menschen häufig zum intensiven Stresserleben bei. Manchmal wird Stress auch gebraucht, um unangenehmen seelischen Wirklichkeiten, die man nicht wahrhaben will, aus dem Wege zu gehen. Man setzt sich selbst unter Druck, um innere Leere, depressive Verstimmungen, Gefühle von Sinnlosigkeit und Einsamkeit nicht aufkommen zu lassen. Stress wird so ein Mittel zur Flucht vor sich selbst.

1

Persönliche Stressverstärker hinterfragen

Diese persönlichen Stressverstärker bilden den individuellen, im Laufe unserer Biografie gewachsenen Hintergrund, vor dem wir aktuelle Anforderungen in Alltag und Beruf bewerten. Sie stellen die Brille dar, mit der wir durch unseren Alltag gehen und mit der wir Anforderungen wahrnehmen und einschätzen. Da diese Brille so sehr ein fester Teil von uns selbst ist, fällt es oft ziemlich schwer, ihre stressverstärkende Wirkung zu erkennen und anzuerkennen. Unsere eigene Sicht der Dinge erscheint uns als einzig mögliche und richtige. Hier bedarf es des Mutes und der Fähigkeit, zu sich selbst gewissermaßen auf Distanz zu gehen und sich selbst kritisch zu hinterfragen.

Nehmen wir einige Beispiele: Wenn Sie unter Zeitdruck durch Ihren Alltag hetzen, liegen die Ursachen dann wirklich immer und ausschließlich in den äußeren, von anderen gesetzten Terminvorgaben? Oder spielen dabei auch Ihre persönliche Ungeduld oder der Wunsch, möglichst viel auf einmal machen zu wollen, eine Rolle? Würden Sie in Stress geraten, nachdem Ihnen Ihr Vorgesetzter eine neue Aufgabe zugeteilt hat, vielleicht sogar mit der Bemerkung, dass er dafür einen besonders fähigen Mitarbeiter brauche? Falls ja: Liegen die Ursachen für Ihr Stresserleben einzig und allein in der »objektiven« Schwierigkeit der neuen Aufgabe oder spielen hierbei möglicherweise auch perfektionistische Leistungsansprüche, die Sie an sich selbst anlegen, und das unbedingte Bestreben, die Erwartungen des Chefs nicht enttäuschen zu dürfen, eine Rolle? Zählen Sie auch zu den immer zahlreicher werdenden Menschen, die sich dem Diktat der neuen Kommunikationsmedien unterwerfen, sich für andere rund um die Uhr erreichbar halten und dadurch in permanenter Anspannung kaum mehr richtig abschalten können? Dann fragen Sie sich einmal, inwieweit diese ständige Erreichbarkeit tatsächlich den Erfordernissen z. B. bei der Arbeit entspricht und inwieweit dabei auch ihr persönlicher Wunsch, beachtet und als »wichtig« wahrgenommen zu werden, oder das Bestreben, möglichst alles selbst unter Kontrolle zu haben, oder die Angst, etwas verpassen zu können, eine Rolle spielen.

Stress von außen oder innen?

Es ist oft wirklich nicht leicht auseinander zu halten: *Kommt der Stress von außen oder setze ich mich selbst unter Stress?* Allzu leicht sind wir geneigt, die Ursachen für unser Stresserleben einzig und allein in den äußeren Umständen oder im Verhalten anderer Menschen zu suchen. In meinen Seminaren zur Stressbewältigung am Arbeitsplatz berichten die Teilnehmenden immer wieder ausführlich über die zunehmende Arbeitsverdichtung in den Betrieben, über schlechte Organisation oder mangelhafte Kommunikation zwischen Vorgesetzten und Mitarbeitern. Da schwingt dann viel Klage und Anklage mit und auch ein Gefühl der Hilflosigkeit und des Ausgeliefertseins. Selbstverständlich spielen diese äußeren Belastungsfaktoren eine wichtige Rolle für das Stressgeschehen. Allerdings: Wie sehr wir durch die genannten Arbeitsbelastungen unter Druck geraten, wie intensiv unsere körperliche

Stressantwort und unsere Stressgefühle werden, kurz: wie sehr wir uns stressen lassen, das hängt in starkem Maße auch davon ab, wie wir uns zu diesen Belastungen stellen, wie wir diese und unsere eigenen Möglichkeiten zu ihrer Bewältigung einschätzen.

In ▶ Kap. 4 dieses Buches werden wir uns noch genauer mit einzelnen dieser persönlichen Stressverstärker und ihren jeweiligen Hintergründen beschäftigen. Halten wir an dieser Stelle fest:

Fazit
Persönliche Stressverstärker beruhen auf individuellen Motiven, Einstellungen und Bewertungen, die wesentlich dazu beitragen, dass Stressreaktionen ausgelöst und/oder verstärkt werden.

1.5 Stresskompetenz: vom Opfer zum Akteur

Agieren statt reagieren

Das grundsätzliche Verständnis von Stress, das ich diesem Buch zugrunde lege, geht davon aus, dass es sich bei jedem alltäglichen Stressgeschehen immer um ein Zusammenspiel von äußeren Belastungsfaktoren einerseits und inneren persönlichen Stressverstärkern andererseits handelt. Um dem persönlichen Stress im beruflichen wie privaten Alltag auf die Spur zu kommen, kommt es daher entscheidend darauf an, die relative Bedeutung von äußeren Stressoren und inneren Stressverstärkern für das Stresserleben in einer konkreten Situation zu klären (▶ Kasten »Zum Weiterdenken: Dem Stress auf die Spur kommen«). Die Frage, die man sich dazu vorlegen und beantworten muss, lautet: Inwieweit kommt der Stress in dieser Situation von außen und inwieweit setze ich mich selbst unter Stress? Diese scheinbar einfache Frage hat es in sich. Sie erfordert Mut und die Bereitschaft zu kritischer Selbstreflektion.

Zum Weiterdenken: Dem Stress auf die Spur kommen
Bitte erinnern Sie sich an eine für Sie typische Stress-Situation aus der letzten Zeit. Führen Sie sich möglichst klar vor Augen, was geschehen ist, und wie Sie darauf reagiert haben. Und dann fragen Sie sich:
Inwieweit kommt der Stress in dieser Situation von außen und inwieweit setze ich mich selbst unter Stress?

Patentrezepte helfen nicht

Die persönliche Seite des Stressgeschehens anzuerkennen, fällt manchen Menschen oft auch deshalb so schwer, weil sie dies innerlich mit einem Schuldeingeständnis gleichsetzen, welches dann Gefühle von Inkompetenz und Versagen oder gar Selbstvorwürfe hervorruft. Das aber ist ein Missverständnis. Es geht nicht um persönliche Schuld und individuelles Versagen. Die Erkenntnis des »eigenen Stressanteiles« befreit uns vielmehr aus der erlebten einseitigen Abhängigkeit von den äußeren Umständen. Allzu

1

Abb. 1.2 Überblick über den Aufbau des Buches

oft erleben wir uns zu einseitig als Opfer der äußeren Stressoren, denen wir uns hilflos ausgeliefert sehen. Statt zu agieren, reagieren wir nur. Die Auseinandersetzung mit unseren persönlichen stressverschärfenden Einstellungen und Verhaltensweisen öffnet uns den Blick auf die Freiräume, auf Entscheidungsmöglichkeiten und auf Handlungsspielräume, die wir haben, um trotz bestehender äußerer Belastungen für unser eigenes körperliches und seelisches Wohlbefinden zu sorgen. Hierzu möchte ich Ihnen mit diesem Buch Anregungen geben und Ihnen Mut machen, Ihre Freiräume zu erkennen und zu nutzen. Einfache Patentrezepte und schnelle Ratschläge allerdings helfen hier nicht wirklich weiter. Stress ist ein in hohem Maße individuelles Geschehen, und zwar im Hinblick auf alle seine drei Bestandteile: die Stressoren, die Stressreaktionen und die persönlichen Stressverstärker. Entsprechend individuell, auf die persönliche Lebens- und Arbeitssituation und auf die individuelle Persönlichkeit bezogen, müssen auch die Ansätze zur Stressbewältigung sein, um langfristig erfolgreich sein zu können. Ich lade Sie daher in den folgenden Kapiteln zunächst dazu ein, Ihre persönlichen Stressoren, Stressreaktionen und Stressverstärker zu erkennen und zu verstehen. Im zweiten Teil dieses Buches stelle ich Ihnen dann die drei Säulen der persönlichen Stresskompetenz vor und zeige Wege auf, wie Sie Ihre ganz persönliche Anti-Stress-Strategie entwickeln können (Abb. 1.2).

Check for updates

Körperliche Stressreaktionen und die Folgen für die Gesundheit

© Springer-Verlag Berlin Heidelberg 2018
G. Kaluza, *Gelassen und sicher im Stress,* https://doi.org/10.1007/978-3-662-55986-4_2

2

In diesem Kapitel werde ich darstellen, was in unserem Körper geschieht, wenn wir uns mit einem Stressor, also mit einer unser körperliches und seelisches Gleichgewicht bedrohenden Anforderung, konfrontiert sehen. Dabei handelt es sich um ein sehr komplexes Geschehen. Dieses Kapitel ist daher, um dem interessierten Leser ein gutes Verständnis der jeweiligen Zusammenhänge zu ermöglichen, recht umfangreich geraten. Denjenigen Leserinnen und Lesern, die an der biologischen Seite des Stressgeschehens weniger stark interessiert sind, empfehle ich, die ersten beiden Abschnitte dieses Kapitels zu lesen und dann mit dem 7. Abschnitt »Stressreaktionen sind individuell« fortzufahren. Dadurch erlangen Sie ein ausreichendes Verständnis der wichtigsten biologischen Faktoren des Stressgeschehens.

Körperliche Stressanzeichen

Wie also antwortet unser Körper auf die Konfrontation mit einem Stressor? Sie, liebe Leserinnen und liebe Leser, haben sicherlich schon häufiger die typischen körperlichen Stressanzeichen an sich selbst beobachten können: Das Herz klopft. Die Atmung wird schneller und flacher. Die Muskeln, insbesondere von Nacken, Schultern und Rücken, spannen sich an. Häufig beginnen wir zu schwitzen. Der Mund wird trocken. Oft spüren wir ein flaues Gefühl in der Magengegend, zittrige Hände und Knie und vor allem dieses diffuse und zugleich durchdringende Gefühl innerer Unruhe und Nervosität.

Die Stressreaktion ist die normale biologische Antwort auf Gefahren

Die körperliche Stressantwort umfasst eine breite Palette an biologischen Vorgängen, die allesamt dazu beitragen, dass wir körperlich aktiviert werden und dass unsere Energie mobilisiert wird. Dabei handelt es sich bei der körperlichen Stressreaktion um einen ganz normalen biologischen Vorgang. Sie wurde von der Natur im Laufe der Evolution als ein Programm zur Sicherung des eigenen Überlebens in gefahrvollen Situationen entwickelt. Die durch die Stressreaktion bewirkte körperliche Aktivierung stellt nicht – und das ist mir gleich zu Beginn wichtig zu betonen – von vornherein und in jedem Falle eine Gesundheitsgefährdung dar, sondern ist eine normale, von der Natur vorgesehene Antwort des Körpers auf Bedrohungen des körperlichen und seelischen Gleichgewichts. Unter welchen Umständen und auf welche Weise diese an sich normale körperliche Aktivierung unter Stress zu einem Gesundheitsrisiko werden kann, davon wird am Schluss dieses Kapitels noch die Rede sein. Schauen wir uns aber zunächst näher an, worin die körperliche Stressreaktion im Einzelnen besteht, welchen Sinn sie hat und wie sie in Gang gesetzt wird.

2.1 Die Antwort des Körpers auf Stress – das allgemeine Anpassungssyndrom

Allgemeines Anpassungssyndrom

Der österreichisch-kanadische Mediziner und Biochemiker Hans Selye (1907–1982), der heute als Vater der modernen Stressforschung gilt, war der Erste, der die körperliche Stressreaktion systematisch untersucht hat. In umfangreichen Tierexperimenten und Beobachtungen an Menschen entdeckte er, dass Organismen auf ganz unterschiedliche Belastungen mit immer den gleichen typischen körperlichen Veränderungen antworteten. Egal ob die Tiere starkem Lärm, extremer Hitze oder Kälte ausgesetzt wurden, unter Nahrungsentzug gesetzt wurden, unkontrollierbare Elektroschocks erdulden mussten oder in übervölkerten Käfigen gehalten wurden, in allen Fällen zeigten sie die immer gleichen charakteristischen körperlichen Antworten, eben die Stressreaktion. Selye bezeichnete diese auch als **allgemeines Anpassungssyndrom (AAS).** Damit wollte er zum Ausdruck bringen, dass die Stressreaktion eine unspezifische, eben allgemeine Reaktion des Organismus auf Belastungen unterschiedlichster Art darstellt, die der körperlichen Anpassung des Organismus an diese Belastungen dient.

Stress beeinflusst alle wichtigen Organe

Die Stressreaktion ist eine sehr umfassende körperliche Antwort auf Belastungen, die alle wichtigen Organsysteme und -funktionen beeinflusst. Die wichtigsten körperlichen Auswirkungen einer akuten Aktivierung des biologischen Stressprogramms sind in ◘ Abb. 2.1 dargestellt.

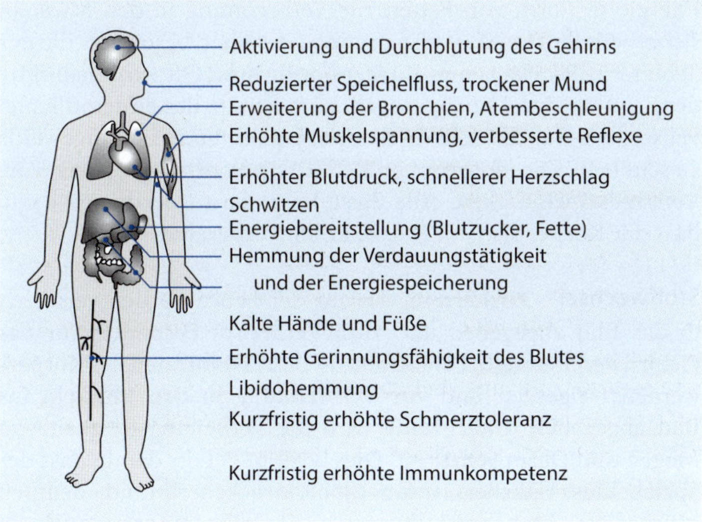

◘ **Abb. 2.1** Körperliche Reaktionen unter Stress

Gehirn Die Gehirndurchblutung wird gesteigert, die Nervenbahnen werden aktiviert. Das Gehirn ist wach und fokussiert. Die Sinnesorgane sind nach außen gerichtet, um neue Informationen aus der Umgebung blitzschnell aufnehmen und verarbeiten zu können. Gleichzeitig ist der Zugang zu Gedächtnisinhalten erschwert.

Atmung Die Bronchien erweitern sich und die Atmung wird schneller und flache Brustatmung dominiert über Zwerchfellatmung. Der Schwerpunkt der Atmung wird auf das Einatmen gelegt, während die Ausatmung weniger tief ist. Dies führt dazu, dass der Körper besser mit Sauerstoff versorgt wird.

Herz-Kreislauf Das Herz wird besser durchblutet und leistungsfähiger. Es schlägt schneller und kräftiger, sodass es mehr Volumen Blut pro Zeiteinheit in die Adern pumpen kann. Oft spüren wir das Herz regelrecht bis zum Hals pochen. Auch der Blutdruck steigt. Die Blutgefäße des Herzens, des Gehirns (roter Kopf!) und der großen Arbeitsmuskeln werden weiter gestellt. Gleichzeitig verengen sich die Blutgefäße der Haut, der Körperperipherie (kalte Hände und Füße!) und des Verdauungstraktes. Es kommt somit zu einer Umverteilung des Blutes mit dem Ergebnis einer verbesserten Durchblutung und Energieversorgung von Herz, Gehirn und Muskeln.

Muskulatur Die Durchblutung der Skelettmuskulatur wird verbessert und damit die Versorgung mit Sauerstoff und Energie in Form von Fetten zur Verbrennung in den Muskeln sichergestellt. Die Muskelspannung ist erhöht, besonders die der Schultern-, Nacken- und Rückenmuskulatur. Oft wird instinktiv der Schultergürtel hochgezogen, zum Schutz des empfindlichen Halses. Die Bauchdecke ist eher angespannt, um die Eingeweide zu schützen. Die motorischen Reflexe sind verbessert, ebenso die Reflexgeschwindigkeit. Alle diese Veränderungen dienen dazu, dass der Körper sich auf Muskelarbeit vorbereitet.

Stoffwechsel Zuckerreserven aus der Leber werden vermehrt in das Blut abgegeben und zum Verbrauch besonders für das Gehirn bereitgestellt. Fettsäuren aus den Fettvorräten des Körpers werden freigesetzt und zur Verbrennung in den Muskeln ins Blut abgegeben. Gleichzeitig wird die Verdauungstätigkeit von Magen und Darm gehemmt. Dies beginnt bereits damit, dass der Speichelfluss reduziert ist, was oft als »trockener Mund« deutlich spürbar ist. Manchmal kommt es im akuten Stress auch zu starkem Harn- und Stuhldrang bis hin zu plötzlichen Durchfällen. Diese Reaktionen sind mitnichten Ausdruck einer gesteigerten Verdauungstätigkeit, sondern sie zeigen im Gegenteil einen starken Tonusverlust der Darmmuskulatur und ein »Abschalten«

der Verdauungsfunktionen an. Der Körper entledigt sich gewissermaßen von überflüssigem Ballast. Insgesamt: Der Organismus stellt sich auf eine katabole Stoffwechsellage, d. h. auf Energieverbrauch ein, während anabole Stoffwechselprozesse, also solche Prozesse, die der Energiespeicherung dienen, gedrosselt sind.

Haut Energieproduktion erzeugt Wärme, die der Körper nach außen abgeben muss, um einer möglichen Überhitzung vorzubeugen. Das geschieht vor allem durch vermehrtes Schwitzen, bevorzugt an Händen, Stirn und Achseln.

Sexualität Das sexuelle Verlangen (die Libido) ist gehemmt. Auch die Genitalorgane werden weniger durchblutet. Die Freisetzung von männlichen wie weiblichen Sexualhormonen wird reduziert. Die Hoden des Mannes produzieren dadurch weniger Spermien und der Ablauf des natürlichen weiblichen Zyklus kann gestört, in extremen Fällen ganz unterbrochen werden. Insgesamt ist unter akutem Stress die Ansprechbarkeit auf sexuelle Reize eingeschränkt.

Immunsystem Unter akuter Stressbelastung kommt es zu einem Anstieg der natürlichen Killerzellen im Blut. Dadurch können Fremdkörper, die beispielsweise über offene Wunden oder Körperöffnungen in die Blutbahn gelangt sind, schnell erkannt und unschädlich gemacht werden. Aber bereits nach 30–60 Minuten werden die Immunfunktionen wieder gedrosselt, um eine überschießende Immunreaktion in Form von allergischen Reaktionen zu verhindern und Entzündungsreaktionen zu dämpfen.

Schmerz Durch die vermehrte Ausschüttung von körpereigenen Schmerzhemmstoffen, den Endorphinen, kommt es zu einer verminderten Schmerzempfindlichkeit bis hin zur sog. Stress-Analgesie, d. h. einer weitgehenden Unempfindlichkeit gegenüber schmerzhaften Reizen. Da die Endorphinspeicher jedoch begrenzt sind, hält diese schmerzhemmende Wirkung nur kurze Zeit an. Bei länger andauernden Stressepisoden kommt es daher zu einer verminderten Schmerztoleranz, d. h. einer erhöhten Schmerzempfindlichkeit.

2.2 Der Sinn der körperlichen Stressantwort – Vorbereitung auf Kampf oder Flucht

Vorbereitung auf Kampf oder Flucht

Betrachten wir die verschiedenen Reaktionen, die im Körper als Antwort auf Belastungen in Gang gesetzt werden, auf einen Blick, so können wir leicht den Sinn dieses biologischen

Programms erkennen. Denken Sie einmal an den Urmenschen in grauer Vorzeit, der auf seiner Suche nach Nahrung gefährlichen Tieren begegnet, oder an Tiere in freier Wildbahn, die sich Angriffen rivalisierender Artgenossen ausgesetzt sehen. In solchen Situationen gibt es prinzipiell zwei Möglichkeiten: Kampf oder Flucht. In beiden Fällen heißt das intensive körperliche Aktivität. Und genau das ist es, wozu uns die Stressreaktion befähigt. Sie bereitet uns innerhalb kürzester Zeit in optimaler Weise darauf vor, einer drohenden Gefahr durch eine große motorische Aktion, durch eine **Kampf- oder Fluchtreaktion**, zu begegnen. Diejenigen körperlichen Funktionen, die für die Ausführung einer derartigen körperlichen Bewältigungsreaktion notwendig sind, werden angeregt (Atmung, Herz-Kreislauf, Energiebereitstellung), während die eher regenerativen und reproduktiven Körperfunktionen (Verdauung und Energiespeicherung, Sexualität, Fortpflanzung, Wachstum), die für die kurzfristige Auseinandersetzung mit einer akuten Gefahr weniger wichtig sind, gedrosselt werden.

Überlebensvorteil durch Stressreaktion

Die Entwicklung des biologischen Stressprogramms im Laufe der Evolution stellt geradezu einen Geniestreich der Natur dar. Es verlieh den Lebewesen, die mit diesem Programm ausgestattet waren, einen enormen Überlebensvorteil. Im Unterschied zu Lebewesen mit starren Verhaltensprogrammen (Instinkten), die bei unvorhersehbaren Situationen versagten, ermöglichte die Stressreaktion als ein unspezifisches Aktivierungsprogramm eine flexible Bewältigung unterschiedlichster, eben auch neuer Gefahrensituationen. Die Aktivierung dieses Programms kann auch für den heutigen Menschen in all den Situationen sinnvoll sein, in denen es auf eine schnelle körperliche Reaktion ankommt. Allerdings erweist sie sich in vielen insbesondere leistungsbezogenen und sozialen Anforderungssituationen, mit denen heutige Menschen konfrontiert sind, als wenig funktional, insofern als die stressbedingte körperliche und emotionale Aktivierung eine konstruktive Bewältigung dieser Anforderung nicht unterstützt, sondern häufig eher behindert.

2.3 Stress entsteht im Gehirn

Wie wird die Stressreaktion in Gang gesetzt? Wo und wie wird sie ausgelöst? Und wie werden die beschriebenen Reaktionen der verschiedenen an der Stressreaktion beteiligten Organsysteme gesteuert? Mit diesen Fragen werden wir uns in den folgenden Abschnitten beschäftigen.

Die Komplexität des Gehirns

Die Steuerungszentrale für die Stressreaktion ist das Gehirn. Das menschliche Gehirn ist ohne Zweifel das komplexeste Gebilde, das die Natur hervorgebracht hat. Wenn man sich genauer mit dem Gehirn befasst, kann man sich eines ehrfürchtigen Staunens nicht erwehren. Die Komplexität geht weit über alles hinaus, was man sich vorstellen kann. Schon die Anzahl der beteiligten Elemente ist einschüchternd. Die Anzahl der Nervenzellen wird auf etwa 100 Mrd. geschätzt. Jede Nervenzelle ist mit bis zu 10.000 Verbindungsstellen (Synapsen) mit anderen Nervenzellen verbunden. Die Gesamtzahl der Synapsen geht hoch in die Trillionen. In einer Hirnmasse von der Größe eines Streichholzkopfes befinden sich schätzungsweise 1 Mrd. Synapsen. Wesentlich ist die Tatsache, dass die Verbindungen, die die Neuronen untereinander haben (intrakortikale Verbindungen), diejenigen, die über die Sinnesorgane von außen, und diejenigen, die zur Motorik nach außen ziehen, stark überwiegen. Auf eine eingehende bzw. ausgehende Faser kommen etwa 5. Mio. intrakortikale Verbindungen. Diese Tatsache macht klar, dass das Gehirn kein simpler Reiz-Reaktions-Apparat, sondern ein hoch komplexer Informationsprozessor ist.

Das Gehirn als Informationsprozessor

Über die Sinne nehmen wir ständig Informationen aus unserer Umwelt auf. Die Sinnesorgane verwandeln diese Informationen in biologische Signale und leiten sie an das Gehirn weiter. Der über die Sinneskanäle einströmende »Input« wird im Gehirn innerhalb von Bruchteilen einer Sekunde zu einem »inneren Bild« zusammengefasst und bewertet. Je nachdem wie dieses innere Bild ausfällt, setzt das Gehirn dann entsprechende Antworten in Gang. Hierzu sendet das Gehirn mittels elektrischer Nervenimpulse und chemischer Nervenbotenstoffe, den sog. Neurotransmittern, entsprechende Befehle z. B. an die Muskulatur und es veranlasst die Produktion von körpereigenen Botenstoffen, den sog. Hormonen, die Nachrichten übermitteln, die von allen wichtigen Organen des Körpers verstanden werden.

Im Alltag findet diese Verarbeitung von Signalen ständig statt, und in der Regel läuft sie wenig spektakulär ab, d. h., sie führt in der Regel zu keinen stärkeren Körperreaktionen. Nur wenn die Bewertung der eingehenden Informationen zu dem Ergebnis geführt hat, dass eine Gefahren- oder Alarmsituation vorliegt, löst das Gehirn massive körperliche Reaktionen, eben die Stressreaktion aus. Hierbei handelt es sich um ein komplexes Geschehen, an dem im Wesentlichen die folgenden drei Hirnteile beteiligt sind:

Der Hirnstamm

Hirnstamm Der Hirnstamm ist der entwicklungsgeschichtlich älteste Teil des Gehirns. Es ist der an das Rückenmark anschließende Teil des Gehirns, in dem alle aus dem Körper kommenden Informationen zusammenlaufen und an die höheren Hirnzentren weitergeleitet werden. Der Hirnstamm ist für die automatisierten, unwillkürlichen Lebensfunktionen zuständig. Seine Strukturen kontrollieren u. a. die Herzfrequenz, den Blutdruck und die Atmung. Es wird gelegentlich auch als »Reptiliengehirn« bezeichnet, da es immer nur reagieren kann.

Für die Stressreaktion von besonderer Bedeutung ist der sog. »blaue Kern« (Locus coeruleus), ein kleines Zellkerngebiet im Übergang vom Gehirn zum Rückenmark. Dessen Nervenzellen produzieren etwa drei Viertel eines der wichtigsten Neurotransmitter (= Signalüberträger) im Gehirn, nämlich das Noradrenalin. Noradrenalin spielt, wie wir weiter unten noch sehen werden, bei der Auslösung der Stressreaktion eine entscheidende Rolle.

Das limbische System

Limbisches System Hierbei handelt es sich um ein gürtelförmig um den Hirnstamm gruppiertes Areal von Nervenzellnetzwerken, die über vielfältige auf- und absteigende Bahnen eine Verbindung zwischen dem Großhirn und älteren, tiefer gelegenen Hirnregionen herstellen. Zum limbischen System gehören u. a. der Thalamus, der »Mandelkern« (Amygdala) sowie der Hypothalamus. Der Thalamus stellt die erste Schaltstelle für die Verarbeitung von über die Sinneskanäle einströmenden sensorischen Informationen dar. Von hier aus werden die Signale an die Großhirnrinde weitergeleitet, aber im Thalamus selbst findet auch bereits eine erste noch sehr rudimentäre Bewertung der eingehenden Informationen statt. Im Mandelkern (Amygdala) sind emotionale Erfahrungen tief eingespeichert. Er hat eine zentrale Bedeutung für die Auslösung von Emotionen, insbesondere von Angst, und nimmt bei der Steuerung der Stressreaktion die führende Rolle ein. Der Hypothalamus ist das Kontrollzentrum für die Regulation vieler grundlegender vegetativer Funktionen (Körpertemperatur, Wasserhaushalt, Hunger und Durst) und steuert den Haushalt vieler Hormone im Körper. Aufgrund seiner Aufgaben kann das limbische System als das »Gefühlshirn« bezeichnet werden. Es ist gewissermaßen unser Zentrum für die emotionale Intelligenz.

Die Großhirnrinde

Großhirnrinde Die Großhirnrinde stellt den entwicklungsgeschichtlich jüngsten Teil des menschlichen Gehirns dar. Sie ist zuständig für die bewusste Wahrnehmung und alle kognitiven Prozesse, ist gewissermaßen das »Denkhirn«. Die aus der Außenwelt über die fünf Sinne eingehenden Signale werden hier zu einem »inneren Bild« der Welt zusammengesetzt. Die aktuelle Lage wird bewertet, indem ein Abgleich mit abgespeicherten Erinnerungen an ähnliche Situationen vorgenommen wird. Die Großhirnrinde besitzt darüber hinaus die Fähigkeit zur Antizipation, d. h. sie kann anhand von ersten Hinweisen noch nicht eingetretene Gefahrensituationen in der Vorstellung vorwegnehmen.

Das Gehirn löst die Stressreaktion aus

Wenn wir mit einer neuartigen Situation konfrontiert sind, werden die einlaufenden Informationen in diesen drei Hirnteilen verarbeitet und zwischen ihnen weitergeleitet, und es wird über die Auslösung einer Stressreaktion »entschieden«. Die von den Sinneszellen übermittelten sensorischen Informationen laufen zunächst im Thalamus, der ersten Schaltstelle, zusammen und werden von dort zur Großhirnrinde weitergeleitet, wo eine genaue Verarbeitung der Informationen stattfindet. Hierzu greift das Gehirn auf abgespeicherte Erinnerungen an ähnliche Situationen zurück. Es führt einen Abgleich der aktuellen Lage mit diesen Erinnerungen durch. Als Gefahr werden solche Situationen bewertet, die Erinnerungen wachrufen an solche Situationen, in denen ungute Erfahrungen gemacht wurden, die nicht zu bewältigen waren, in denen man sich hilflos gefühlt hat. Persönliche Erfahrungen, insbesondere unlustbetonte und angstbesetzte Vorerfahrungen, die in den Nervenzellnetzwerken des Gehirns gespeichert sind, sind somit von entscheidender Bedeutung für die Auslösung einer akuten Stressreaktion.

Zusammenspiel der 3 Hirnteile

Kommt es im Großhirn aufgrund des Vergleichs mit früheren Erfahrungen zu der Einschätzung, dass aktuell eine Gefahr vorliegt, dann veranlasst es die Auslösung der Stressreaktion. Der Mandelkern (Amygdala) im limbischen System übernimmt dabei die führende Rolle. Mit seiner Aktivierung werden starke Angstgefühle und ggf. auch Wut und Zorn hervorgerufen und die weiteren körperlichen Stressreaktionen werden in Gang gesetzt.

2.4 Wenn Stressreaktionen den Gedanken vorauseilen …

Die meisten Menschen kennen die Erfahrung, dass in bestimmten Situationen (z. B. im Verkehr oder bei einem Streit) heftige körperliche (Herzklopfen, Schwitzen, Muskelanspannung etc.) und emotionale (Angst, Wut etc.) Stressreaktionen so schnell, geradezu reflexhaft ausgelöst werden, dass überhaupt keine Zeit für kognitive Abwägungen, Einschätzungen und Entscheidungen bleibt. Diese erfolgen dann erst in einem zweiten Schritt und klären erst im Nachhinein, ob die Alarmreaktion überhaupt gerechtfertigt ist.

Stressreaktion als »Kurzschluss«

Emotionale und körperliche Stressreaktionen eilen hier den bewussten gedanklichen Einschätzungen und Bewertungen voraus. Die moderne Hirnforschung hat inzwischen die neuroanatomische und -physiologische Grundlage für dieses Phänomen entdeckt. Bereits im Thalamus, der ersten Verarbeitungsstufe der einströmenden Informationen, entsteht ein erstes, noch sehr ungenaues Bild der Situation. Wird bereits hier ein Gefahrensignal erkannt, kann der Thalamus auch direkt – unter Umgehung der Hirnrinde in einer Art »Kurzschluss« – eine Stressreaktion auslösen. In diesem Fall geht die Information über die drohende Gefahrensituation vom Thalamus aus direkt an die Amygdala, die dann die Stressreaktion unmittelbar in Gang setzt. Dieser Mechanismus erklärt die Erfahrung, dass sich körperliche und emotionale Stressreaktionen in manchen Situationen (z. B. im Verkehr, bei einem Streit) so schnell und quasi reflexhaft einstellen, dass überhaupt gar keine Zeit für bewusstes Nachdenken bleibt (◘ Abb. 2.2).

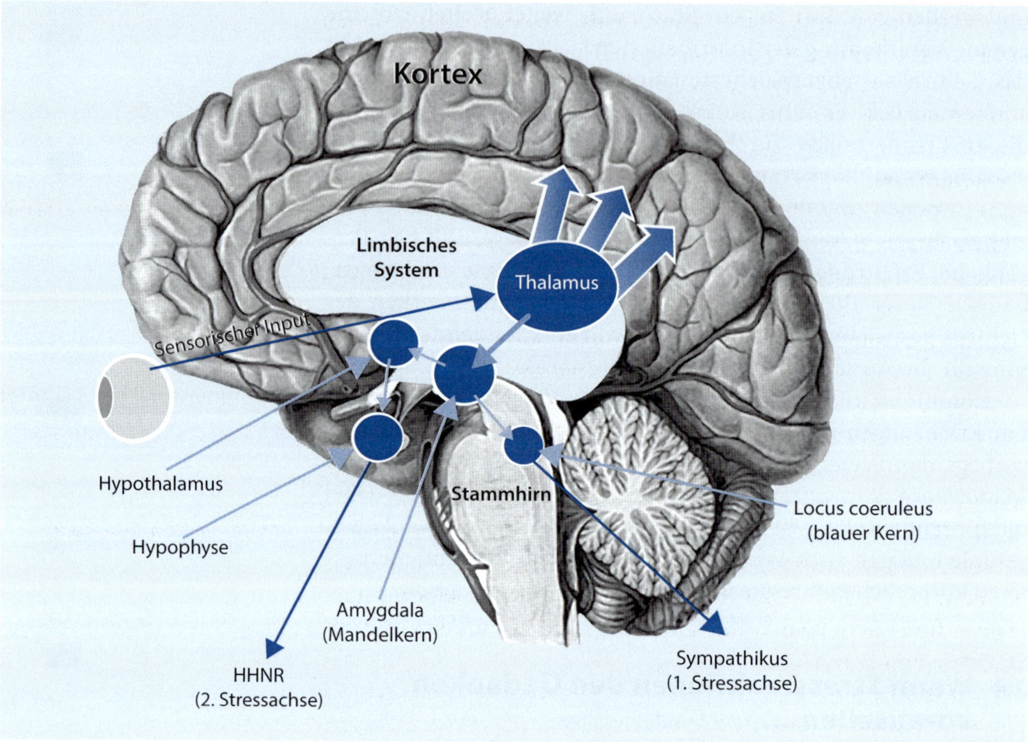

Abb. 2.2 Verarbeitung von Stressreizen im Gehirn (Erläuterungen im Text)

Lebensretter oder Fehlalarm

Was vom Thalamus kommt, ist zwar nur ein grobes Bild der Außenwelt, dafür wird es besonders rasch übermittelt. Die Amygdala erfährt so von einer potenziellen Gefahr ebenso schnell wie die Hirnrinde: Ehe man sich recht besinnt, was eigentlich vorgeht, vollführt man emotional gesteuert schon die erste unwillkürliche Schutzreaktion. Die Großhirnrinde liefert zwar viel schärfere und detailgenauere Bilder, nur brauchen diese eben mehr Zeit. In brenzligen Situationen ist eine solche schnelle Kurzschlusshandlung unter Umständen lebensrettend, in anderen Situationen können auf diesem Wege allerdings auch körperliche und emotionale Stressreaktionen in Gang gesetzt werden, die sich bei nachträglicher Betrachtung als nicht angemessen herausstellen.

2.5 Die zwei Achsen der Stressreaktion – Trockene und nasse Kommunikationswege

Kommt das Gehirn zu der Einschätzung, dass eine bedrohliche Situation vorliegt, dann ruft es den Alarmzustand aus. Die Nervenzellen des Mandelkernes werden aktiviert. Dadurch bekommt die Aktivierung eine starke emotionale Tönung. Wir erleben Angst oder Wut. Gleichzeitig beginnen die Nervenzellen des Mandelkernes ihrerseits Alarmsignale auszusenden, indem sie an ihren Synapsen große Menge von erregenden Nervenbotenstoffen (Glutamat) freisetzen. Damit alarmiert der Mandelkern das Stresszentrum im Hirnstamm, den »blauen Kern«.

Sympathikus-Nebennierenmark-Achse

Von hier, vom »blauen Kern« aus wird dann die erste unmittelbare körperliche Aktivierungsreaktion über die sog. Sympathikus-Nebennierenmark-Achse ausgelöst: Die Nervenzellen des blauen Kernes produzieren den Nervenbotenstoff Noradrenalin. Dieser wiederum aktiviert den Sympathikus, einen Nervenstrang des vegetativen Nervensystems, der entlang der Wirbelsäule verläuft und alle wichtigen Organe und Gefäße innerviert. In Bruchteilen von Sekunden schütten die Nervenenden des Sympathikus ihrerseits Noradrenalin aus und treiben damit Atmung, Puls und Kreislauf hoch.

Stresshormon Adrenalin

Schließlich erreicht die Alarmbotschaft entlang des sympathischen Nervenstranges die Nebennieren, kleine hütchenartige Strukturen, die auf den Nieren aufsitzen und als »Hormonfabriken« fungieren. Die vom Sympathikus übermittelten Alarmsignale stimulieren das Mark der Nebennieren, vermehrt das als Stresshormon allgemein bekannte »Adrenalin« freizusetzen. Noradrenalin und Adrenalin bewirken die unmittelbare Aktivierung von Atmung, Kreislauf und Energiebereitstellung. Wir sind bereit für Kampf oder Flucht.

Sofern es uns gelingt, der Gefahr zu entkommen bzw. sie aktiv zu bewältigen, wird das Stressprogramm beendet. Der »blaue Kern« stoppt die Aussendung von Alarmsignalen, die sympathische Aktivierung nimmt ab, der Körper beruhigt sich. Die Stressreaktion findet ein Ende. Das Adrenalin im Blut wird abgebaut; der Körper kann sich erholen.

Hypothalamus-Hypophysen-Nebennierenrinden-Achse

Ist dies jedoch nicht der Fall, erweist sich die Situation vielmehr als nicht so leicht kontrollierbar, wird die Aktivierung des Mandelkerns und des »blauen Kerns« aufrechterhalten. Die Nervenzellen des »blauen Kerns« setzen weiter Noradrenalin frei. Dieses hält die sympathische Aktivierung aufrecht. Der Mandelkern produziert weiter den erregenden Botenstoff Glutamat. Dieser breitet sich über aufsteigende Nervenbahnen auch in höher gelegenen Hirnregionen aus. Die Aktivierung der Großhirnrinde und des limbischen Systems wird verstärkt. Es kommt zu einem sich aufschaukelnden und ausbreitenden Erregungsmuster, das schließlich auch spezielle Nervenzellverbünde im Hypothalamus erfasst. Die Aktivierung dieser hypothalamischen Nervenzellen wiederum bewirkt die Stimulierung der zweiten Stressachse, der sog. **Hypothalamus-Hypophysen-Nebennierenrinden-Achse(HHNR-Achse)**. Diese besteht aus einer ganzen Kaskade aufeinander abgestimmter hormoneller Reaktionen. Im Hypothalamus als der übergeordneten Schaltstelle kommt es zunächst zur Freisetzung des Kortikotropin-releasing-Faktors (CRF), eines Hormons, das über ein Gefäßsystem zur Hypophyse, der Hirnanhangdrüse, gelangt. Dort stimuliert es die Sekretion des adrenokortikotropen Hormons (ACTH). Dieser Wirkstoff wiederum gelangt in den Kreislauf und regt in der Nebennierenrinde die Freisetzung von Kortisol an.

Stresshormon Kortisol

Kortisol ist neben dem Adrenalin das zweite wichtige Stresshormon. Es macht eine breite Spanne von Stressanpassungen möglich, die von der vermehrten Bereitstellung des energieliefernden Blutzuckers bis zur Feinabstimmung des Immunsystems reichen. Kortisol bereitet den Organismus auf eine länger anhaltende Auseinandersetzung mit der belastenden Situation vor. Damit die hormonelle Stressreaktion nicht überschießt, besitzt das System einen Rückkopplungsmechanismus. Die Höhe des Kortisolspiegels im Blut wird an die übergeordneten Schaltstellen im Hypothalamus und in der Hypophyse zurückgemeldet. Viel Kortisol im Blut hemmt die weitere Freisetzung der beiden Releasing-Hormone CRH und ACTH. Es handelt sich dabei also um einen negativen Rückkopplungsmechanismus, der wie eine »Stressbremse« wirkt und bewirkt, dass sich die hormonelle Stressreaktion normalerweise selbst begrenzt (◘ Abb. 2.3).

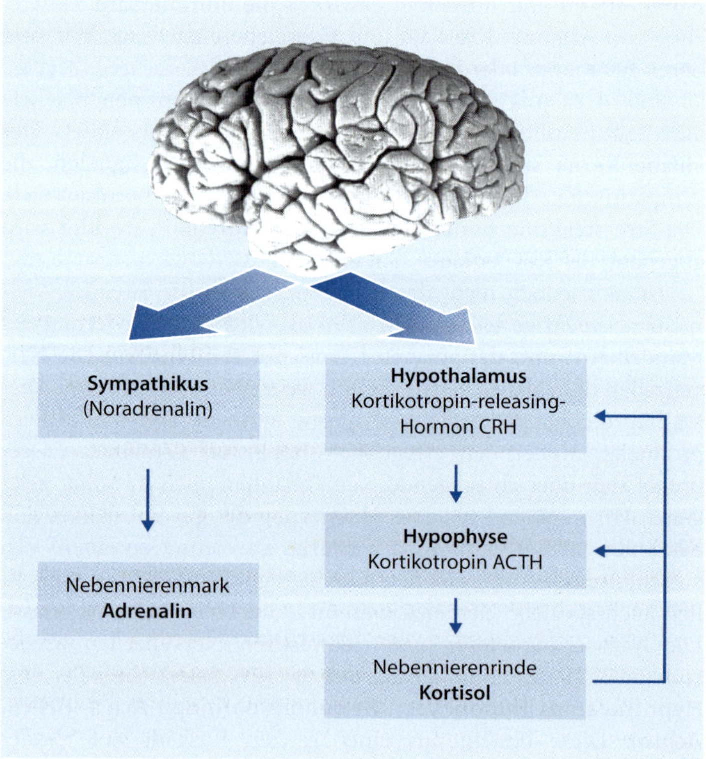

◘ **Abb. 2.3** Zwei Achsen der körperlichen Stressreaktion

Die Aktivierung dieser beiden Stress-Achsen und die dadurch bewirkte Freisetzung der Stresshormone Adrenalin und Kortisol stellen, dies sei hier nochmals betont, ganz normale biologische Vorgänge und nicht per se ein Gesundheitsrisiko dar. Wie diese natürliche Anpassungsreaktion so entgleiten kann, dass sie zu einer Gefährdung der Gesundheit führt, davon soll am Ende dieses Kapitels noch die Rede sein.

Fazit

Wir können bis hierhin zusammenfassen: Bei Wahrnehmung einer als bedrohlich eingeschätzten Situation kommt es zunächst zu einer Aktivierung der Sympathikus-Nebennierenmark-Achse und einer Freisetzung des ersten Stresshormons, des Adrenalins. Die Signalübertragung erfolgt »trocken« über elektrische Impulse entlang der Nervenbahnen und ist sehr schnell. Die Funktion dieser Achse besteht in der akuten Aktivierung von Herz, Kreislauf und Atmung. Sie entspricht bildlich gesprochen einem »Ruf zu den Waffen«. Hält die Gefahrensituation weiter an, d. h., lässt sich die wahrgenommene Gefahr trotz aller Anstrengungen nicht unter Kontrolle bringen, so wird auch die zweite Achse, die Hypothalamus-Hypophysen-Nebennierenrinden-Achse, aktiviert und das zweite Stresshormon, das Kortisol, wird freigesetzt. Die Signalübertragung ist hier gewissermaßen »nass«, da sie über Hormonabgaben in das Blut erfolgt. Sie erfolgt deutlich langsamer als beim nervalen Weg. Die Funktion dieser Achse besteht bildlich gesprochen in der Organisation von Nachschub in Form von Energiebereitstellung. Der Organismus stellt sich damit auf eine länger andauernde Auseinandersetzung mit der gefahrvollen Situation ein.

2.6 Stress formt das Gehirn

Stresshormone beeinflussen das Gehirn

In der bisherigen Darstellung haben wir das Gehirn ausschließlich als Ausgangspunkt der Stressreaktion mit ihren vielfältigen körperlichen Auswirkungen betrachtet. Das Gehirn ist aber zugleich auch Zielorgan der Stressreaktion. Sowohl Noradrenalin als auch Kortisol haben weitreichende Auswirkungen auf die Funktionsweise des Gehirns. Von besonderem Interesse sind dabei die Auswirkungen der Stresshormone auf die neuronalen Verschaltungen im Gehirn.

Neuronale Plastizität

Grundlegend für das Verständnis dieser Auswirkungen ist die zentrale Erkenntnis der modernen neurobiologischen Hirnforschung von der **neuronalen Plastizität.** Gemeint ist damit die grundlegende Fähigkeit des Gehirns, die Verschaltungen zwischen den Nervenzellen in Abhängigkeit von ihrer Benutzung zu verändern und damit seine eigene Feinstruktur umzubauen. Nervenzellverbindungen, die im Rahmen von Wahrnehmungen oder Tätigkeiten häufig benutzt werden, werden stabilisiert oder verstärkt. Die Hirnforscher sprechen in diesem Fall von Bahnung. Umgekehrt werden Verbindungen zwischen Nervenzellen, die wenig aktiviert werden, gehemmt und können ganz verloren gehen. Amerikanische Neurobiologen haben diese Erkenntnis auf die plakative Formel »**Use it or lose it**« gebracht.

So sind beispielsweise bei Geige- und Gitarrespielern die Nervenzellverbände im sensomotorischen Kortex, die die Bewegungen des zweiten bis fünften Fingers steuern, im Vergleich zu Nichtmusikern besonders stark ausgeprägt. Wenn mit dem Spielen aufgehört wird, kommt es zu einer Rückbildung dieser neuronalen Strukturen. Ähnliche Befunde fand man übrigens auch bei Jugendlichen, die häufig SMS versandten, im Vergleich zu älteren Personen. Die benutzungsabhängige Plastizität des Gehirns stellt gewissermaßen die neurobiologische Grundlage für das Lernen dar.

Nervenwachstumsfaktoren

Die Erkenntnis, dass sich unser Gehirn in Abhängigkeit von seiner Benutzung quasi selbst formt, war bahnbrechend und hat die frühere Vorstellung, wonach wir mit einem »fertigen« Gehirn auf die Welt kommen und es von der Geburt an nur noch zu einem unaufhaltsamen Abbau von Nervenzellen kommt, gründlichst revidiert. Inzwischen sind auch die biologischen Prozesse weitgehend erforscht, die die Bahnung von Nervenzellverbindungen ermöglichen. Nervenzellen, die aktiviert werden, tun etwas für ihre Selbsterhaltung. Im Rahmen ihrer Aktivierung produzieren sie zugleich bestimmte Proteine, die als Nervenwachstumsfaktoren dienen. Diese fördern die Austreibung von Axonen, den Nervenfortsätzen, mit denen die Nervenzellen untereinander in Kontakt treten, und verstärken die Synapsen, die eigentlichen Kontaktstellen. Es ist im Grunde wie mit den Muskeln. Diejenigen Muskeln, die wir regelmäßig benutzen und trainieren, wachsen und werden stärker und Muskeln, die nicht benutzt werden, verlieren an Masse und werden schlaffer.

Was hat dies alles mit Stress zu tun? Entscheidend ist hier die Tatsache, dass Stress, genauer die bei Stress ausgeschütteten Neurotransmitter und Hormone auf die Produktion und Ausschüttung genau dieser Nervenwachstumsfaktoren Einfluss nehmen.

Noradrenalin bahnt neuronale Verschaltungen

Das im Rahmen der akuten Stressreaktion im Gehirn ausgeschüttete Noradrenalin fördert die Abgabe von neurotrophen Faktoren (wachstumsfördernde Substanzen für Nervenzellen), die ihrerseits ein verstärktes Auswachsen von Axonen und die Bildung von Synapsen bewirken. Die wiederholte noradrenergene Aktivierung während kurzfristiger kontrollierbarer Belastungen führt im Ergebnis dazu, dass all diejenigen Verschaltungen, die in unserem Gehirn zur Bewältigung einer Anforderung benutzt werden, besser ausgebaut, gebahnt und effektiver gemacht werden.

Kortisol hemmt neuronale Verschaltungen

Auch das im Rahmen einer länger andauernden Stressepisode freigesetzte und im Blut zirkulierende Kortisol gelangt problemlos ins Gehirn. Dort bewirkt es in Abhängigkeit von Dosis und Dauer der Einwirkung nachhaltige Veränderungen der Nervenzellen, die denen des Noradrenalins entgegengesetzt sind. Die mit lang anhaltendem unkontrollierbarem Stress einhergehende Kortisolausschüttung führt zur Unterdrückung der Synthese und Ausschüttung von neurotrophen Faktoren. Im Ergebnis wird damit eine Hemmung und Destabilisierung bestehender neuronaler Schaltkreise bewirkt.

Auch diese Auswirkungen der Stresshormone auf die neuronalen Verschaltungen im Gehirn sind biologisch zweckmäßig. Solange wir mit einer Gefahr konfrontiert sind, die wir mittels der akuten Stressreaktion in den Griff bekommen, werden im Gehirn unter dem Einfluss von Noradrenalin jene Nervenzellnetzwerke stabilisiert, in denen die Verhaltensweisen gespeichert sind, mit denen es uns gelungen ist, die Gefahr zu bewältigen. Das Gehirn merkt sich das Verhaltensmuster, mit dem die Situation erfolgreich bewältigt werden konnte. Es baut die entsprechenden neuronalen Verschaltungen aus, sodass in einer zukünftigen ähnlichen Situation noch schneller reagiert werden kann.

Erweist sich die Situation jedoch als nicht so leicht kontrollierbar und kommt es zu längeren Stressreaktionen, beginnt das Gehirn nun unter dem Einfluss von Kortisol die Nervenzellnetzwerke zu hemmen und abzubauen, in denen die Verhaltensweisen gespeichert sind, die sich als untauglich zur Beseitigung der Gefahr erwiesen haben. Das Gehirn löscht gewissermaßen diese Verhaltensmuster und schafft damit die Voraussetzung dafür, dass wir neue Verhaltensweisen entwickeln und ausprobieren.

Stress erweist sich somit als ein wichtiger Katalysator für Lernprozesse.

Gedächtnisstörungen – eine mögliche Folge von Dauerstress

Stresshormone fördern die Anpassung, indem sie die Bildung von Erfahrungen ebenso wie die Verarbeitung neuartiger Reize erleichtern. Dies gilt, solange es sich um kurzfristige Stressreaktionen handelt. Im Falle lang anhaltender chronifizierter Stressreaktionen kann es zu massiven schädigenden Auswirkungen auf die neuronalen Strukturen in bestimmten Hirnregionen kommen. So fand der amerikanische Stressforscher Robert Sapolsky von der Stanford Universität bei Menschenaffen, die durch Konflikte und belastende Beziehungen innerhalb ihrer Horde dauergestresst waren, u. a. eine Schrumpfung einer Hirnstruktur namens Hippocampus, die für das Gedächtnis eine besonders wichtige Rolle spielt. Inzwischen zeigen Forschungsbefunde, dass dies nicht nur für Menschenaffen, sondern auch für Menschen gilt.

2.7 Stressreaktionen sind individuell

Individuelle Stresssignale als Frühwarnsystem

Wir haben bis hierhin die wichtigsten körperlichen Stressreaktionen und die komplexen Wege, auf denen sie gesteuert werden, kennengelernt. Das biologische Stressprogramm läuft jedoch nicht bei allen Menschen in allen Belastungssituationen in immer gleicher stereotyper Weise ab. Es gibt individuelle Reaktionsschwerpunkte. Der eine reagiert vor allem mit dem Verdauungssystem und spürt unter Stress vor allem das flaue Gefühl im Magen. Bei anderen steht die Aktivierung des Herz-Kreislauf-Systems im Vordergrund, das Herz pocht, das Blut schießt in den Kopf. Und wieder andere antworten primär mit der Anspannung der Muskulatur. Die eigenen individuellen Stressreaktionsmuster zu kennen und möglichst sensibel und frühzeitig wahrzunehmen, ist Voraussetzung für ein erfolgreiches Stressmanagement. Wenn wir auf unsere persönlichen körperlichen Stresssignale achten (statt sie so lange wie möglich zu übergehen, was leider häufig geschieht), dann haben wir damit eine Art Frühwarnsystem zur Verfügung, das uns helfen kann, rechtzeitig Gegenmaßnahmen zu ergreifen. Es kommt also darauf an, die Wahrnehmung für Stressanzeichen des eigenen Körpers zu schulen (► Kasten »Selbstbeobachtung: Was sind meine persönlichen körperlichen Stresssignale?«).

Selbstbeobachtung: Was sind meine persönlichen körperlichen Stresssignale?

Bitte achten Sie in den kommenden Tagen einmal ganz gezielt auf die ersten Anzeichen, mit denen Ihr Körper Ihnen signalisiert, dass er gestresst ist. Wo und wie macht sich in Ihrem Körper die Anspannung am ehesten bemerkbar? Diese frühen Warnsignale sind sehr vielfältig und individuell unterschiedlich. Bei vielen Menschen sind es vor allem muskuläre Anspannungen, besonders der Nacken- und Schultermuskulatur. Sie ziehen unter Stress den Kopf ein und die Schultern hoch, als wollten sie einen Panzer bilden. Andere beißen die Zähne aufeinander und reagieren mit einer starken Anspannung der Kiefermuskulatur oder Zähneknirschen. Wieder andere spannen die Stirn an, sodass tiefe Falten auf der Stirn entstehen, und sie spüren den Druck vornehmlich im Kopf und im Augenbereich.
Ein häufiges Stresssignal ist auch ein flaues Gefühl in der Magengegend, manchmal auch leichte Durchfälle oder vermehrter Harndrang. Und immer wieder kommt es vor, dass Stresssignale sich an individuellen körperlichen Schwachstellen ausdrücken, z. B. an alten Narben, Zahnfleischentzündungen, Hämorrhoiden oder Herpesbläschen, die sich

unangenehm bemerkbar machen. Wenn wir die Stresssignale unseres Körpers kennen und beachten, dann haben wir die Chance, rechtzeitig gegenzusteuern, bevor es zu ernsteren gesundheitlichen Beschwerden kommt.

2.8 Die Prägung der Stressreaktion durch frühe Erfahrungen

Frühkindliche Erfahrungen prägen das biologische Stresssystem

Auch die Sensitivität der Stressachsen ist individuell unterschiedlich stark ausgeprägt. Zahlreiche wissenschaftliche Studien im Stresslabor bestätigen die Alltagsbeobachtung, dass Personen, die sich in der gleichen »objektiven« Stresssituation befinden, sich hinsichtlich der Stärke der auftretenden körperlichen Stressreaktionen deutlich voneinander unterscheiden. Die Unterschiede sind besonders deutlich hinsichtlich der Aktivierung der zweiten Stressachse, der HHNR-Achse, und der mit ihr einhergehenden Freisetzung von CRF, ACTH und schließlich Kortisol (s. oben). Die zunächst nahe liegende Annahme, dass diese Unterschiede in der individuellen Stressantwort genetisch bedingt sind und vererbt werden, konnte durch Untersuchungen an Zwillingen nicht bestätigt werden. Stattdessen geht man heute davon aus, dass das biologische Stresssystem wesentlich durch frühkindliche Erfahrungen geprägt wird.

Mütterliche Zuwendung als Schutzfaktor

Eine entscheidende Rolle dabei spielt das Ausmaß an Zuwendung, das man in der frühen Kindheit erfahren hat. In verschiedenen Untersuchungen an Tieren konnte etwa der kanadische Stressforscher Michael Meaney zeigen, dass die Intensität der mütterlichen Zuwendung in der ersten Zeit nach der Geburt eine entscheidende Rolle dafür spielt, wie intensiv später bei den ausgewachsenen Tieren unter belastenden Bedingungen Stresshormone ausgeschüttet werden. Liebevoll bemutterte Jungtiere zeigten eine deutlich geringere Freisetzung von Stresshormonen als solche Tiere, die als Neugeborene nur wenig Zuwendung erhalten hatten. Die Zuwendung in der frühen Kindheit wirkt gewissermaßen wie ein Schutzmantel bis ins Erwachsenenleben hinein.

Trennung von der Mutter als Stressor

Die Trennung von der Mutter in der Zeit nach der Geburt stellt für Jungtiere einen sehr starken Stressor dar und führt zu einer nachhaltigen Sensibilisierung des biologischen Stresssystems. Stressforscher an der Stanford University fanden bei Menschenaffen, die man früh nach der Geburt von ihrer Mutter getrennt hatte, in einer späteren Untersuchung nach drei Jahren stark erhöhte Reaktionen der zweiten Stressachse in einer belastenden Situation. Neuere Forschungsarbeiten zeigen, dass dies wahrscheinlich damit zu tun hat, dass die Jungtiere keine funktionierende »Stressbremse« (siehe oben) ausbilden.

Schutz durch sichere Bindung

Auch wissenschaftliche Beobachtungen am Menschen bestätigen: Eine sichere Bindung des Kleinkindes zur Mutter (oder auch einer anderen Bezugsperson) bewirkt einen wirksamen Schutzschild gegenüber Stress bis ins Erwachsenenalter. Und umgekehrt: Unsichere Bindungen in der frühen Kindheit führen später in Stresssituationen zu erhöhter und verlängerter Aktivität der zweiten Stressachse, messbar z. B. an erhöhten Kortisolkonzentrationen im Blut.

Wenn die Mutter zu sehr gestresst ist …

Ein Grund für eine unsichere Bindung kann darin liegen, dass die Mutter (bzw. eine andere primäre Bezugsperson) selbst – warum auch immer – zu sehr gestresst ist. Sie ist dann zu sehr mit ihren eigenen Stressgefühlen, mit Angst, Unsicherheit oder Hilflosigkeit beschäftigt und kann sich nicht ausreichend und emphatisch um das Kind kümmern. Dies zeigen auch Ergebnisse von Untersuchungen der Arbeitsgruppe des amerikanischen Neurobiologen Charles Nemeroff am Primatenzentrum in New York. Affenmütter wurden dabei nach der Geburt auf unterschiedliche Weise unter Stress gesetzt. Das Ergebnis war, dass die Jungtiere gestresster Mütter später, wenn sie selbst unter Stress gesetzt wurden, mit einer stärkeren biologischen Stressantwort reagierten als Jungtiere »entspannter« Mütter. Dies zeigt, wie eine gewisse Stressanfälligkeit weniger biologisch vererbt als mehr sozial weitergegeben wird.

Fazit

Zusammenfassend können wir festhalten, dass frühere Erfahrungen in zweifacher Weise das aktuelle Stresserleben im späteren Leben beeinflussen. Erstens stellen im Gehirn gespeicherte frühere Erfahrungen mit der Bewältigung von schwierigen Situationen die Messlatte dar, an der die Bewertung einer aktuellen Anforderung vorgenommen wird. Zweitens hinterlassen frühe Stress- und Bindungserfahrungen einen Abdruck im biologischen Stresssystem, verstellen die Sensitivität der Stressachsen und prägen so die Intensität des Stresserlebens bis ins Erwachsenenalter.

2.9 Macht Stress krank? – Wie Stress die Gesundheit gefährdet

Wechsel von Anspannung und Entspannung – ein Grundprinzip des Lebens

Um es noch einmal zu betonen: Die durch einen Stressor ausgelöste körperliche Aktivierung ist an sich nicht gesundheitsschädlich. Im Gegenteil: »Stress ist die Würze des Lebens«, wie Hans Selye, der Pionier der Stressforschung, es einmal formuliert hat. Womit gesagt sein soll, dass die kurzfristige Aktivierung, die in einem beständigen Wechsel immer wieder von Phasen der Entspannung abgelöst wird, ein wesentliches positives Kennzeichen des Lebendigen ist. Dies zeigt sich nicht nur in dem natürlichen Schlaf-Wach-Rhythmus, sondern auch in so grundlegenden physiologischen Vorgängen wie z. B. der Herzmuskeltätigkeit mit ihrem beständigen Wechsel von Systole und Diastole wie auch im rhythmischen Wechsel von Einatmen und Ausatmen beim Atemvorgang. Phasische Aktivierung als Ausdruck der Lebendigkeit wird subjektiv als angenehm und lustvoll erlebt und wirkt leistungssteigernd und -motivierend. Selye spricht in diesem Fall von »Eustress«, den er vom gesundheitsgefährdenden »Distress« unterscheidet.

Ein Risiko für die körperliche Gesundheit aufgrund von Stressreaktionen ergibt sich nicht aus der bloßen Tatsache der kurzfristigen körperlichen Aktivierung. Für gesundheitsschädliche Auswirkungen der körperlichen Stressreaktion sind im Wesentlichen die folgenden vier Aspekte bedeutsam:

▪ Nicht verbrauchte Energie

Bereitgestellte Energie wird nicht verbraucht

Bei den beschriebenen körperlichen Stressreaktionen handelt es sich um ein entwicklungsgeschichtlich sehr altes Reaktionsmuster, durch das der Organismus optimal darauf vorbereitet wird, Gefahrensituationen durch Kampf oder Flucht zu begegnen. Die Vorbereitung auf Angriff und Flucht war ursprünglich biologisch zweckmäßig zur Bewältigung genau der Anforderungen, denen Tiere und auch der Urmensch vor allem ausgesetzt waren. Die Verteidigung des eigenen Territoriums gegenüber feindlichen Artgenossen, die Erbeutung von Nahrung, Rangkämpfe, die Abwehr wilder Tiere – alle diese Anforderungen erforderten körperliche Aktivität, die das Stressprogramm in optimaler Weise vorbereitete. Indem die Bewältigung der Anforderungen auf körperlichem Wege erfolgte, eben durch Kampf oder Flucht, wurde die Stressreaktion gewissermaßen zu ihrem natürlichen Ende gebracht. Die bereitgestellten Zucker- und Fettreserven wurden verbraucht. Nach erfolgreicher Bewältigung konnte der Organismus wieder zur Ruhe kommen und sich erholen. Bei der Bewältigung vieler Belastungssituationen des modernen Menschen hat dieses Reaktionsmuster seinen unmittelbaren Anpassungswert jedoch verloren, stellen körperliche Angriffe oder Fluchtversuche doch in den seltensten Fällen eine angemessene Antwort auf die Belastungen des modernen Lebens dar. Die bereitgestellte Energie wird so nicht verbraucht. Fett, Zucker und verklumpende Blutplättchen verstopfen die Blutbahn. Es kann zu Gefäßverengungen (Arteriosklerose) und schließlich zu einem vollständigen Gefäßverschluss (Infarkt) in Herz, Lunge oder Gehirn kommen.

Die Konsequenz, die sich hieraus für die Prävention stressbedingter Gesundheitsrisiken ziehen lässt, liegt auf der Hand: Wir müssen für regelmäßige körperliche Aktivität sorgen, um die im Rahmen der Stressreaktion bereitgestellte Energie auch tatsächlich zu verbrauchen. Auf Sport und Bewegung als wichtigen Teil jeder erfolgreichen Anti-Stress-Strategie werden wir in ► Abschn. 8.4 noch ausführlich zu sprechen kommen.

Chronischer Stress

Zeit für Entspannung fehlt

Die Stressreaktion hat sich im Laufe der Evolution entwickelt als ein Programm für die Auseinandersetzung mit Gefahren, die von relativ kurzer Dauer sind. Für viele der für den heutigen Menschen wichtigen Stressoren z. B. im zwischenmenschlichen oder beruflichen Bereich ist jedoch kennzeichnend, dass diese über lange Zeit, oft über Jahre bestehen oder immer wieder erneut auftreten. So fehlt häufig die nötige Zeit für Erholung und Entspannung. Der Organismus wird beständig in einem Zustand erhöhter Aktivierung gehalten. Bei zu lange anhaltender Belastung schließlich bricht das Anpassungsvermögen des Organismus zusammen. In diesem sog. Stadium der Erschöpfung kann es dann zu vielfältigen funktionellen Symptomen bis hin zu ernsthaften Organerkrankungen kommen.

Die Anspannung wird chronisch

Hinzu kommt, dass der Organismus bei einem über lange Zeit aufrechterhaltenen, erhöhten Widerstandsniveau allmählich seine natürliche Fähigkeit zur Selbstregulation verliert. Dies bedeutet, dass es auch in Phasen, in denen keine akute Belastung vorliegt, nicht mehr möglich ist, auf ein normales Ruheniveau zurückzukehren. Die Gefäßwände verlieren ihre Elastizität, die Gefäße können sich nicht mehr weiten mit der Folge, dass der Blutdruck chronisch erhöht bleibt. Angespannte, schmerzhafte Muskeln lassen sich nur noch schwer lockern und können reflektorisch sogar weitere muskuläre Anspannungsreaktionen auslösen, wodurch ein Teufelskreis aufgebaut wird, durch den die Anspannung kontinuierlich aufrechterhalten wird. Erholung – auch im Schlaf – erfolgt, wenn überhaupt, immer langsamer. Die Hypothalamus-Hypophysen-Nebennierenrinden-Achse bleibt dauerhaft aktiviert. Der Mechanismus der negativen Rückkopplung, die sog. »Stressbremse«, die eine Selbstbegrenzung der Kortisolausschüttung bewirkt, ist außer Kraft gesetzt. Im Blut finden sich chronisch erhöhte Kortisolspiegel. Diese wirken sich in komplexer Weise auf unterschiedliche physiologische Funktionen aus.

Beispiel Diabetes

Zum Beispiel auf die Insulinproduktion in der Bauchspeicheldrüse: Kortisol verringert die Wirkung von Insulin, welches normalerweise die Aufnahme von Zucker in die Körperzellen befördert. Dadurch wird erreicht, dass mehr Zucker im Blut verbleibt und als Energieträger in das Gehirn gelangen kann, dessen Zellen kein Insulin für die Zuckeraufnahme benötigen. In der Bauchspeicheldrüse wird die durch Kortisol verursachte verringerte Insulinwirkung registriert, als relativer Insulinmangel »interpretiert« und mit vermehrter Insulinproduktion beantwortet. Längerfristig erschöpft sich die Produktionskapazität für

Insulin in den Inselzellen der Bauchspeicheldrüse. Es entsteht ein tatsächlicher Insulinmangel, der Blutzucker und damit das Diabetesrisiko steigen.

Chronifizierte Stressreaktionen aufgrund von lang anhaltenden oder immer wiederkehrenden Belastungen, also der Dauerstress, stellen ein enormes gesundheitliches Risiko dar. Die Konsequenz, die sich hieraus für die Vorbeugungergibt, liegt auch hier auf der Hand: Wir müssen für einen regelmäßigen Ausgleich, für regelmäßige Phasen der Entspannung und Regeneration sorgen, auch und besonders in Phasen länger andauernder hoher Anforderungen. Wie das gelingen kann, damit werden wir uns in ▶ Kap. 8 noch intensiv beschäftigen.

■ Geschwächte Abwehrkräfte

Das Immunsystem wird geschwächt

Wissenschaftliche Untersuchungen zeigen, dass unter Stress die körpereigenen Abwehrkräfte des Immunsystems nachhaltig beeinflusst werden können. Bei kurzfristigen, akuten Belastungen kommt es zunächst zu einer Stimulation des Immunsystems. So ist die Anzahl der natürlichen Killerzellen im Blut erhöht. Diese bilden gewissermaßen die erste Verteidigungslinie des Organismus gegenüber Fremdkörpern, die von außen, z. B. über offene Wunden, in den Körper eindringen. Solche Fremdkörper können dann schneller erkannt und effektiver bekämpft werden. Diese immunstimulierenden Effekte geschehen im Rahmen der Aktivierung der ersten Stressachse, der Sympathikus-Nebennierenmark-Achse, in der akuten Belastungsphase. Dauert die Belastung an, kommt es über die Aktivierung der zweiten Stressachse, der Hypothalamus-Hypophyse-Nebennierenrinden-Achse, zu einer vermehrten Ausschüttung des Stresshormons Kortisol. Dieses bewirkt, wenn es unter Dauerstress über längere Zeit ausgeschüttet wird, eine nachhaltige Schwächung unserer Immunkompetenz. Damit einher geht eine allgemein erhöhte Anfälligkeit für Infektionserkrankungen, z. B. Erkältungsinfektionen und Herpesvirusinfektionen.

Wenn man nicht »richtig krank« werden kann …

So führen Schnupfenviren (sog. Rhinoviren) bei gestressten Menschen häufiger zu einer tatsächlichen Erkältung als bei unbelasteten Menschen. Wenn dann eine Infektion eingetreten ist, dann behindern chronisch erhöhte Kortisolspiegel zusätzlich deren effektive Bekämpfung; denn Kortisol unterdrückt Fieberreaktionen, Entzündungsreaktionen und andere wichtige Abwehrreaktionen des Körpers. Erkältungen, Herpesinfektionen oder entzündete Wunden ziehen sich dann hin, ohne richtig auszuheilen. Man ist zwar irgendwie krank, kann aber nicht »richtig krank« werden. Viele Menschen kennen das aus ihrer Alltagserfahrung: Sie haben einen Infekt aufgeschnappt, dieser verhält sich aber während der Woche unter dem Druck der beruflichen Anforderungen weitgehend ruhig. Sie spüren vielleicht leichte Symptome, ein Kratzen im Hals, Kribbeln in der Nase oder leichtes Frösteln. So richtig zum Ausbruch kommen die Infektion und die körpereigenen Abwehrreaktionen, z. B. in Form von Fieber, aber häufig dann erst am Wochenende, wenn der Stress und damit der Einfluss des Kortisols nachlassen.

Geschwächte Immunkompetenz und chronische Erkrankungen

Die durch chronisch erhöhte Kortisolspiegel verursachte Schwächung des Immunsystems kann sich darüber hinaus auch auf den Verlauf solcher Erkrankungen ungünstig auswirken, die selbst ursächlich nichts mit Stress zu tun haben. Dies betrifft vor allem solche häufig chronischen Erkrankungen, bei denen entzündliche Prozesse im Körper oder das Immunsystem selbst eine Rolle spielen. Hierzu zählen beispielsweise Erkrankungen wie die multiple Sklerose, rheumatoide Arthritis, Hauterkrankungen wie die Schuppenflechte (Psoriasis), aber auch verschiedene Tumorerkrankungen.

Durch Dauerstress bedingte chronisch erhöhte Kortisolspiegel beeinträchtigen die Fähigkeit des Körpers, sich mit diesen Erkrankungen auseinanderzusetzen. Um einer stressbedingten Schwächung des Immunsystems vorzubeugen, ist es wichtig, dass wir das Immunsystem durch eine gesundheitsbewusste Lebensweise, besonders durch gesunde Ernährung und ausreichend Bewegung an der frischen Luft, stärken und dass wir dem Immunsystem den Raum geben, um arbeiten zu können. Da das Immunsystem einen großen Teil seiner Arbeit im Schlaf verrichtet, bedeutet das insbesondere, für ausreichenden und erholsamen Schlaf zu sorgen (siehe dazu auch ▶ Abschn. 8.1).

■ Gesundheitliches Risikoverhalten

Rauchen und Alkohol zur Beruhigung

Stressbedingte Gesundheitsrisiken ergeben sich schließlich oft auch dadurch, dass viele Menschen unter Stress vermehrt zu solchen Verhaltensweisen greifen, die ihrerseits gesundheitsschädlich sind. Sie rauchen mehr als gewöhnlich, trinken übermäßig oder unkontrolliert Alkohol, essen unregelmäßig und oft auch ungesund oder vernachlässigen Bewegung. Sie versuchen auf diese Weise, die Anforderungen und mehr noch die aufkommenden Stressgefühle in den Griff zu bekommen. Dies sind aber auf längere Sicht untaugliche Bewältigungsversuche. Denn zum einen erhöhen die genannten Verhaltensweisen direkt das Risiko für zahlreiche Erkrankungen. Und zum anderen vermindern sie längerfristig die allgemeine Belastbarkeit und tragen so zu einer rascheren Erschöpfung der Widerstandskräfte bei.

Chronischer Stress und körperliche Krankheiten

Mögliche Folgen von chronischem Stress

Angesichts der vielfältigen Auswirkungen der Stressreaktion auf praktisch alle wichtigen Organsysteme ist es nicht verwunderlich, dass auch die möglichen gesundheitsschädlichen Auswirkungen von chronischen Stressreaktionen äußerst vielfältig sind, und Stress bei einer Vielzahl von Erkrankungen eine Rolle spielen kann.

Gehirn Unter Dauerstress sinkt die Leistungsfähigkeit des Gehirns. Besonders Gedächtnis, Konzentration und Kreativität sind beeinträchtigt. Die Stresshormone bewirken darüber hinaus Veränderungen in der Biochemie des Gehirns, die auf längere Sicht Depressionen zur Folge haben können.

Herz-Kreislauf Der Blutdruck bleibt langfristig erhöht. Dies belastet den Herzmuskel. Oft ist auch der Puls erhöht. Die Wände der Arterien werden überlastet. Dies begünstigt entzündliche Prozesse in der Gefäßwand mit Entstehung von Verkalkungen (Arteriosklerose). Spätfolgen können Herzinfarkt und Schlaganfall sein.

Muskulatur Ständige Anspannung der Muskeln kann zu hartnäckigen Verspannungen führen. Kopf-, Nacken- und Rückenschmerzen sind häufig die Folge.

Stoffwechsel Dauerstress begünstigt die Entwicklung von Diabetes. Durch die vermehrte Freisetzung von Fettsäuren wird ferner der Blutfettspiegel ungünstig erhöht. Dies fördert die Ablagerung von Fetten in der Arterienwand. Die Gefäße verengen sich mit der Zeit. Bluthochdruck kann die Folge sein oder gar Schlaganfall oder Herzinfarkt, wenn eine Ader im Gehirn oder am Herzen durch die Ablagerung gänzlich verstopft.

Verdauungstätigkeit Die körpereigene Regulation wird längerfristig beeinflusst, Magengeschwüre und Verdauungsproblemen nehmen zu.

Sexualität Dauerstress vermindert die sexuelle Lust. Es kann zu Zyklusstörungen bei der Frau sowie zu Impotenz und Störungen der Samenreifung beim Mann kommen.

Sinnesorgane Unter Stress kann sich der Augeninnendruck erhöhen und die Entwicklung des grünen Stars begünstigen.

Eine häufige Stressfolge sind Schädigungen am Innenohr, mit Hörsturz und Dauer-Pfeiftönen (Tinnitus).

Immunsystem Dauerstress schwächt die Abwehrkräfte. Ständige Erkältungen, Grippe und Bronchitis können die Folge sein.

Eine – allerdings nicht erschöpfende – Übersicht, bei welchen Erkrankungen auch an Stressfolgen zu denken ist, gibt ◘ Tab. 2.1.

▪ Chronischer Stress und seelische Gesundheit

Stress und psychische Störungen

Chronischer Stress hat nicht nur schädliche Auswirkungen auf die körperliche Gesundheit zur Folge, sondern bewirkt auch

◘ **Tab. 2.1** Chronischer Stress und körperliche Krankheit

Langfristige Folgen	
Gehirn	– Einschränkung der kognitiven Leistungsfähigkeit und der Gedächtnisfunktionen – Hirninfarkt
Sinnesorgane: Auge, Ohr	– Erhöhter Augeninnendruck – Ohrgeräusche, Tinnitus, Hörsturz
Herz-Kreislauf	– Bluthochdruck – Arteriosklerose – Koronare Herzerkrankung – Herzinfarkt
Muskulatur	– Kopf-, Rückenschmerzen – Weichteilrheumatismus
Verdauungsorgane	– Störungen der Verdauung – Magen-Darm-Geschwüre
Stoffwechsel	– Erhöhter Blutzuckerspiegel/Diabetes – Erhöhter Cholesterinspiegel
Immunsystem	– Verminderte Immunkompetenz gegenüber Infektionserkrankungen, häufige Infekte – Ungünstiger Verlauf von u. a. Tumorerkrankungen, multipler Sklerose, rheumatoide Arthritis
Schmerz	– Verringerte Schmerztoleranz – Erhöhtes Schmerzerleben
Sexualität	– Libidoverlust – Zyklusstörungen bei der Frau – Impotenz – Störungen der Samenreifung, Unfruchtbarkeit

Hinweis: Die Tabelle führt die häufigsten körperlichen Krankheiten auf, die durch Dauerstress verursacht oder in ihrem Verlauf beeinflusst sein können. Dies bedeutet jedoch nicht, dass die jeweilige Erkrankung in jedem Falle und ausschließlich auf Stress zurückzuführen ist.

Störungen des psychischen Wohlbefindens und der psychischen Gesundheit. Oft entwickeln sich diese emotionalen Störungen vor den körperlichen Störungen. Betroffene gehen aber meist erst dann zum Arzt, wenn auch körperliche Symptome oder Erkrankungen aufgetreten sind. Der Arzt diagnostiziert und therapiert diese körperlichen Störungen, die damit im Zusammenhang stehenden chronischen Stressbelastungen und psychischen Störungen bleiben vielfach unerkannt und entsprechend unbehandelt.

Volkskrankheit »Stressdepression«

Gut belegt ist inzwischen besonders ein Zusammenhang zwischen dem Auftreten von depressiven Störungen und einer Überaktivität der zweiten Stressachse, der HHNR-Achse. Viele (jedoch nicht alle) depressive Menschen weisen wie dauergestresste Personen chronisch erhöhte Kortisolspiegel im Blut auf. Diese beruhen hauptsächlich auf einer Überproduktion des Kortikotropin-releasing-Faktors (CRH), die ihrerseits ihre Ursache in einem Defekt im Hypothalamus oder einer ihm übergeordneten Instanz hat. Die Stressachse unterliegt damit nicht mehr voll den sie normalerweise wieder herunterregulierenden Mechanismen (»Stressbremse«) und ist deswegen chronisch aktiviert. Aufgrund dieser wissenschaftlich ausreichend belegten Zusammenhänge ist die Annahme gerechtfertigt, dass viele Depressionen (jedoch nicht alle) eine Folge von Dauerstress darstellen. Der Mainzer Psychiater und Depressionsforscher Prof. Benkert spricht hier ganz ausdrücklich von der **Volkskrankheit»Stressdepression«**, an der bis zu 20 % der Bevölkerung erkrankt seien und die – einer Studie der Weltgesundheitsorganisation (WHO) zufolge – im Jahre 2020 neben den Herz-Kreislauf-Erkrankungen die häufigste Krankheit weltweit sein werde.

2.10 Erschöpfung total – das Burnout-Syndrom

Viele Menschen leiden unter Burnout

Der Begriff »Burnout« (= »Ausgebranntsein«) bezeichnet einen andauernden und schweren Erschöpfungszustand infolge einer chronischen Stressreaktion mit sowohl körperlichen als auch seelischen Beschwerden. Die Betroffenen fühlen sich erschöpft und leer, sie empfinden ihre Arbeit als sinn- und nutzlos und ziehen sich von anderen Menschen zurück. Die ersten Beschreibungen stammten aus interaktionsintensiven Arbeitsfeldern, besonders in helfenden Berufen bei Sozialarbeitern, Krankenschwestern, Ärzten und Lehrern. Burnout wurde hier eng gefasst verstanden als Erschöpfung aufgrund emotionaler Belastung durch Helfen ohne adäquate Belohnung. Inzwischen sind Burnout-Symptome bei Angehörigen vieler anderer Berufe gezeigt worden, z. B. bei Polizisten, bei Managern, bei Flugbegleitern und Mitarbeitern von Call-Center, bei Journalisten, bei EDV-Spezialisten (gerade auch in Startup-Unternehmen), bei Architekten und Spitzensportlern. Burnout ist auch nicht beschränkt auf Belastungen, die im Zusammenhang mit Erwerbsarbeit stehen. Vielmehr können Burnout-Prozesse auch durch lang anhaltende Belastungen aus Familien-, Pflege-, Hausarbeit sowie ehrenamtlicher Arbeit entstehen.

Beim Burnout handelt es sich nicht um ein fest umschriebenes Krankheitsbild, es stellt auch keine eigenständige psychiatrische Diagnose dar. Es bestehen vielfältige symptomatische Überlappungen insbesondere zu depressiven Störungsbildern und psychosomatischen Störungen. Wenn Betroffene zum Arzt gehen – was meistens immer wieder hinausgeschoben wird –, dann zumeist wegen der körperlichen Störungen, die dann auch diagnostiziert und symptomatisch behandelt werden. Das zugrunde liegende Burnout bleibt zumeist unerkannt.

Erholung gelingt nicht mehr

Metaphorisch handelt es sich um eine lang andauernde Energieabgabe mit zumindest in späteren Phasen wenig Wirkung und geringem Energienachschub. Der Akku ist leer und er kann nicht mehr aufgeladen werden. Etwa so, wie wenn eine Autobatterie nicht mehr über die Lichtmaschine nachgeladen wird, dennoch aber Höchstleistungen abgeben soll. Und hierin liegt auch der Unterschied zur normalen, »rechtschaffenen« Müdigkeit nach einer größeren Anstrengung. Burnout ist gekennzeichnet durch einen Verlust der natürlichen Fähigkeit zur Regeneration. Man kann sich nicht mehr erholen.

Burnout als schleichender Prozess

Burnout passiert nicht von einem Tag zum anderen, sondern es ist ein langsamer schleichender **Prozess des Ausbrennens.** Die Entwicklung beginnt oft mit einer längeren Phase erhöhter Anforderungen und starken Engagements. Allmählich schleichen sich erste Anzeichen einer nachlassenden Leistungsfähigkeit ein. Die Konzentration nimmt ab, Fehler nehmen zu, die dann zusätzliche »Nach«-Arbeit erforderlich machen. Bisher nicht gekannte Müdigkeit und Schwächegefühle stellen sich ein, oft wird der Schlaf schlechter, auch Schmerzen aller Art treten vermehrt auf. Auf diese ersten Anzeichen einer beginnenden Erschöpfung reagieren die Betroffenen nun nicht damit, dass sie sich eine Auszeit gönnen, um sich zu erholen und neue Kräfte zu tanken. Im Gegenteil: Da sie keine Möglichkeit sehen, etwas an ihrer Situation zu ändern, verstärken sie ihren Einsatz und versuchen, Leistungseinbußen durch mehr Engagement und noch mehr Arbeit wettzumachen. Sofern eigene Erholungsbedürfnisse überhaupt wahrgenommen werden, vertrösten sie sich (und Angehörige) immer wieder auf »bessere Zeiten«. Es findet ein immer weiter gehender Rückzug aus privaten Kontakten und von Freizeitaktivitäten statt. Durchhalten wird als einzige Option erlebt, alle verfügbare Energie wird auf die Arbeit konzentriert. Es entwickelt sich ein Teufelskreis: Man arbeitet länger, aber immer ineffektiver, weshalb dann noch länger gearbeitet werden muss. Man fühlt sich immer häufiger erschöpft und ist in der Erschöpfung zugleich hyperaktiv. Oft greifen Betroffene in dieser Situation vermehrt zu Medikamenten (Aufputschmittel, Schlafmittel, Schmerzmedikamente), um Leistungseinbußen und Erschöpfungssymptome zu bekämpfen. Die weitere Entwicklung hin zur völligen Erschöpfung ist vorgezeichnet. Eine Betroffene hat ihren Weg ins Burnout einmal so beschrieben: »Ich habe zu lange zu viel für zu viele andere mit zu wenig Rücksicht auf mich selbst getan.«

Ein voll ausgebildetes Burnout-Syndrom zeigt sich im körperlichen, im geistig-mentalen, im emotionalen und auch im sozialen Bereich. Die wichtigsten **Symptome** sind im ▶ Kasten »Die wichtigsten Symptome des Burnout-Syndroms« zusammengestellt.

Therapie des Burnout-Syndroms

Die **Therapie** eines voll ausgebildeten Burnout-Syndroms ist aufwändig und zeitintensiv. Sie beinhaltet eine intensive Psychotherapie zur Bearbeitung der zugrunde liegenden persönlichen Faktoren, die zum Burnout beigetragen haben, physikalische inklusive bewegungsmedizinischer Therapiemaßnahmen zur Behandlung der körperlichen Erschöpfungssymptome und zur Wiederherstellung der Regenerationsfähigkeit sowie ggf. auch eine (psycho-)pharmakologische Behandlung. Oft ist eine stationäre Therapie in einer auf die Behandlung von Burnout spezialisierten Klinik erforderlich und ratsam.

Die wichtigsten Symptome des Burnout-Syndroms

- **Körperliche Erschöpfung**
  - Energiemangel, chronische Müdigkeit, Schwächegefühle,
  - Schlafstörungen,
  - geschwächte Abwehrkräfte (häufige Infekte),
  - psychosomatische Symptome (Kopf-, Rückenschmerzen, Magen-Darm-Beschwerden, Herz-Kreislauf-Störungen),
  - reduzierte Libido, sexuelle Störungen.

Diese körperlichen Erschöpfungssymptome werden oft durch vermehrten Konsum von Alkohol und Zigaretten sowie durch die Einnahme von Schmerz-, Schlaf-, Beruhigungs- oder Aufputschmitteln zu bekämpfen versucht.

- **Emotionale Erschöpfung**
  - Überdruss: Alles ist zu viel.
  - Niedergeschlagenheit, Hoffnungslosigkeit, Ausweglosigkeit.
  - Gefühl von innerer Leere, von Abgestorbensein.
  - Diese können wechseln mit Reizbarkeit, Ärger, Schuldzuweisung.
- **Geistig-mentale Erschöpfung**
  - Abbau der kognitiven Leistungsfähigkeit, Konzentrationsmängel, Vergesslichkeit

  - Verlust an Kreativität
  - Negative Einstellung zur eigenen Person, zur Arbeit, zum Leben allgemein
  - Zynismus
  - Gedanken der Sinnlosigkeit
- **Soziale Erschöpfung**
  - Verlust des Interesses an anderen, sozialer Rückzug (nicht nur beruflich, auch privat).
  - Gefühl, von anderen ausgesaugt zu werden, andere Menschen »nerven«, werden nur noch als weitere Belastung erlebt.
  - Verlust der Empathie (Verständnislosigkeit für andere, Nichtzuhören-Können oder Wollen).
  - Depersonalisierung (»Entmenschlichung«): Andere Menschen (z. B. Klienten, Patienten, Kunden, Kollegen) werden entpersönlicht, nur noch als Fall oder Nummer behandelt.

2.11 Checkliste: Warnsignale für Stress

Verleugnung aufgeben

Um es erst gar nicht so weit kommen zu lassen, ist eine möglichst frühzeitige Wahrnehmung und Beachtung von ersten Erschöpfungssymptomen entscheidend. Allerdings liegt genau hier oft das Problem. Es ist immer wieder erstaunlich, wie lange sich viele Menschen ausgebrannt dahinschleppen und versuchen, einer (selbst-)kritischen Auseinandersetzung mit der eigenen Situation aus dem Weg zu gehen. Dies erfordert Mut und das Aufgeben der Verleugnung, des Nicht-wahrhaben-Wollens und der Bagatellisierung. Der Mut, sich kritisch der eigenen Situation zu stellen, wird aber in der Regel damit belohnt, dass neue Energie freigesetzt, ja eine regelrechte Befreiung erlebt wird. Energie, die bis dahin für die Aufrechterhaltung der Verleugnung, für das Wegschauen, für das Verharren im »Immer-weiter« gebraucht wurde und die nun in eine Änderung der eigenen Lebenssituation investiert werden kann.

Mut zur Selbsterforschung

Die ◘ Abb. 2.4 enthält eine Checkliste mit häufigen Warnsignalen auf körperlicher, emotionaler, mentaler und verhaltensbezogener Ebene. Bitte nutzen Sie diese Liste für eine ehrliche und offene Reflexion Ihrer aktuellen gesundheitlichen Verfassung.

Checkliste: Warnsignale für Stress

Die folgenden Punkte können Anzeichen für Überforderung sein. Welche davon haben Sie in der letzten Woche an sich feststellen können?

	stark	leicht	kaum/ gar nicht	Punkte
Körperliche Warnsignale				
Herzklopfen/Herzstiche	2	1	0	
Engegefühl in der Brust	2	1	0	
Atembeschwerden	2	1	0	
Schlafstörungen	2	1	0	
Chronische Müdigkeit	2	1	0	
Verdauungsbeschwerden	2	1	0	
Magenschmerzen	2	1	0	
Appetitlosigkeit	2	1	0	
Sexuelle Funktionsstörungen	2	1	0	
Muskelverspannungen	2	1	0	
Kopfschmerzen	2	1	0	
Rückenschmerzen	2	1	0	
Kalte Hände/Füße	2	1	0	
Starkes Schwitzen	2	1	0	
Emotionale Warnsignale				
Nervosität, innere Unruhe	2	1	0	
Gereiztheit, Ärgergefühle	2	1	0	
Angstgefühle, Versagensängste	2	1	0	
Unzufriedenheit/Unausgeglichenheit	2	1	0	
Lustlosigkeit (auch sexuell)	2	1	0	
Innere Leere, »ausgebrannt sein«	2	1	0	
Kognitive Warnsignale				
Ständig kreisende Gedanken/Grübeleien	2	1	0	
Konzentrationsstörungen	2	1	0	
Leere im Kopf (»black out«)	2	1	0	
Tagträume	2	1	0	
Albträume	2	1	0	
Leistungsverlust/häufige Fehler	2	1	0	

© 2018 Springer-Verlag Berlin Heidelberg. Aus: Kaluza, G.: Gelassen und sicher im Stress

Abb. 2.4 Checkliste: Warnsignale für Stress

2

	stark	leicht	kaum/ gar nicht	Punkte
Warnsignale im Verhalten				
Aggressives Verhalten gegenüber anderen, »aus der Haut fahren«	2	1	0	
Fingertrommeln, Füße scharren, Zittern, Zähne knirschen	2	1	0	
Schnelles Sprechen oder Stottern	2	1	0	
Andere unterbrechen, nicht zuhören können	2	1	0	
Unregelmäßig essen	2	1	0	
Konsum von Alkohol (oder Medikamenten) zur Beruhigung	2	1	0	
Private Kontakte »schleifen lassen«	2	1	0	
Mehr Rauchen als gewünscht	2	1	0	
Weniger Sport und Bewegung als gewünscht	2	1	0	

Gesamtpunktzahl ____________

Bewertung:

0–10 Punkte

Sie können sich über Ihre relativ gute gesundheitliche Stabilität freuen. Ein Entspannungstraining wird bei Ihnen vor allem vorbeugende Wirkung haben.

11–20 Punkte

Die Kettenreaktionen von körperlichen und seelischen Stressreaktionen finden bei Ihnen bereits statt. Sie sollten möglichst bald damit beginnen, Ihre Kompetenzen zur Stressbewältigung zu erweitern.

21 und mehr Punkte

Sie stecken bereits tief im Teufelskreis der Verspannungen, emotionalen Belastungen und Gesundheitsstörungen. Sie sollten auf jeden Fall etwas gegen Ihren Stress und für mehr Gelassenheit, Ruhe und Leistungsfähigkeit tun.

© 2018 Springer-Verlag Berlin Heidelberg. Aus: Kaluza, G.: Gelassen und sicher im Stress

Abb. 2.4 (Fortsetzung)

Was uns stresst – Stressoren in Beruf und Alltag

© Springer-Verlag Berlin Heidelberg 2018
G. Kaluza, *Gelassen und sicher im Stress*, https://doi.org/10.1007/978-3-662-55986-4_3

In diesem Kapitel werden wir uns ausführlich mit den Faktoren beschäftigen, die das biologische Stressprogramm auslösen, also mit den Stressoren. Es wird darum gehen, welcher Art die Anforderungen sind, die uns heute vor allem unter Stress bringen, und durch welche Merkmale diese gekennzeichnet sind. Wir werden uns auch mit gesellschaftlichen Veränderungen in der Arbeitswelt und darüber hinaus befassen und damit, welche Folgen diese für das Belastungserleben vieler Menschen haben.

3.1 Anforderungen fördern Entwicklung

Tagtäglich bewältigen wir in aller Regel erfolgreich eine Vielzahl von Anforderungen, die sich uns im Beruf und im Privatleben stellen. Ausbildung und Erfahrung haben uns Routinen entwickeln lassen, mit deren Hilfe wir die meisten alltäglichen Anforderungen ohne Stress in den Griff bekommen. Immer wieder allerdings passiert es, dass wir in Situationen geraten, die uns mit Anforderungen und Aufgaben konfrontieren, die unsere bis dahin ausgebildeten Routinen auf das Äußerste beanspruchen oder übersteigen. Situationen, in denen wir unsicher sind, was zu tun ist, und uns anstrengen müssen, um neue Wege zu finden. Situationen, die unser körperliches und seelisches Gleichgewicht bedrohen, die das Erreichen von bedeutsamen Zielen oder die Erfüllung von wichtigen Motiven und Bedürfnissen gefährden. Kurzum Situationen, in denen wir in Stress geraten.

Anforderungen als Wachstumsreize

Diese Anforderungen sind ein wichtiger Bestandteil des Lebens. Wir brauchen sie, um uns weiterzuentwickeln. Würden wir uns niemals Anforderungen aussetzen, deren Bewältigung wir uns nicht sicher sind, würden wir uns also immer nur mit solchen Anforderungen konfrontieren, bei denen wir aufgrund bisheriger Erfahrungen wissen, dass wir sie bewältigen können, dann würden wir auf der Stelle treten und uns nicht mehr weiterentwickeln. Stressoren stellen, wenn sie richtig »dosiert« sind, immer auch Wachstumsreize dar. Durch die Auseinandersetzung mit ihnen können wir neue Fähigkeiten entwickeln, unsere Fertigkeiten verbessern, neue Erkenntnisse gewinnen, kurzum:

Stressoren stellen Gelegenheiten oder Aufforderungen zum Lernen dar. Sie ermöglichen Entwicklung.

Langeweile im Schlaraffenland

Ein Leben ganz ohne Stressoren ist daher weder vorstellbar noch wünschenswert. Erstarren in Routine, Langeweile, Stillstand, ja letztlich körperlicher und geistiger Verfall wären die Folgen. Das Schlaraffenland entstammt einem Horrormärchen. Stellen Sie sich einmal ein Leben ganz ohne Anforderungen vor: Südseeparadies, Palmen am Strand, Hängematte, keine Termine, keine Aufgaben, keine Verpflichtungen, All-inclusive-Service – und das für immer. Wie lange könnten Sie das Schaukeln in der Hängematte genießen, ohne sich unendlich zu langweilen, ohne sich selbst als sinnlos oder überflüssig zu erleben?

Auf die Dosis kommt es an

Es ist ein Missverständnis, auf das ich gelegentlich stoße, zu meinen, dass es beim Thema »Stressmanagement« darum ginge, ein möglichst anforderungsarmes Leben zu propagieren, ein Leben in der Hängematte, sozusagen an einer energetischen Nulllinie. Nein, nicht darum geht es, sondern um ein lebendiges Gleichgewicht zwischen Phasen der Auseinandersetzung mit Anforderungen, des Einsatzes und des Engagements einerseits und Phasen der Distanzierung, der Entspannung und Erholung andererseits. Für die anregende, entwicklungsfördernde Wirkung von Stressoren kommt es ganz entscheidend auf deren Dosis, d. h. ihre Häufigkeit, Dauer und Intensität an. Es ist wie beim körperlichen Training. Auch hier ist es für das Erzielen eines Trainingsfortschritts ganz entscheidend, wie intensiv die einzelnen Trainingseinheiten sind und in welchen zeitlichen Intervallen sie stattfinden. Jeder Trainer heute weiß, dass ausreichende Regenerationsphasen ein wichtiger Teil des Trainings selbst sind, ansonsten droht die Gefahr des Übertrainings mit Leistungsabfall.

3.2 Im Vordergrund heute: Leistungs- und Beziehungsstress

Während das biologische Stressprogramm über die Jahrtausende unverändert geblieben ist, gilt dies für die Faktoren, die dieses Programm aktivieren, also für die Stressoren, ganz und gar nicht. Für den Urmenschen waren die Verteidigung des eigenen Territoriums gegenüber feindlichen Artgenossen, die Erbeutung von Nahrung, Rangkämpfe sowie die Abwehr wilder Tiere wichtige Stressoren, die das körperliche Gleichgewicht bedrohten. Heute müssen wir mit ganz anderen Stressoren umgehen, die weniger unser körperliches als mehr unser seelisches Gleichgewicht bedrohen (► Kasten »Zum Weiterdenken: Moderne Stressfaktoren – welche davon erleben Sie?«).

Zum Weiterdenken: Moderne Stressfaktoren – welche davon erleben Sie?

- Zeitstress: Termindruck, Hektik nicht nur im Arbeits-, sondern auch im Privatleben.
- Verkehrsstress: lange Fahrten zur Arbeit, Staus, Verspätungen.
- Informationsstress: Überflutung mit oder zu wenige Informationen.
- Online-Stress: ständige Erreichbarkeit durch Smartphones etc.

- Dichte-Stress: Überfüllung und Enge z. B. in Bussen und Bahnen, auf Straßen, in Arztpraxen, Hörsälen und Geschäften, gleichzeitig Isolation und Anonymität in der Masse.
- Stress durch Unsicherheit und Zukunftssorgen.

Leistungsstressoren

Stressoren entstehen häufig im Leistungsbereich, also bei der **Erfüllung von Aufgaben** in Beruf, Familie und Haushalt, wenn (zu) viele oder zu anspruchsvolle alltägliche und berufliche Anforderungen erfüllt werden (müssen).

Zeitdruck

Regelmäßig zeigen entsprechende Umfragen, dass die Hitliste der Stressoren angeführt wird vom Zeitdruck. Man muss oder will zu viele Aufgaben in der verfügbaren Zeit erledigen. Je nach Zielgruppe klagen 50% bis mehr als 80% der befragten Personen über »zu wenig Zeit«. Als ständig gegenwärtiger Hintergrundstressor bestimmt der Zeitdruck den beruflichen und privaten Alltag. Dabei liegen die Ursachen nicht immer und ausschließlich in den äußeren Anforderungen, oft tragen auch persönliche Einstellungen und Verhaltensweisen sowie eine ungünstige Zeitplanung dazu bei, dass Zeitdruck entsteht. Gehören Sie auch zu den zahlreichen Menschen, deren alltägliches Leben durch Hektik und chronischen Zeitmangel geprägt ist? Falls ja, dann prüfen Sie einmal in Ruhe anhand der nachfolgenden Liste (▶ Übersicht »Zum Weiterdenken: Keine Zeit?«), welche äußeren und inneren Gründe für chronischen Zeitstress in Ihrem Leben ausschlaggebend sind.

Zum Weiterdenken: Keine Zeit?

Viele Faktoren tragen zu dem heute so weit verbreiteten »Keine-Zeit«-Syndrom bei. Bitte prüfen Sie anhand der folgenden Liste einmal selbstkritisch, welche Gründe für chronischen Zeitmangel in Ihrem Leben ausschlaggebend sind.

- **Äußere Faktoren (»Zeitfresser«)**
  - Zu viele Aufgaben
  - Telefon
  - Ständige Unterbrechungen
  - Zu viele, zu lange, schlecht vorbereitete Besprechungen
  - Mangelnde oder fehlerhafte Informationen, die zu Verzögerungen führen
  - Unklare oder ständig wechselnde Aufgaben
  - Überflüssiger Papierkram, Spam-Mails
  - Verkehrsstau
  - Weite Wege, lange Fahrtzeiten

  - Schlange stehen in der Kantine
  - Unpünktliche Kunden, Klienten, Mandanten
  - Unzuverlässige Mitarbeiter oder Kollegen
  - Anderes: …
- **Eigene Einstellungen und Verhaltensweisen**
  - Schwierigkeit, Prioritäten zu setzen
  - Dinge zu perfekt machen wollen
  - Entscheidungen vor sich her schieben
  - Alles gleichzeitig erledigen wollen
  - Unangenehmes vor sich her schieben
  - Alles selber machen wollen, nicht delegieren können
  - Nicht Nein sagen können
  - Immer für andere da sein wollen
  - Sich immer wieder Unvorhergesehenes aufdrängen lassen
  - Übersteigerte Suche nach Anerkennung
  - Falscher Ehrgeiz
  - Angst vor »Leere«, vor dem »Nichtstun«, vor Langeweile
  - Zu jeder Zeit, an jedem Ort, für jedermann erreichbar sein wollen
  - Anderes: …
- **Fehler bei der Zeitplanung**
  - Hinausgezögerter Anfang
  - Sich mit Unwichtigem aufhalten, keine klaren Prioritäten
  - Überlange Arbeitszeiten
  - Eine Arbeit nicht abschließen
  - Fehlender oder zu später Schlusspunkt
  - Verzicht auf Pausen
  - Hastiges und deshalb fehlerhaftes Arbeiten
  - Häufiger Wechsel von einer angefangenen Arbeit zur anderen
  - Zu enger Zeitplan, kein Platz für Unvorhergesehenes
  - Benötigte Zeit für einzelne Aufgaben unterschätzen
  - »Ordnungswahn« oder mangelhafte Ordnung
  - Anderes: …

Beziehungsstressoren

Alltagsbelastungen entstehen häufig auch im zwischenmenschlichen Bereich, also aus der Interaktion mit anderen Menschen in der Familie, am Arbeitsplatz und in der Freizeit. Derartige **Beziehungsstressoren** bestehen beispielsweise in psychosozialen Konflikten und Spannungen, die man nicht zu lösen weiß, einem Fehlen von Anerkennung, erlebter Zurückweisung oder Ungerechtigkeit. Ein Mangel an sozialen Kontakten, also Einsamkeit, kann ebenso wie eine soziale Überstimulierung bei einem Zuviel an sozialen Kontakten, wie dies bei manchen

Dienstleistungsberufen der Fall ist, zu einer starken Belastung werden. Hier einige Beispiele für solche zwischenmenschlichen Stressoren: Sie werden mit Beschwerden von Kunden oder Vorwürfen Ihres Vorgesetzten konfrontiert und wissen nicht, wie Sie darauf reagieren sollen. Sie erleben starkes Konkurrenzverhalten von Kollegen und können sich nicht dagegen behaupten. Sie haben Enttäuschungen, Trennungen oder Verluste zu verarbeiten oder leben in einer chronischen Konfliktsituation, die sie nicht lösen können. Sie werden mit hohen, möglicherweise schlecht zu vereinbarenden Erwartungen anderer Mitglieder Ihrer Familie überhäuft, die sie nicht erfüllen können.

Gedankliche Beschäftigung mit schwierigen Situationen als Stressauslöser

Von großer Bedeutung ist, dass Stressreaktionen nicht allein durch die reale Konfrontation mit den Stressoren, sondern ebenso auch durch deren **gedanklicheAntizipation** ausgelöst werden können. Unangenehme Ereignisse werfen ihre Schatten voraus. Stress wird ausgelöst durch die gedankliche Beschäftigung mit zukünftigen schwierigen Situationen. Prüfungsängste sind hierfür ein klassisches Beispiel. Nicht nur der reale Verlust des Arbeitsplatzes, sondern auch die Angst vor Arbeitsplatzverlust stellt eine Belastung dar, die körperliche und seelische Stressreaktionen in Gang setzt.

Es sind insbesondere diese – realen oder antizipierten – leistungsbezogenen und zwischenmenschlichen Anforderungen, die heute das Stresserleben vieler Menschen bestimmen. Sie stellen weniger eine Bedrohung vitaler körperlicher Bedürfnisse, sondern vielmehr eine Bedrohung von zentralen psychologischen Motiven nach Liebe und Anerkennung, nach Sicherheit, nach Kontakt und Zugehörigkeit, nach Selbstverwirklichung und Selbstwertstärkung dar. Und sie lösen ebenso wie körperliche Stressoren intensive körperliche und psychische Stressreaktionen aus, die uns aktivieren und unsere Energie mobilisieren, um der Bedrohung zu entgehen, Schaden abzuwenden und Verluste zu kompensieren. Oft gelingt uns dies auf die eine oder andere Weise. Wir finden Mittel und Wege, um unser Gleichgewicht wiederherzustellen. Die Stressreaktionen finden ein Ende und wir haben etwas dazugelernt, neue Verhaltensweisen, auf die wir zukünftig zurückgreifen können, wenn wir uns vergleichbaren bedrohlichen Situationen gegenüber sehen. Die Stressepisode hat letztlich dazu beigetragen, dass wir unsere Fähigkeiten entwickelt und verbessert haben.

Wenn die Bewältigung misslingt…

Wie sieht es jedoch aus, wenn die Abwehr der Bedrohung misslingt, wenn wir – so sehr wir uns auch bemühen – keine Lösung finden? Dann bleibt die Erregung bestehen. Wir geraten in einen Zustand von Dauerstress. Dies ist besonders wahrscheinlich, wenn wir mit größeren lebensverändernden Ereignissen und Schicksalsschlägen konfrontiert werden, die gewissermaßen über längere Zeit unser ganzes Leben durcheinander wirbeln, oder wenn alltägliche Stressoren in Beruf und

Privatleben über lange Zeit bestehen oder immer wieder auftreten, ohne dass uns ausreichend Zeit für Erholung bleibt. Es sind insbesondere diese chronischen leistungsbezogenen und zwischenmenschlichen Stressoren, die das Stresserleben vieler Menschen heute bestimmen. Und es sind insbesondere die chronifizierten, d. h. über lange Zeit aufrechterhaltenen und nicht mehr herunterregulierbaren Stressreaktionen, die die körperliche und psychische Gesundheit vieler Menschen heute gefährden ▶ Abschn. 2.9).

3.3 Gesellschaftliche Wurzeln: Blick über den Tellerrand

Die westlichen Gesellschaften erleben seit gut zwei Jahrzehnten eine grundlegende Veränderung der Arbeitswelt. Globalisierung, Flexibilisierung, Digitalisierung, Virtualisierung und Privatisierung sind Schlagworte für diese tiefgreifenden Veränderungen, die unsere Arbeitswelt und darüber hinaus auch alle anderen Bereiche unseres Lebens erfassen.

Gesellschaftliche Dimension von Stress

Die Beschäftigung mit den Stressoren führt uns unweigerlich auch zu einem Nachdenken über diese gesellschaftlichen Veränderungen, die das Spektrum der Belastungen, mit denen wir uns heute konfrontiert sehen, entscheidend mitprägen. Ein solches Nachdenken über die gesellschaftliche Dimension des Stressphänomens kann dazu beitragen, die persönliche stressreiche Lebenssituation besser zu verstehen, und zu der entlastenden Erkenntnis führen, dass viele Menschen unsere Stresserfahrungen teilen und vor ähnliche Anforderungen gestellt sind, die es zu meistern gilt, wie man selbst. Wir erkennen uns selbst und unser Leben als Teil eines größeren Ganzen, eingebettet in gesellschaftliche Strukturen und Entwicklungen. Ich möchte daher im weiteren Verlauf dieses Kapitels zumindest schlaglichtartig einige der gesellschaftlichen Entwicklungen beleuchten, die für das Belastungserleben vieler Menschen heute prägend sind.

Wiederholt habe ich betont, dass das Stressgeschehen ein im Kern höchst individuelles Geschehen ist, in dem persönliche Ziele, Motive, Einstellungen und Verhaltensweisen eine bedeutsame Rolle spielen. Allerdings wäre es zu kurz gegriffen, wenn wir Stress ausschließlich und einseitig als das persönliche Problem jedes Einzelnen begreifen würden. Denn: Die Anforderungen, denen wir uns tagtäglich gegenübersehen, sind überwiegend eben nicht vom Einzelnen selbst bestimmt, sondern haben ihren Ursprung in den gesellschaftlichen Bedingungen, in denen wir unser Leben gestalten. Gesellschaftliche Verhältnisse formen die beruflichen, schulischen und auch privaten Lebenswelten mit jeweils spezifischen Mustern von Anforderungen, die es zu meistern gilt. Und mehr noch: Gesellschaftliche Verhältnisse prägen nicht nur die externen Anforderungen, sondern auch unsere persönlichen Motive, Einstellungen und Verhaltensweisen, mit denen wir an diese Anforderungen herangehen und die als persönliche Stressverstärker wirken können. Über die Erziehung verinnerlichen wir die Normen, Werte und Verhaltensstandards der Gesellschaft, in der wir leben. Wir sind Kinder unserer Zeit. Wenn wir über Stress sprechen und Stress verstehen wollen, dann müssen wir also auch über die gesellschaftlichen Verhältnisse nachdenken, die Stress erzeugende Anforderungen und persönliche Stress verstärkende Verhaltensweisen prägen.

Persönliche Stresserfahrungen einordnen

Der Blick über den Tellerrand des eigenen stressreichen Alltags auf die gesellschaftlichen Hintergründe kann uns dabei helfen, dass wir unsere persönlichen Belastungserfahrungen besser verstehen und einordnen können. Und er kann zu einer entlastenden, relativierenden und akzeptierenden Sicht des persönlichen Belastungsalltags beitragen. Dabei geht es nicht darum, darüber zu klagen, wie schlecht die Welt ist oder geworden ist, sondern darum, Veränderungen wahrzunehmen und zu erkennen, dass neue Kompetenzen gefordert sind, um in der sich verändernden Welt sein eigenes Leben im Gleichgewicht führen zu können. Zugleich öffnet uns das Nachdenken über die gesellschaftlichen Hintergründe auch den Blick für die Notwendigkeit, sich in dem eigenen Einfluss- und Verantwortungsbereich für solche Arbeits- und Lebensbedingungen einzusetzen, in denen ein Leben in einer gesunden Balance von Anspannung und Entspannung überhaupt erst möglich wird.

3.4 Stress in der Arbeitswelt: Die neue Arbeit stellt neue Anforderungen

Wandel der Arbeit

Arbeitsverdichtung, Beschleunigung und verstärkter Wettbewerb auf globalisierten Märkten prägen den Alltag in vielen Unternehmen. Der Zwang zur Produktivitätssteigerung hat eine immer stärkere Verdichtung und Intensivierung der Arbeit zur Folge. Die Arbeit wird intensiver, komplexer und nimmt mehr Zeit in Anspruch. Das Agieren auf weltweiten Märkten und die Einführung moderner Kommunikationsmittel führen zu einer Entgrenzung von Arbeitszeiten und -orten. Arbeit ist jederzeit und überall möglich und oftmals gefordert. Diskontinuierliche Erwerbsbiografien mit häufigeren Arbeitsplatzwechseln, zeitlich befristeten Arbeitsverträgen und beschäftigungslosen Zeiten kennzeichnen das Berufsleben von immer mehr Menschen und erzeugen oftmals ein existenzielles Gefühl der Unsicherheit.

Von der Industriearbeit zur Dienstleistung

Hand in Hand mit der weiter voranschreitenden globalisierten Arbeitsteilung erleben wir auch einen Wandel der Arbeit selbst, einen Wandel weg von der Industriearbeit hin zur Informationsarbeit und zur Dienstleistung. Das Tempo, in dem sich diese Veränderungen vollziehen, ist enorm und in der Menschheitsgeschichte einmalig. 3,5 Mio. Jahre war der Mensch Sammler und Jäger, mehr als 10.000 Jahre Bauer und Handwerker, annähernd 200 Jahre Industriearbeiter – und seit ca. zwei Jahrzehnten ist er überwiegend Dienstleister und »Informationsarbeiter«. Klassische Industriearbeitsplätze im produzierenden Gewerbe machen heute nur noch etwa 30% aller Arbeitsplätze aus. Einer Statistik des Bundesverbandes der Betriebskrankenkassen zufolge hat der Anteil der Mitglieder, die im verarbeitenden Gewerbe und Baugewerbe beschäftigt sind, von knapp 75% im Jahr 1978 um etwa die Hälfte auf etwa 34% im Jahr 2005 abgenommen. Gleichzeitig ist die Zahl der Mitglieder in Dienstleistungsbereichen wie Handel, Kreditwesen, Versicherungen, Verwaltung, Gesundheits- und Sozialwesen von 22% im Jahr 1978 auf über 50% im Jahr 2005 angestiegen.

Belastungen am Arbeitsplatz

Mit dem Übergang von der Industrie- zur Dienstleistungsgesellschaft haben sich auch die Belastungen am Arbeitsplatz gewandelt. Nicht mehr der Takt der Maschine, schwere körperliche Arbeit, Staub, Lärm, Hitze, Kälte oder Zugluft sind die vorrangigen Gesundheitsgefahren. Stattdessen empfinden immer mehr Arbeitnehmer ein zu hohes Arbeitspensum, steigenden Zeitdruck und die Angst, den Arbeitsplatz zu verlieren, als belastend. Die modernen Kommunikationstechnologien und das Agieren auf globalisierten Märkten erfordern ein hohes Maß an örtlicher Mobilität und zeitlicher Flexibilität der Beschäftigten.

Dabei verändern sich auch Formen der Unternehmenssteuerung und Arbeitsorganisation. Direkte Steuerungsformen (»Command and Control«) werden zunehmend ersetzt durch indirekte, ergebnisorientierte Steuerungsformen (»Management by Objectives«). Hierbei wird die Leistung der Erwerbstätigen allein nach dem erzielten Ergebnis bewertet; die Dauer sowie Art und Weise der Leistungserbringung sowie eventuelle Probleme, die dabei aufgetreten sind, sind für die Beurteilung unerheblich und allein Sache des Beschäftigten. Flexible Arbeitszeiten, leistungsabhängige Bezahlung und das Führen mittels Zielvereinbarungen sind prominente Merkmale einer solchen Form der indirekten ergebnisorientierten Unternehmenssteuerung. Diese erfordert eine erhöhte Eigenverantwortung und gesteigerte Selbstorganisation der Beschäftigten.

Mit der Unsicherheit leben

Der rasante technologische Fortschritt verlangt die Bereitschaft zu lebenslangem Lernen. Die während der Berufsausbildung oder des Studiums erworbenen Kenntnisse und Fertigkeiten reichen heute für ein ganzes Berufsleben nicht mehr aus. Der Zwang zur Produktivitätssteigerung im globalisierten Wettbewerb bedeutet für jeden einzelnen Beschäftigten mehr Leistungsbereitschaft und mehr Konkurrenzkampf. Gleichzeitig wird die Arbeit unsicherer. Die Angst um den Arbeitsplatz und vor dem sozialen Abstieg nimmt zu. Die Zeiten, in denen man als Lehrling in einem Unternehmen angefangen und dann bis zur Rente im erlernten Beruf möglichst noch im selben Unternehmen weitergearbeitet hat, sind endgültig vorbei. Wir müssen lernen, mit dieser neuen Unsicherheit zu leben. Es gilt, Sicherheit und Stabilität in sich selbst zu finden. Wie das gelingen kann, wird u. a. Thema des zweiten Teils dieses Buches sein.

3.5 Ressource oder Belastung: Die zwei Gesichter der Arbeit

» Ein Doppelantlitz ist es, welches die Arbeit trägt. Fluch und Segen liegt in ihr beschlossen. An uns ist es, der Arbeit ihren Stachel zu nehmen, sie so zu gestalten, dass wir uns ihrer Segnungen freuen können, ohne Leid und Not des Lebens zu mehren. (Emil Kraepelin, deutscher Psychiater, 1856–1926)

Arbeit vermittelt Sinn und innere Stabilität

Aufgrund der großen Bedeutung, die der Arbeit nicht nur für die Existenzsicherung, sondern auch für die Identitätsbildung des einzelnen Menschen in modernen Gesellschaften zukommt, spielen Belastungen, die im Zusammenhang mit der Erwerbstätigkeit stehen, eine herausragende Rolle für psychisches Wohlbefinden und körperliche Gesundheit. Welche große Bedeutung die Arbeit für das eigene körperliche und psychische Wohlergehen hat, wird oft erst dann voll realisiert, wenn man keine Arbeit mehr hat. Arbeit dient eben nicht allein dem Broterwerb und damit der materiellen Existenzsicherung, sondern trägt auch ganz wesentlich dazu bei, grundlegende menschliche Bedürfnisse und Motive zu befriedigen. Arbeit hilft uns, unseren Alltag zu strukturieren. Über die Arbeit treten wir in Kontakt mit anderen Menschen und erleben Zugehörigkeit. Wir erfahren Anerkennung und Selbstbestätigung. Wir erproben und entwickeln unsere Fähigkeiten und Fertigkeiten. Arbeit vermittelt uns das Gefühl von Identität und Sinnhaftigkeit. In diesem Sinne stellt die Arbeit eine ganz zentrale Ressource für die psychische Stabilität und Gesundheit des Einzelnen dar. Dies gilt ganz besonders für Gesellschaften wie der unsrigen, in der dem Lebensbereich Arbeit/Beruf/Leistung ein allgemein akzeptierter hoher Stellenwert zuerkannt wird.

Stressfaktoren am Arbeitsplatz

Auf der anderen Seite stehen die Arbeitsbelastungen, die zu einer Gefährdung der körperlichen und psychischen Gesundheit führen können. Diese können aus den Arbeitsaufgaben selbst, den materiellen und sozialen Arbeitsbedingungen und der Arbeitsorganisation resultieren. Seit Mitte der 1980er Jahre wird in der Arbeitswelt ein Anstieg der psychischen Belastungen beobachtet, während körperliche Belastungen in ihrer Bedeutung abnehmen.

Psychische Belastungen nehmen zu

Mitarbeiterbefragungen in unterschiedlichsten Branchen zeigen immer wieder, dass viele Beschäftigte weniger die Arbeitsaufgaben als solche, sondern die Art und Weise, wie diese organisiert, strukturiert und kommuniziert werden, als belastend erleben. Maximal 30–40% der Belastungsfaktoren beziehen sich auf die Arbeitsaufgaben als solche und die physikalisch-materiellen Arbeitsbedingungen. 60–70% der Belastungsfaktoren haben demgegenüber zu tun mit der Arbeitsorganisation sowie mit psychomentalen und -sozialen Aspekte der Arbeit. Und: Belastungen durch physikalisch-materielle Faktoren am Arbeitsplatz (Lärm, Kälte oder Hitze …) werden in der Regel weniger schwerwiegend erlebt als Belastungen durch Probleme im organisatorischen und sozialen Bereich. Salopp gesagt: Ein schlechter Bürostuhl oder ein schlechtes Raumklima werden von den meisten Beschäftigten leichter ertragen als ein als ungerecht erlebter Vorgesetzter oder ein schlechtes Betriebsklima.

Psychosoziale Stressoren am Arbeitsplatz

Als häufige psychosoziale Stressoren am Arbeitsplatz werden genannt:

- hoher Zeitdruck bzw. zu viel Arbeit in der zur Verfügung stehenden Zeit,
- fehlende oder unzureichende Information durch die Vorgesetzten und Kollegen,
- unklare oder ständig steigende Zielvorgaben,
- mangelnde Anerkennung der Leistung (kein positives Feedback),
- erlebte Ungerechtigkeiten, nicht eingehaltene Zusagen,
- mit Aufgaben überhäuft zu werden, ohne eigene Prioritätensetzungen vornehmen zu können,
- keine oder zu wenig Gespräche,
- unvorhergesehene Änderungen der Arbeitssituation ohne vorherige Absprache und Vorbereitung,
- mangelndes Verständnis von Vorgesetzten und Kollegen für Schwierigkeiten im beruflichen und auch privaten Bereich.

Zusammenfassend halten wir fest: Die vorherrschenden Belastungen in der Arbeitswelt heute bestehen

1. **in einer leistungsmäßigen Überforderung aufgrund einer zunehmenden Arbeitsverdichtung, die sich in Arbeits- und Zeitdruck äußert, und**
2. **in den organisatorischen und sozialen Arbeitsbedingungen, durch die zentrale Bedürfnisse nach Sicherheit, nach Zugehörigkeit, nach Anerkennung und Selbstbestätigung nicht oder nicht in ausreichendem Maße erfüllt oder bedroht werden.**

3

Zum Weiterdenken
- Welche Veränderungen (z. B. Einführung neuer Technologien, Umstrukturierungen, Verlagerung von Produktionsstätten, Entlassungen, Veränderungen der Organisation und des Managements etc.) haben Sie in den vergangenen Jahren an Ihrem Arbeitsplatz erlebt?
- Welche Auswirkungen haben diese Veränderungen auf Ihre Arbeit und auf Ihr alltägliches Leben gehabt?
- Wie beurteilen Sie diese Veränderungen?

Besonders stressgefährdete Arbeitsplätze

Arbeitswissenschaftler haben in den vergangenen Jahren umfangreiche Studien vorgelegt, in denen sie die Kennzeichen besonders stressgefährdeter Arbeitsplätze noch genauer untersuchten.

Hohe Anforderungen und geringer Entscheidungsspielraum

Wenig Kontrolle

Nach dem »Anforderungs-Kontroll-Modell« der beiden schwedischen Stressforscher Richard Karasek und Töres Theorell sind besonders stressgefährdete Arbeitsplätze gekennzeichnet durch eine Kombination von hohen quantitativen Arbeitsanforderungen (vor allem in Folge von Zeitdruck) einerseits und einem geringen Grad an Kontrolle über den Arbeitsablauf bzw. einem geringen Entscheidungsspielraum am Arbeitsplatz andererseits. Der Betroffene kann seine Aufgaben nicht aktiv und erfolgsgesteuert bearbeiten und macht die Erfahrung, wesentliche Aspekte seiner Umwelt nicht kontrollieren zu können. Klassisches Beispiel hierfür ist die Fließbandarbeit, jedoch besteht eine derartige Konstellation auch in vielen statusniedrigen Büro- und Dienstleistungsberufen. Wie entsprechende wissenschaftliche Studien zeigten, sind Inhaber derartiger Arbeitsplätze 2- bis 4-mal so stark gefährdet, vorzeitig, d. h. im Alter zwischen 35 und 65 Jahren, Herz-Kreislauf-Krankheiten zu entwickeln, unabhängig von ihrem erblichen oder verhaltensbedingten Risiko. Das Risiko, an einer depressiven Störung zu erkranken, verdoppelt sich.

Fehlende Unterstützung

Fehlt zusätzlich der soziale Rückhalt am Arbeitsplatz durch Kollegen und Vorgesetzte, d. h. haben die Beschäftigten das Gefühl, dass sie bei Problemen allein gelassen werden und keine Unterstützung erfahren, fehlt also ein positiver Teamgeist, so steigt das Erkrankungsrisiko weiter. Je mehr der Arbeitsdruck steigt, desto wichtiger wird es also, um stressbedingten Erkrankungen und Ausbrennen vorzubeugen, den Beschäftigten Handlungs- und Entscheidungsspielräume zu geben und verlässliche soziale Unterstützung anzubieten. Beide Faktoren wirken gewissermaßen wie ein Puffer, der vor den gesundheitsschädlichen Auswirkungen des steigenden Arbeits- und Zeitdrucks schützen kann.

■ Mangelnde Belohnung bei hohem Einsatz

Geringe Belohnung

Der Düsseldorfer Medizinsoziologe Johannes Siegrist stellt in seinem »**Modell beruflicher Gratifikationskrisen**« nicht den Aspekt der Kontrollierbarkeit einer Arbeitsaufgabe in den Vordergrund, sondern die Belohnung, die für eine erbrachte Arbeitsleistung gewährt wird. Ein Missverhältnis zwischen hoher Verausgabung am Arbeitsplatz einerseits und geringer Belohnung andererseits bezeichnet Siegrist als Stress erzeugende Gratifikationskrise, die zu schweren gesundheitlichen Störungen führen kann. Belohnungen für erbrachte Leistungen bestehen dabei nicht allein im Lohn bzw. Gehalt, sondern insbesondere auch in der Anerkennung und Wertschätzung, die der Beschäftigte an seinem Arbeitsplatz erfährt, sowie in beruflichen Aufstiegsmöglichkeiten und der Sicherheit des Arbeitsplatzes.

Hohe Verausgabung

Hohe Verausgabung kann zum einen durch die externen Anforderungen (z. B. infolge von Zeitdruck) bedingt sein, zum anderen auch auf einer individuellen Verausgabungsbereitschaft beruhen. Damit gemeint ist die Neigung bestimmter Menschen zu einer distanzlosen Identifikation mit den an sie gestellten Anforderungen, die dazu führt, dass Leistungserwartungen und Belohnungen unrealistisch eingeschätzt werden: Die Betroffenen leisten oft mehr, als von ihnen erwartet wird. Eine prospektive Studie an Industriearbeitern fand bei Personen, die sowohl eine hohe Verausgabung als auch geringe Gratifikationschancen aufwiesen, ein drei- bis vierfach erhöhtes Risiko für eine Herzinfarkterkrankung. Lagen zusätzlich bekannte körperliche Risikofaktoren (Übergewicht, erhöhter Blutdruck, erhöhtes LDL-Cholesterin) vor, erhöhte sich die Wahrscheinlichkeit, einen Herzinfarkt im sechsjährigen Beobachtungszeitraum zu erleiden auf bis zu 85%. Weitere internationale Studien belegen, dass die Kombination von hoher Verausgabung und niedriger Belohnung das Risiko für kardiovaskuläre Erkrankungen um das 2- bis 4-Fache sowie für depressive Störungen um das 2- bis 3-Fache erhöht.

Belohnung durch Wertschätzung

Je mehr die Arbeitsanforderungen steigen, desto wichtiger wird es also, für eine angemessene Belohnung für den geleisteten Einsatz zu sorgen, um Stresskrankheiten und Burnout zu verhindern. Dabei geht es eben nicht allein ums Geld, sondern auch um soziale Anerkennung und Wertschätzung und um Sicherheit. Wertschätzung ist dabei im Unterschied zu Lob und Anerkennung unabhängig von der konkreten Arbeitsleistung und bezieht sich vielmehr auf die Person des Beschäftigten. Unternehmen haben vielfältige Möglichkeiten, eine solche persönliche Wertschätzung ihren Beschäftigten gegenüber zum Ausdruck zu bringen. Diese reichen von einer angenehmen

Gestaltung der Arbeitsräume und -mittel, über Angebote, die es den Einzelnen erleichtern, Arbeit und Familie unter einen Hut zu bringen, bis hin zu einem wertschätzenden Umgang der Führungskräfte mit ihren Mitarbeitern, der auch das Interesse an den persönlichen Belangen der Mitarbeiter einschließt. Besonders dieser letzte Punkt, die Führungskultur in einem Unternehmen und das konkrete Führungsverhalten der Führungskräfte haben im negativen wie im positiven Sinne großen Einfluss auf das Stresserleben der Beschäftigten. Eine wesentliche Gratifikationsquelle besteht ferner in der Gewährleistung einer auch längerfristig stabilen Existenzgrundlage. In der modernen Arbeitswelt ist dies für immer mehr Menschen nicht oder nicht mehr in ausreichendem Maße der Fall. Die Unsicherheit des eigenen Arbeitsplatzes und die Angst um den Arbeitsplatz belasten viele Menschen. Hier liegt wahrscheinlich eine der Hauptursachen für die von Siegrist beschriebenen Gratifikationskrisen mit ihren gravierenden gesundheitlichen Auswirkungen.

Burnout in Unternehmen

Strukturelle Bedingungen für Burnout

Die beiden amerikanischen Organisationspsychologen Christina Maslach und Michael Leiter haben sich in umfangreichen Untersuchungen mit den Ursachen des Burnout-Syndroms (▶ Abschn. 2.10) befasst. In ihrem Buch »Die Wahrheit über Burnout« identifizieren sie sechs strukturelle Bedingungen der modernen Arbeitswelt, die zu lang anhaltenden Belastungen und schließlich zum Ausbrennen nicht allein einzelner Arbeitnehmer, sondern ganzer Arbeitsteams und Betriebseinheiten führen können. Diese Bedingungen sind:

- Arbeitsüberlastung,
- Mangel an Kontrolle,
- unzureichende Belohnung,
- der Zusammenbruch der Gemeinschaft,
- Fehlen von Fairness und
- widersprüchliche Werte.

Fehlende Fairness

Die ersten vier der von Maslach und Leiter genannten Burnout-Faktoren sind uns bereits aus den Arbeitsstressmodellen bekannt. Die beiden letztgenannten Faktoren, das Fehlen von Fairness und widersprüchliche Werte, untergraben das Engagement des einzelnen Mitarbeiters für seine Arbeit sowie seine Identifikation mit dem Unternehmen und führen, so Maslach und Leiter, auf direktem Weg zu Burnout. Das Erleben unfairer Situationen, wenn z. B. Einzelne durch die Teilnahme an Sonderveranstaltungen, durch Gehaltsunterschiede oder unterschiedliche Behandlung von Urlaubswünschen begünstigt werden, wird von den anderen, die dies miterleben, als sehr belastend empfunden. Auch Kündigungen sind, besonders wenn sie aus nicht nachvollziehbaren Gründen erfolgen, für den Rest des Teams extrem belastend. Jeder fürchtet um seinen Arbeitsplatz. Er könnte ja der Nächste sein. So zeigte beispielsweise eine Studie des finnischen Arbeitsmediziners Jussi Vahtera unter städtischen Angestellten, dass Arbeitnehmer, die erleben, wie Kollegen entlassen werden, in den folgenden vier Jahren ein deutlich erhöhtes Risiko haben, an einer Herzkrankheit zu sterben.

Zusammenfassend ist festzuhalten, dass besonders stressgefährdete Arbeitsplätze gekennzeichnet werden können durch eine Kombination von hohen quantitativen und/oder qualitativen Anforderungen mit geringen Handlungs- und Entscheidungsspielräumen, fehlender sozialer Unterstützung am Arbeitsplatz sowie einem Mangel an Anerkennung der Arbeitsleistung und persönlicher Wertschätzung.

Stressprävention am Arbeitsplatz

Die Ergebnisse der Arbeitsstressforschung liefern wichtige Hinweise für die Stressprävention und Maßnahmen zum Stressmanagement am Arbeitsplatz. Sie machen deutlich, dass es für eine wirksame Prävention stressbedingter Gesundheitsrisiken in der Arbeitswelt nicht allein ausreicht, die Bewältigungskompetenzen der einzelnen Mitarbeiter zum Umgang mit den neuen Anforderungen durch entsprechende Trainingsprogramme zu fördern. Darüber hinaus sind auch solche strukturellen Maßnahmen erforderlich, die auf eine gesundheitsförderliche Gestaltung von Arbeitsaufgaben und -abläufen sowie von organisatorischen und sozial-kommunikativen Bedingungen (Führungsstil) am Arbeitsplatz abzielen. Individuelles und strukturelles Stressmanagement müssen hier Hand in Hand gehen.

3.6 Stress in der Familie: Die Haltgeber werden schwächer

Familie als Haltgeber

Für die meisten Menschen sind Partnerschaft und Familie Kraftquellen und Haltgeber. Dort erfahren Sie Geborgenheit. Sie fühlen sich angenommen, so wie sie sind. Sie können sich fallen lassen und neue Energien tanken. Gemeinsame Erlebnisse von körperlicher und emotionaler Nähe und Vertrauen bilden einen regelrechten Schutzmantel, an dem die Belastungen des Alltags abgepuffert werden. Körperkontakt, Zärtlichkeit und Sexualität senken den Pegel der Stresshormone und erzeugen ein tiefes Gefühl von Entspannung und Wohlbehagen. Auf der anderen Seite kann aber gerade auch in emotional bedeutsamen Beziehungen starker Stress entstehen, wenn Konflikte schwelen und Streitereien den Alltag bestimmen. So zeigt sich in wissenschaftlichen Untersuchungen, dass der Verlust des Partners bzw. die Trennung vom Partner die Ereignisse mit dem höchsten Stresswert überhaupt darstellen.

Auflösung sozialer Bindungen

Auch die privaten Beziehungen bleiben von den tiefgreifenden Veränderungen in der Arbeitswelt nicht unberührt. Hand in Hand mit den wirtschaftlichen Veränderungen ist eine zunehmende Auflösung traditionsbestimmter familiärer sozialer Bindungen festzustellen. Soziologen sprechen davon, dass wir in einer weniger nach Bindungen als nach Optionen strebenden Gesellschaft leben, in einer Gesellschaft, in der sog. »schwache Bindungen« insbesondere in der Arbeitswelt an Bedeutung gewonnen und sog. »starke Bindungen« zu Familie und Verwandtschaft erheblich an Stabilität und Kontinuität verloren haben. Die hohe Zahl von Einpersonenhaushalten, nach wie vor sinkende Kinderzahlen sowie steigende Scheidungsraten sind untrügliche Zeichen dieser gesellschaftlichen Entwicklung.

Die Mobilitätserfordernisse der modernen Arbeitswelt erschweren die Pflege partnerschaftlicher Beziehungen und ein konstantes Familienleben. Gemeinsame Zeit zu verbringen ist oft nur noch über komplizierte Terminabsprachen möglich. Für die Tages- und Wochenpendler verändert sich die Rolle in der Familie. Nicht selten empfinden sie sich am Wochenende wie ein Gast im eigenen Hause. Vom Alltag der Familie sind sie weitgehend ausgeschlossen.

Vereinbarkeit von Beruf und Familie

Die (über-)starke Betonung von Arbeit und Leistung ist in unserer Gesellschaft verknüpft mit einer Geringschätzung der Pflege und Erziehung von Kindern. Kinder stellen in unserer Gesellschaft eines der wichtigsten Armutsrisiken dar, wie die Sozial- und Einkommensstatistiken und der Armutsbericht der Bundesregierung Jahr für Jahr feststellen. Das geringe gesellschaftliche Ansehen und schlechte materielle Rahmenbedingungen belasten die ohnehin schon anforderungsreiche Aufgabe der Kindererziehung. Nicht zuletzt erschweren unzureichende und qualitativ ungenügende Betreuungsangebote die Vereinbarkeit von Familie und Beruf und bewirken vielfältige tagtägliche Belastungen in den Familien, die nicht nur organisatorischer, sondern auch emotionaler (Schuldgefühle) Art sind. Das sog. Vereinbarkeitsmanagement (das im Übrigen noch allzu oft allein den Frauen überlassen wird), der alltägliche Kampf darum, die eigenen Berufs- und Karriereziele mit den unterschiedlichen Bedürfnissen der Familienmitglieder unter einen Hut zu bringen, erfordert nicht nur ein hohes Maß an Organisation, Planung und oftmals Improvisation, sondern stellt auch hohe Anforderungen an die Kommunikations-, Kompromiss- und Konfliktfähigkeit der Lebenspartner.

Pflege von Angehörigen

Auch die Pflege von kranken und alten Familienmitgliedern bringt für die pflegenden Angehörigen enorme finanzielle, zeitlich-organisatorische und vor allem emotionale Belastungen mit sich, die sie nicht selten an ihre eigenen Belastungsgrenzen führen und die zu einer Zerreißprobe für die ganze Familie werden können.

Belastungen der Partnerbeziehung

Die Erosion traditioneller sozialer Beziehungen bleibt nicht auf den engeren Familienkreis beschränkt, sondern erstreckt sich ebenso auf andere gewachsene soziale Strukturen wie Verwandtschaft, Nachbarschaft und Freundeskreise. Die Mobilitätsanforderungen der modernen Arbeitswelt verlangen die wiederholte Bereitschaft, seinen Lebensmittelpunkt dorthin zu verlegen, wo die Arbeit ist. Dies fördert soziale Unsicherheiten, Rollenkonfusionen und Einsamkeit und stellt hohe Anforderungen an die soziale Kompetenz des Einzelnen, der immer wieder ein neues soziales Netz knüpfen muss. Dies erhöht den Druck auf die Kernfamilie noch weiter. Mangels anderer sozialer Beziehungen werden alle Kontakt- und Kommunikationsbedürfnisse auf den Lebenspartner projiziert. Gegenseitige Enttäuschungen sind regelrecht vorprogrammiert. Wo die Kernfamilie nicht in ein weiteres soziales Netz eingebunden ist, muss sie allein dem Druck der alltäglichen kleinen und großen Belastungen standhalten. So manche Partnerschaft ist hiervon überfordert und zerbricht, auch weil die Partner versäumen, rechtzeitig, sorgfältig und regelmäßig ihre Beziehung zu pflegen, um ihr die nötige Stabilität zu verleihen.

Gesellschaftspolitisch ist es von höchster Wichtigkeit, die Familie als wichtigen Haltgeber für den Einzelnen in einer immer unsicherer werdenden Welt zu stärken. Im Besonderen geht es darum, durch entsprechende finanzielle und juristische Rahmenbedingungen, durch ausreichende Kinderbetreuungs- und Pflegedienste, durch familienfreundliche Arbeitsbedingungen und -zeiten und nicht zuletzt durch ein Umdenken in unserer kindentwöhnten, zu einseitig leistungsfixierten Gesellschaft die Vereinbarkeit von Familie und Beruf zu ermöglichen.

3.7 Stress in der Freizeit: Wie Erholung misslingt

Gestörte Work-Life-Balance

Von der Veränderung der Arbeit wird auch die Freizeit beeinflusst. Erst die Arbeit, dann das Vergnügen – in diesem Credo der protestantischen Arbeitsethik wird zwar der Arbeit eine eindeutige Priorität eingeräumt, aber immerhin kommt das Vergnügen noch vor und es gibt ein Leben neben der Arbeit.

In der modernen Arbeitswelt klingt das seltsam altbacken, antiquiert und überholt. Für immer mehr Menschen, auch abhängig Beschäftigte, nicht nur Freiberufler und Selbstständige, ist die »Arbeit eigentlich nie zu Ende«. Die herkömmliche Strukturierung des Tagesablaufes in Arbeitszeit einerseits und Freizeit andererseits löst sich in der modernen Dienstleistungsgesellschaft mehr und mehr auf. Ständige Erreichbarkeit für den Kunden wird gefordert und ermöglicht durch technologische Entwicklungen wie das Mobiltelefon und das Internet. Arbeiten ist immer und überall möglich. Wenn starr vorgegebene Arbeitszeiten gelockert werden, bedeutet dies, dass der Einzelne in stärkerem Maße selbst über seine Zeit, zumindest über die Einteilung seiner Zeit entscheiden kann – und entscheiden muss. Damit verbunden sind nicht geringe Anforderungen an die planerischen und organisatorischen Kompetenzen, die sog. Selbstmanagement-Kompetenzen. Viele Menschen fühlen sich von diesen Anforderungen zur Selbstorganisation überfordert und es gelingt Ihnen nicht, in ihrem Alltag eine klare Grenze zwischen Arbeit und Freizeit zu ziehen mit dem langfristig fatalen Ergebnis, dass es die »freie Zeit« als das für die Regeneration so wichtige Gegenwicht zur Arbeit nicht mehr gibt. Das Gleichgewicht zwischen Arbeit und Freizeit, die sog. Work-Life-Balance, ist gestört.

»Freizeitstress«

Es gibt da einen bemerkenswerten Widerspruch: Statistisch gesehen haben wir immer mehr freie Zeit. Dies nicht nur aufgrund der in den letzten Jahrzehnten erfolgten Arbeitszeitverkürzungen, sondern auch aufgrund von technischen Errungenschaften, die uns zeitaufwändige Arbeiten im Haushalt erleichtern oder ganz abnehmen. Gleichzeitig klagen immer mehr Menschen über Zeitnot und Hektik auch in der Freizeit. Eine repräsentative Umfrage der Sporthochschule Köln unter Leitung des Psychologen Henning Allmer ergab, dass 75% der Deutschen sich in ihrer Freizeit nicht erholen können. Wie kommt dieser Widerspruch zustande? Es ist in unserer Gesellschaft eine weit verbreitete Geringschätzung von »Frei«-Zeit als einem Freiraum für nicht zweckbestimmtes Tun zu beobachten. Man denke nur an das abschätzige Wort vom »Freizeitpark Deutschland« des Altbundeskanzlers Helmut Kohl. Normen und Kriterien der Arbeitswelt werden auf die Freizeit übertragen. Leistungsdenken, Perfektionismus, Ehrgeiz, Prestige und Konsumzwang bestimmen allzu oft auch das Freizeitverhalten. Hektische Betriebsamkeit, Ungeduld und die Angst, etwas verpassen zu können, lassen keinen Raum für innere Ruhe und Muße, für das »Nichts-Tun«. Die Freizeit stellt somit vielfach keine regenerative Gegenwelt zum Arbeitsleben, sondern eher deren Verdopplung dar.

3.8 Stress durch Unsicherheit: Lust und Last der Wahl

Traditionen lösen sich auf

Nicht nur soziale Lebenszusammenhänge, sondern auch gesellschaftlich oder kirchlich-religiös geprägte Sinn- und Wertestrukturen verlieren an Bindungskraft. Traditionen geben immer weniger Menschen immer weniger Halt und Orientierung. In unserer offenen Gesellschaft herrscht Wertepluralismus und es besteht eine breite Palette an religiösen oder weltanschaulich begründeten Sinnangeboten.

Chance auf Selbstbestimmung

Dies eröffnet jedem Einzelnen die Chance auf ein höheres Maß an Selbstbestimmung über die eigene Lebensgestaltung und -planung. Wo zu früheren Zeiten die Lebensgestaltung und der Lebensweg des Einzelnen durch Traditionen und Normen vorgegeben waren, da dürfen und da müssen wir heute selbst entscheiden. Das beginnt bei alltäglichen Dingen wie der Wahl der Kleidung, des Haarschnitts und der Ernährungsweise, geht weiter über existenzielle Entscheidungen wie die Berufswahl, die Wahl des Lebenspartners und der Art und Weise, wie das Zusammenleben gestaltet wird, der Entscheidung über die Anzahl von Kindern und dem Zeitpunkt und der Methode von deren Geburt, bis hin zur Wahl der eigenen Religion oder Weltanschauung und der Bestimmung des Ritus, nach dem die eigene Beerdigung erfolgen soll. Die offene Gesellschaft bietet zu jedem Zeitpunkt eine Vielfalt an Angeboten und Optionen, zwischen denen wir wählen dürfen und – und darin sieht der Philosoph Wilhelm Schmid ein Dilemma der modernen Wahlfreiheit – eben auch wählen müssen. Wahlfreiheit wird zur Wahlnotwendigkeit.

Die »Qual der Wahl«

Damit verbunden sind hohe Anforderungen an die individuelle Entscheidungs- und Urteilskraft. Wer seinen Weg selbst finden muss, braucht einen inneren Kompass, eigene Ziele und innere Unabhängigkeit. Wir dürfen und müssen wählen, aber können wir es auch? Nicht wenige Menschen fühlen sich von der großen Wahlfreiheit überfordert. Sie erleben die Freiheit der Wahl vor allem als Verunsicherung. Es fällt ihnen schwer, Entscheidungen nach eigenen Zielen und Prioritäten zu treffen. Einige versuchen, sich alle Optionen offen zu halten, und treiben sich damit selbst in die Überforderung. Je mehr Entscheidungsmöglichkeiten einer hat, desto mehr will er realisieren, desto weniger will er verlieren, desto mehr lädt er sich auf, desto weniger Zeit bleibt letztlich, weil nicht geschieden, sondern addiert wird. Er versucht, zwei Leben in eins packen, aus Angst, das Entscheidende zu verpassen.

Arbeit als Sinnstifter

Für viele andere Menschen führt der Verlust traditioneller Bindungen und die damit einhergehende Verunsicherung dazu, dass Arbeit, Leistungsfähigkeit und beruflicher Erfolg als die alleinigen Kriterien verbleiben, die ihren Platz und ihren Wert in der Gesellschaft bestimmen, und die häufig den letzten und einzigen verlässlichen Kristallisationspunkt für die innere Stabilität, für die eigene Identitätsbildung und Sinngebung darstellen. Für immer mehr Menschen gilt immer mehr: Ich bin, was ich leiste – in den Augen anderer Menschen wie vor mir selbst.

So wird auf der einen Seite die Arbeit für den Einzelnen als Sinnstifter und Haltgeber subjektiv immer wichtiger, auf der anderen Seite wird die Arbeit gleichzeitig unsicherer. Hierauf reagieren viele Menschen, um die Unsicherheit zu reduzieren, mit einer noch stärkeren Konzentration ihres Lebens auf den Bereich der Arbeit. Das aber hat fatale Folgen. Wenn die Arbeit wegfällt, z. B. durch Eintritt in den Ruhestand, durch Stellenkürzungen oder durch eigene Krankheit, und andere Haltgeber wie Familie, Freundschaften, Glaube etc. fehlen, dann löst dies tiefe Sinnkrisen, Depressionen und gesundheitliche Störungen aus.

3.9 Schwerer Lebensstress: Macht Unglück krank?

Einschneidende Lebensereignisse als Stressoren

Neben den chronischen Belastungen in Beruf und Alltag stellen einschneidende Lebensereignisse eine eigene Klasse von Stressoren dar. Aufmerksame Ärzte machen seit jeher immer wieder die Beobachtung, dass der Ausbruch einer körperlichen Erkrankung oder psychischen Störung häufig in einem zeitlichen Zusammenhang mit dem Auftreten von schwerwiegenden lebensverändernden Ereignissen wie z. B. einer Scheidung oder Trennung, einem Arbeitsplatzwechsel oder -verlust, dem Auszug der Kinder usw. steht. Ein besonders krasses Beispiel ist der Pensionstod, den manche, besonders beruflich engagierte Menschen in kurzer Zeit nach dem Eintritt in den Ruhestand sterben. Das am stärksten belastende Lebensereignis stellt für die meisten Menschen der Tod des Lebenspartners dar. Immer wieder hat dies zur Folge, dass der zurückgebliebene verwitwete Partner krank wird und nicht selten noch innerhalb des Trauerjahres ebenfalls verstirbt.

Die Wirkung von einschneidenden Lebensereignissen und Schicksalsschlägen auf die Gesundheit ist in einer Vielzahl von wissenschaftlichen Studien untersucht worden. Die grundlegende Überlegung dabei ist, dass die Wiederanpassung nach solchen kritischen Lebensereignissen für den betroffenen Menschen intensive Belastungen mit sich bringt, die starke Stressreaktionen auslösen, die sich dann ihrerseits krankheitsauslösend und/oder -verstärkend auswirken können. Bereits im Jahr 1967

■ Tab. 3.1 Auswahl von lebensverändernden Ereignissen mit Stresspunktwerten. (Adaptiert nach Holmes u. Rahe 1967).

Lebensereignis	Stresspunkte
Tod des Ehepartners	100
Scheidung	73
Trennung der Ehepartner	65
Tod eines nahen Verwandten	63
Schwere körperliche Verletzung oder Krankheit	53
Heirat	50
Kündigung durch den Arbeitgeber	47
Pensionierung	45
Schwangerschaft	40
Wechsel zu anderer Arbeit	36
Kinder ziehen aus	29
Wohnungswechsel	25
Schwierigkeiten mit Vorgesetzten	23
Wohnortwechsel	20
Schulwechsel	20

entwickelten die beiden amerikanischen Wissenschaftler Holmes und Rahe eine Skala mit insgesamt 43 verschiedenen einschneidenden Lebensereignissen. Gestützt auf ihre Forschungsbefunde ordneten sie jedem dieser Ereignisse einen bestimmten Stresspunktwert zu. Der Tod des Lebenspartners besitzt mit 100 den höchsten Stresspunktwert und wird z. B. viermal so schwerwiegend eingestuft wie ein Wohnungswechsel (■ Tab. 3.1). Mit der Zahl der Lebensereignisse steigt der Punktwert und damit das Erkrankungsrisiko. Besonders gravierend ist es, wenn mehrere einschneidende Lebensereignisse gleichzeitig oder in kurzer Folge verkraftet werden müssen, was leider oft der Fall ist.

Bewertung ausschlaggebend

Allerdings machen die Ergebnisse der Lebensereignisforschung auch deutlich, dass – ebenso wie bei alltäglichen Belastungen – weniger das Auftreten des Ereignisses an sich als vielmehr dessen Wahrnehmung, Bewertung und Verarbeitung durch den betroffenen Menschen ausschlaggebend dafür sind, ob es in der Folge zu gesundheitlichen Störungen kommt oder nicht. Ereignisse wie beispielsweise ein Schulwechsel, ein Umzug und selbst der Tod eines nahen Angehörigen können individuell ganz unterschiedliche Bedeutung haben. Sie können als Bedrohung oder Verlust, aber auch als Herausforderung oder gar Erlösung erlebt werden. Wie stark die körperlichen Stressreaktionen ausfallen und ob es in deren Folge zu gesundheitlichen Störungen kommt oder nicht, hängt wesentlich von dieser subjektiven Bedeutung des Ereignisses ab. Von den subjektiven Prozessen der Verarbeitung von potenziell stresshaften Ereignissen wird im folgenden Kapitel ausführlich die Rede sein.

3.10 Checkliste: Persönliche Belastungshierarchie

Persönliche Belastungshierarchie

Sie finden in ◘ Abb. 3.1 eine Liste mit häufigen Belastungen in Beruf und Alltag. Bitte prüfen Sie, welche dieser Belastungen in Ihrem persönlichen Alltag auftreten. Gehen Sie dann die einzelnen Belastungen noch einmal durch und überlegen Sie, wie schwer die jeweilige Belastung in Ihrem Alltag wiegt. Gewichten Sie die Belastungen, die Sie mit »Ja« angekreuzt haben, mit einem Punktwert: Sie haben insgesamt 10 Punkte zur Verfügung, die Sie auf die verschiedenen Belastungen je nach ihrer Schwere verteilen können. Sie können natürlich auch – im Extremfall – alle 10 Punkte für eine Belastung vergeben. Die anderen Belastungen erhalten dann keinen Punkt. Sie erhalten auf diese Weise eine Rangreihe Ihrer wichtigsten Belastungsfaktoren.

Alltägliche Belastungen

In meinem Alltag fühle ich mich belastet durch:

	Ja	Nein	Punkte
Termindruck, Zeitnot, Hetze			
Schwierigkeiten, Berufs- und Privatleben miteinander zu verbinden			
Familiäre Verpflichtungen (z.B. im Haushalt, Pflege von Angehörigen, Kinderbetreuung)			
Unzufriedenheit mit der Verteilung der Hausarbeit			
Soziale/ehrenamtliche Verpflichtungen (z.B. in Vereinen oder Organisationen)			
Gesundheitliche Probleme (z.B. Krankheiten, Folgen von Krankheiten oder chronische Leiden) bei mir oder anderen			
Lange Anfahrten zur Arbeit oder häufige Dienstreisen			
Ehe- oder Partnerschaftskonflikte			
Probleme mit den Kindern (z.B. Erziehung oder Schule)			
Finanzielle Sorgen (z.B. Arbeitslosigkeit, Ratenzahlungen)			
Hohe Verantwortung am Arbeitsplatz (z.B. großes Risiko, einen Schaden zu verursachen)			
Unzufriedenheit mit meinem Arbeitsplatz (z.B. durch Unterforderung, Langeweile, zu viel Routine)			
Unzufriedenheit mit meinen Arbeitsbedingungen oder -zeiten (z.B. Lärm, Hitze, ständig wechselnde Arbeitszeiten)			
Störungen bei der täglichen Arbeit (z.B. ständige Unterbrechungen oder schlechte Planung)			
Ständige Erreichbarkeit (durch E-Mail, Handy etc.)			
Verschiedene Anforderungen am Arbeitsplatz, denen ich nicht gleichzeitig gerecht werden kann			
Hohes Arbeitspensum/Arbeitstempo			

© 2018 Springer-Verlag Berlin Heidelberg. Aus: Kaluza, G.: Gelassen und sicher im Stress

Abb. 3.1 Checkliste: Alltägliche Belastungen

3

	Ja	Nein	Punkte
Einführung neuer Arbeitsmethoden und Technologien			
Informationsüberflutungg oder Informationsmangel			
Persönliche Spannungen am Arbeitsplatz (z.B. mit Kollegen, Vorgesetzten oder Kunden)			
Mangelnde Wertschätzung und Anerkennung der eigenen Arbeitsleistung			
Unstimmigkeiten im Verwandtenkreis			
Häufig wiederkehrende Auseinandersetzungen mit anderen Personen (z.B. Vermietern, Mietern oder Nachbarn)			
Unzufriedenheit mit der Wohnsituation (z.B. Lärm, zu kleine Wohnung, schlechte Lage usw.)			
Zeiteinteilung des Tagesablaufs (z.B. zu wenig oder zu viel Freizeit, zu wenig Schlaf)			
Befürchtung einer drohenden Verschlechterung der bestehenden Lebenssituation (z.B. durch Arbeitslosigkeit oder Krankheit)			
Sonstiges (hier können Sie weitere Belastungen nennen)			

Auswertung:

Gehen Sie die einzelnen Belastungen noch einmal durch und überlegen Sie, wie schwer die jeweilige Belastung in Ihrem Alltag wiegt. Gewichten Sie die Belastungen, die Sie mit »Ja« angekreuzt haben, mit einem Punktwert: Sie haben insgesamt 10 Punkte zur Verfügung, die Sie auf die verschiedenen Belastungen je nach ihrer Schwere verteilen können. Sie können natürlich auch – im Extremfall – alle 10 Punkte für eine Belastung vergeben. Die anderen Belastungen erhalten dann keinen Punkt. Sie erhalten auf diese Weise eine Rangreihe Ihrer Belastungen.

Meine persönliche Belastungshierarchie

1. ______________________________

2. ______________________________

3. ______________________________

4. ______________________________

5. ______________________________

© 2018 Springer-Verlag Berlin Heidelberg. Aus: Kaluza, G.: Gelassen und sicher im Stress

Abb. 3.1 (Fortsetzung)

Check for updates

Persönliche Stressverstärker – Wie wir uns selbst unter Stress setzen

© Springer-Verlag Berlin Heidelberg 2018
G. Kaluza, *Gelassen und sicher im Stress,* https://doi.org/10.1007/978-3-662-55986-4_4

> Es sind nicht die Dinge oder Ereignisse an sich, die uns beunruhigen, sondern die Einstellungen und Meinungen, die wir zu den Dingen haben. (Epiktet, griechischer Philosoph der Stoa, 50–138 n.Chr.)

Stress entsteht zu einem erheblichen Teil im Kopf: Dadurch, wie wir Anforderungen und unsere eigenen Kompetenzen wahrnehmen und bewerten. Welche persönliche Bedeutung für unser Selbstwertgefühl und für unser inneres Gleichgewicht wir den Anforderungen zuschreiben. Wie sehr wir uns durch ein mögliches Scheitern persönlich bedroht sehen. Durch welche Brille wir die Dinge wahrnehmen, ob wir z. B. vor allem negative/bedrohliche Aspekte, Risiken und eigene Defizite wahrnehmen oder auch positive Aspekte, Chancen und eigene Stärken sehen. Wie sehr wir uns in unnötige Grübeleien über vergangene Situationen (»Warum ist mir das passiert? Hätte ich doch nur besser aufgepasst …«) oder übertriebene Sorgen über zukünftige Situationen (»Was wird nur dabei herauskommen? Was ist, wenn ich versage? …«) hineinsteigern. All das trägt entscheidend dazu bei, ob überhaupt und wie heftig wir Stress erleben.

Das bedeutet auch: Wir sind den Stressoren in unserer Umwelt nicht passiv ausgesetzt, sondern wir setzen uns zu gegebenen Anforderungen selbst aktiv ins Verhältnis. Dabei spielen gedankliche Prozesse in Form von bewertenden Wahrnehmungen, Erwartungen und Schlussfolgerungen die entscheidende Rolle. In diesem Kapitel werden wir uns ausführlich mit diesen subjektiven Prozessen der individuellen Stressverarbeitung befassen.

4.1 Stress ist das Resultat von persönlichen Bewertungen

Grundsätzlich können wir zwei verschiedene Bewertungsvorgänge unterscheiden, die entscheidend dafür sind, ob es zur Auslösung des biologischen Stresssystems kommt oder nicht:

Situation einschätzen

1. Bewertungen, die eine Einschätzung der Situation bzw. der jeweiligen Anforderungen beinhalten. Anforderungen können entweder als neutral-irrelevant, als angenehm-positiv oder als bedrohlich-schädlich bewertet werden. Eine stressbezogene Bewertung liegt vor, wenn Anforderungen als bedrohlich oder schädlich eingeschätzt werden, d.h. wenn die Person durch die Anforderung wichtige eigene Motive und Ziele gefährdet, angegriffen oder verletzt sieht. Dabei geht es unter anderem um das Leistungsmotiv («Ich will gute Leistungen bringen.«), das Anschlussmotiv (»Ich will dazu gehören.«) und das Autonomiemotiv (»Ich will selbst bestimmen.«). Je stärker derartige Motive ausgeprägt sind, desto wichtiger wird es für das eigene Gleichgewicht

und Selbstwertgefühl, dass diese Motive auch tatsächlich erfüllt werden. Und desto sensibler werden unterschiedlichste Situationen als mögliche Bedrohungen dieser persönlichen Motive eingeschätzt und entsprechend mit Stressreaktionen beantwortet. Es geht also hier um die Frage, wodurch eine Anforderung bzw. deren Bewältigung für den Betreffenden persönlich wichtig wird, mit welchen »Aktien« er dabei persönlich investiert ist.

2. Bewertungen, die eine Einschätzung eigener Bewältigungsfähigkeiten und -möglichkeiten beinhalten. Bewertet werden hier die eigenen Kompetenzen im Umgang mit der jeweiligen Anforderung wie auch externe Unterstützungsmöglichkeiten, auf die bei der Bewältigung der Anforderung gegebenenfalls zurückgegriffen werden kann. Diese können entweder als ausreichend oder eben als nicht ausreichend für eine erfolgreiche Anforderungsbewältigung bewertet werden. Im zweiten Fall liegt eine stressbezogene Bewertung vor. Selbstverständlich spielen auch bei diesem Bewertungsvorgang gewonnene Erfahrungen mit der Bewältigung von Anforderungssituationen in der Vergangenheit eine wichtige Rolle. Diese können generelle Einstellungen der eigenen Hilflosigkeit geprägt haben, die jetzt auch in der aktuellen Situation wirksam werden. Oder aber durch die früheren Erfahrungen ist ein optimistisches Vertrauen in die eigenen Fähigkeiten gefestigt worden, welches dazu führt, dass man sich die Bewältigung auch der aktuellen, neuen Anforderung zutraut.

Bewältigungsmöglichkeiten einschätzen

▪ Ein Beispiel

Versuchen wir uns diese Bewertungsvorgänge an einem Beispiel klar zu machen (◘ Abb. 4.1). Bitte versuchen Sie sich einmal folgende Situation möglichst lebhaft vorzustellen: Es ist ein ganz normaler Arbeitstag in einer ganz normalen Arbeitswoche. Völlig unerwartet werden Sie zu Ihrem Chef gerufen. Dieser überträgt Ihnen eine für Sie neue Aufgabe, die innerhalb der nächsten Woche zu erledigen ist. Im Hinausgehen erwähnt Ihr Chef noch, wie wichtig diese Aufgabe für die Abteilung ist und dass er voll auf Sie zählt.

Beispiel: Individuelle Bewertungsvorgänge

Dies ist eine Situation, die so oder so ähnlich wahrscheinlich in vielen Büros oder Werkhallen auftritt. Ob und wie heftig in dieser Situation Stressreaktionen ausgelöst werden, wird wesentlich davon abhängen, wie Sie sich zu der Situation gedanklich einstellen. Möglicherweise haben Sie solche Situationen in der Vergangenheit schon häufiger erlebt und gut gemeistert. Sie verstehen derartige Sonderaufträge als Teil Ihres Jobs. Ihre Bewertung der Situation fällt eher neutral bis irrelevant aus, denn Sie sind sicher, dass Sie die neue Aufgabe wie in der Vergangenheit schon packen werden. Vielleicht aber haben

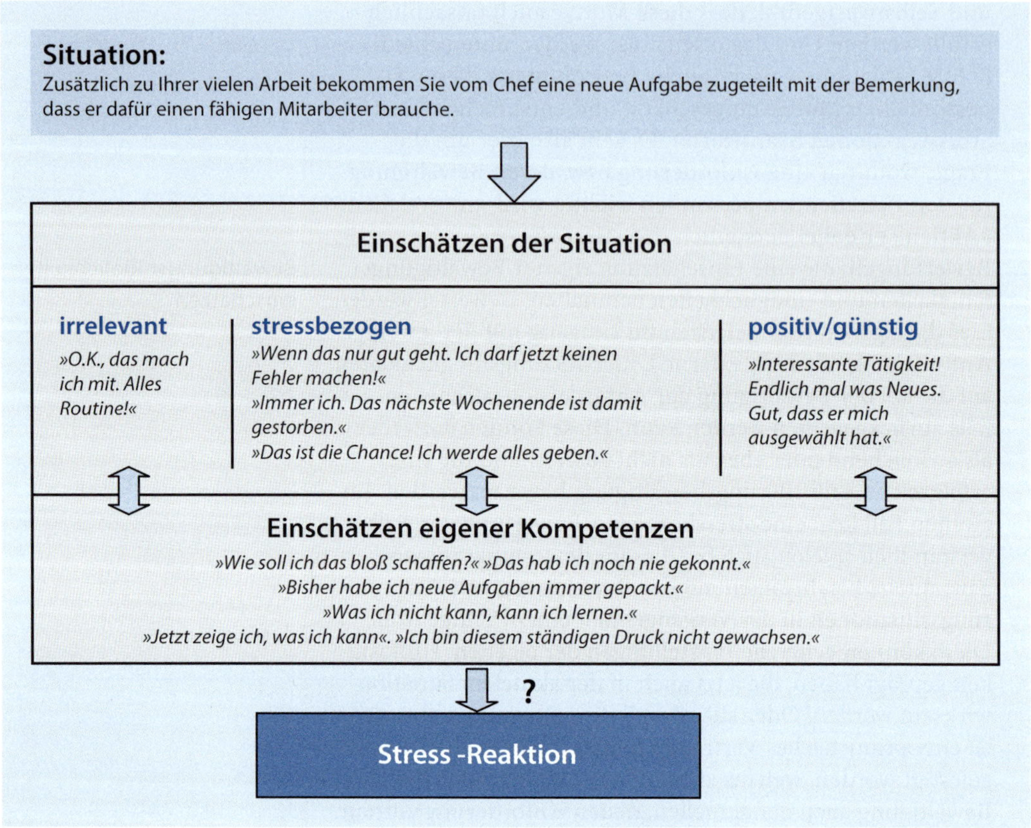

Abb. 4.1 Stress ist das Ergebnis von persönlichen Bewertungen (Beispiel)

Sie schon länger auf eine Chance gewartet, zeigen zu können, was in Ihnen steckt, und der normalen Arbeitsroutine zu entkommen, die Sie schon seit Längerem unzufrieden macht. Sie sind froh, dass Ihr Chef Sie ausgewählt hat. Die Situation stellt für Sie eher eine angenehm-positive Herausforderung dar. Sie vertrauen auf Ihre Fähigkeiten und darauf, dass Sie das, was Sie noch nicht können, lernen werden.

Herausforderung vs. Bedrohung

Möglich aber ist auch, dass Ihre Gedanken vor allem darum kreisen, wie Sie die Ihnen so wichtige Anerkennung des Chefs gewinnen können, und wie schrecklich es für Sie wäre, wenn Sie ihn enttäuschen. Oder Sie hadern damit, dass durch die Mehrarbeit das geplante Wochenende mit der Familie überschattet wird. Die Situation hat für Sie eher einen bedrohlichen bis schädlichen Charakter. Sie quälen sich mit Gedanken, wie Sie das alles schaffen und dem Druck standhalten sollen.

Wir haben es hier offensichtlich mit ganz unterschiedlichen gedanklichen Einschätzungen ein- und derselben Situation zu tun. Welche dieser Einschätzungen ist »richtig« oder »wahr«?

Auf diese Frage gibt es keine Antwort. Es gibt hier keine objektiv richtige oder einzig wahre Sicht der Dinge. Vielmehr besitzt jede der geschilderten Sichtweisen für die betreffende Person eine subjektive Wahrheit, insofern als sie die persönlichen Vorerfahrungen mit ähnlichen Situationen ebenso wie eigene Ziele und Motive, also in unserem Beispiel etwa Karriereziele, den Wunsch nach Anerkennung oder nach einem ruhigen Wochenende widerspiegeln.

Natürlich können die Einschätzungen der Anforderungen und der eigenen Kompetenzen mehr oder weniger realitätsangemessen sein. Möglicherweise sind wir tatsächlich vor hohe Anforderungen gestellt, für die uns die nötigen Kompetenzen fehlen, um sie erfolgreich bewältigen zu können. Dann sind wir gewissermaßen zu Recht im Stress. Es kann dann nicht darum gehen, sich die Situation durch »positives Denken« schön zu denken oder sich nicht vorhandene Kompetenzen einzureden. Das wäre nicht nur nicht zielführend im Hinblick auf eine erfolgreiche Anforderungsbewältigung, sondern sehr wahrscheinlich auch nicht wirklich hilfreich für die eigene Spannungsregulation. Oft aber fehlt ein objektiver Maßstab. Viele der leistungsbezogenen und sozialen Situationen, mit denen wir tagtäglich konfrontiert sind, sind mehrdeutig und lassen einen Spielraum für persönliche Interpretationen und Bewertungen. Diese können in stressverschärfender Weise verzerrt sein, sodass es in einer Vielzahl von Situationen zu einer Aktivierung des biologischen Stressprogramms kommt. Wir sprechen dann von stressverschärfenden Denkmustern bzw. von persönlichen Stressverstärkern. Von diesen soll im Folgenden die Rede sein.

Fazit

Wir halten bis hierhin zusammenfassend fest: Eine stressbezogene Bewertung von Anforderungen liegt dann vor, wenn wir

1. die Anforderung als subjektiv bedeutsam einschätzen, d. h. wir sehen wichtige Lebensbereiche, Bedürfnisse, Motive und Ziele durch die jeweilige Situation bedroht oder geschädigt, und
2. eigene Kompetenzen und die zur Verfügung stehenden externen Ressourcen als nicht ausreichend für eine erfolgreiche Bewältigung der Anforderung einschätzen.

4.2 Stressverschärfende Denkmuster

Wie sollte man an Anforderungen in Beruf und Alltag gedanklich herangehen, um dabei möglichst häufig und möglichst intensiv in Stress zu geraten? Lassen Sie uns einmal dieser Frage nachgehen und versuchen, auch wenn es im Kontext dieses Buches paradox klingt, einige Empfehlungen für stressverschärfendes Denken zu formulieren.

4

■ »Das gibt's doch nicht!«-Denken

Hadern mit der Realität

Wenn wir mit Anforderungen, schwierigen oder unangenehmen Situationen konfrontiert sind, dann weigern wir uns, diese als Realität zu akzeptieren. Stattdessen hadern wir damit, dass die Situation so ist, wie sie ist. Wir stehen z. B. im Stau oder in einer langen Schlange vor der Kaufhauskasse, sodass unser Zeitplan durcheinander gerät. Wir stehen bei der Bewältigung einer Arbeitsaufgabe vor einer unerwarteten Schwierigkeit, weil wir selbst oder einer der Kollegen oder Mitarbeiter etwas übersehen haben. Wir haben beim Golf, Fußball, Tennis oder Volleyball einen wichtigen Ball verspielt. Wir haben beim Einparken eine Beule gemacht. Ein Kunde zieht im letzten Moment einen großen Auftrag zurück. In solchen und ähnlichen Situationen geben wir in unserem Hirn möglichst viel Platz für einen Gedanken: »Das gibt's doch nicht!« Dieser Gedanke wird zuverlässig Ärger und körperliche Erregung in uns verstärken. Wir können uns mit diesem Gedanken in Stress und Ärger regelrecht hineinsteigern und er wird uns daran hindern, dass wir uns konstruktiv mit der jeweiligen Situation auseinandersetzen, um das Beste daraus zu machen. Besonders wirksam ist dieser Gedanke auch, wenn wir ihn auf eigene unangenehme oder unerwünschte Reaktionen anwenden. Zum Beispiel wenn wir in einem Gespräch stottern oder rot werden, wenn wir bei einer Präsentation einen trockenen Mund bekommen oder uns die Hände zittern. Weil nicht sein kann, was nicht sein darf, führt uns der »Das gibt's doch nicht!«-Gedanke weiter in Ärger oder Angst und Anspannung. Wir erleben dann Ärger über den Ärger, Angst vor der Angst und Erregung über die Erregung.

Nicht-wahr-haben-wollen

Noch eine andere Variante dieses stressverschärfenden Denkmusters ist hier anzusprechen: das Nicht-wahr-haben-Wollen im Sinne einer regelrechten Verleugnung der Realität. Nicht das Hadern mit dem, was ist, steht hier im Vordergrund, sondern das Ignorieren, Ausblenden, schlicht das Nicht-zur-Kenntnis-Nehmen einer Situation. Hierbei handelt es sich um einen psychologischen Schutzmechanismus, der uns davor schützt, angesichts von schweren Bedrohungen oder Verlusten, wie beispielsweise der Mitteilung einer ernsten Krankheitsdiagnose oder dem Tod eines geliebten Menschen, von zu schmerzhaften Gefühlen der Angst oder Trauer überwältigt zu werden. Kurzfristig bringt die Verleugnung Erleichterung, aber wenn sie über längere Zeit aufrechterhalten wird, verhindert sie, dass wir uns mit der Situation aktiv auseinandersetzen.

■ »Blick auf das Negative«

Negatives Verallgemeinern

Dies ist eine recht einfache und zugleich äußerst wirksame Strategie, um sich selbst unter Stress zu setzen. Wir richten dazu unsere Aufmerksamkeit selektiv auf die negativen Ereignisse eines Tages oder die negativen Aspekte einer Situation. Wir geben diesen negativen Erfahrungen eine übergroße Bedeutung, verlieren dabei jeglichen vernünftigen Maßstab und blenden positive Erfahrungen aus. Eine kritische Anmerkung vom Vorgesetzten, vom Ehepartner oder Kollegen, ein misslungener Kuchen, ein geplatzter Termin, eine Beule im Auto, ein unglücklich verlaufendes Gespräch mit einem Bekannten können uns dann, wenn wir diesen Ereignissen nur die richtige Wichtigkeit zuschreiben, den ganzen Tag vermiesen. Wir verallgemeinern dann diese negativen Erfahrungen noch möglichst breit mit Gedanken wie z. B. »Ich bringe es einfach nicht«, »Ich bin eine schlechte Hausfrau«, »Nie klappt etwas«, »Das Auto ist total Schrott«, »Keiner mag mich«. Mit derartigen Gedanken im Kopf haben wir uns dann mental so eingestellt, dass wir zuverlässig auch im weiteren Verlauf des Tages Stress, Ärger und Frustration erleben werden.

▪ Negatives-Konsequenzen-Denken

Ausmalen negativer Konsequenzen

Wenn wir uns gedanklich mit bevorstehenden Anforderungen wie beispielsweise einer Prüfung, einer wichtigen Verhandlung mit einem Kunden oder einer Operation befassen, dann richten wir dabei unsere Aufmerksamkeit möglichst ausschließlich auf die negativen Konsequenzen, die es haben wird, wenn wir die Anforderung nicht erfolgreich bewältigen. Wir malen uns das Scheitern und die katastrophalen negativen Folgen, die es haben wird, in allen Einzelheiten aus, erinnern uns gegebenenfalls an frühere, negative Erfahrungen und vermeiden tunlichst jeden Gedanken an einen erfolgreichen Ausgang und die damit verbundenen positiven Folgen. Auch Gedanken daran, wie wir in der Vergangenheit ähnliche Situationen erfolgreich gemeistert haben und welche Kompetenzen wir dabei unter Beweis gestellt bzw. erworben haben, halten wir konsequent von unserem Bewusstsein fern. Auf diese Weise werden wir zuverlässig bereits im Vorfeld intensive Stressgefühle und körperliche Stressreaktionen hervorrufen. In der Situation selbst wird dann mit großer Wahrscheinlichkeit genau das eintreten, was wir zuvor ständig befürchtet haben, nämlich ein Misserfolg. Im Leistungssport ist diese Strategie gut bekannt. Manche Sportler sind Trainingsweltmeister. Sie können es eigentlich. Nur wenn es darauf ankommt, im Wettkampf, können sie ihre volle Leistung nicht abrufen. Sie denken an die möglichen negativen Konsequenzen einer Niederlage, das macht sie nervös und angespannt und mindert ihre Leistung.

▪ Personalisieren

Alles zu persönlich nehmen

Hiermit ist vor allem gemeint, dass wir Ereignisse und Verhaltensweisen von anderen möglichst persönlich nehmen. Wir fühlen uns als Person gemeint, auch wenn wir es gar nicht sind. Das mürrische Gesicht des Kollegen, der Nachbar, der schon wieder nicht grüßt, die Kopfschmerzen des Partners, das streikende Kopiergerät, der Hundekot, in den wir getreten sind, der Computervirus, das mit Spam-Mails vollgestopfte elektronische Postfach, die Fünf in der Mathearbeit des Sohnes – alle diese Dinge und noch viel mehr nehmen wir möglichst persönlich. Entweder indem wir uns durch sie persönlich angegriffen, beleidigt oder missachtet fühlen oder indem wir uns die Schuld daran geben. So werden wir im Laufe eines Tages immer wieder Gelegenheiten finden, um uns aufzuregen und unter Stress zu setzen.

▪ Defizit-Denken

Schwächen und Defizite überbetonen

Dies ist eine häufige Variante des »Blicks auf das Negative«, die darin besteht, die Gedanken einseitig auf eigene Schwächen, Defizite und frühere Misserfolge zu richten. Natürlich ist es nötig, sich mit den eigenen Schwächen auseinanderzusetzen. Aber wenn das zu einseitig ohne Blick auch für die eigenen Stärken und Erfolge geschieht, dann untergräbt das unser Selbstvertrauen, das wir brauchen, um den Anforderungen gelassen und sicher begegnen zu können.

Soweit zur Beschreibung häufiger stressverschärfender Denkmuster. Im zweiten Teil dieses Buches werden wir uns unter der Überschrift »Mentale Stresskompetenz« der Frage zuwenden, worin stressverminderndes, förderliches Denken besteht und wie man dieses entwickeln kann (▶ Kap. 7).

Anregung zur Selbstreflexion: Stressverschärfende Denkmuster

Bitte prüfen Sie einmal in Ruhe, welche der fünf beschriebenen stressverschärfenden Denkmuster in Ihrem Gehirn eher stark und welche eher gering ausgeprägt sind.

	Eher stark ausgeprägt	Eher gering ausgeprägt
»Das gibt's doch nicht!«-Denken		
Blick auf das Negative		
Negatives Konsequenzen-Denken		
Personalisieren		
Defizit-Denken		

4.3 Fünf Stressverstärker und was dahinter steckt

»Muss«-Denken: Wünsche werden absolut gesetzt

Ging es in dem vorhergehenden Abschnitt um stressverschärfende Denkmuster, so soll es im folgenden Abschnitt um stressverschärfende innere Sollwerte gehen. Damit gemeint sind persönliche Motive und Ziele, auch verinnerlichte Normen, die die interne Messlatte darstellen, an der wir die persönliche Bedeutsamkeit alltäglicher Situationen und Anforderungen bemessen (▶ Abschn. 4.1). Kennzeichnend für stressverschärfende Sollwerte ist ein »Muss«-Denken. Motive, Ziele oder verinnerlichte Normen werden zu absoluten Forderungen erhoben, deren Erfüllung als absolut notwendig für das eigene Wohlbefinden und Selbstwertgefühl angesehen wird. Persönliche Stressverstärker bestehen letztlich in einer Übersteigerung an sich normaler menschlicher Motive. Fünf häufige persönliche Stressverstärker werde ich Ihnen im Folgenden vorstellen.

▪ Sei perfekt!

Wunsch nach Erfolg

Im Hintergrund dieses Stressverstärkers steht das Leistungsmotiv, der Wunsch nach Erfolg und Selbstbestätigung durch gute Leistungen. Wer leistungsmotiviert ist, will etwas gut, besser oder – am besten – am besten machen. Wenn dieses Motiv allerdings übermächtig und zur absoluten Forderung erhoben wird, dann verbindet es sich mit einer ausgeprägten Stressanfälligkeit vor allem gegenüber solchen Situationen, in denen ein Misserfolg, Versagen und eigene Fehler möglich sind oder drohen. Durch das perfektionistische Leistungsverhalten wird versucht, derartige Situationen unter allen Umständen zu vermeiden. Das Problem besteht hier nicht darin, sich ständig verbessern zu wollen oder nach Höchstleistungen zu streben. Auch gibt es selbstverständlich Aufgabenbereiche, in denen es auf höchste Genauigkeit und Perfektion ankommt. Problematisch wird es dann, wenn das perfektionistische Leistungsstreben in alle Lebensbereiche hineingetragen und auf jede beliebige berufliche Aufgabe oder private Aktivität übertragen wird. Dies führt über kurz oder lang unweigerlich in die Selbstüberforderung und schließlich Erschöpfung. Besonders problematisch wird es oft dann, wenn das Leistungsmotiv mit dem Bindungsmotiv verknüpft ist, wenn also die perfekten Leistungen nicht allein der Selbstbestätigung dienen, sondern auch dazu, emotionale Zuwendung von anderen zu gewinnen. Eine solche Konstellation ist oft bei der Arbeitssucht gegeben. Davon wird weiter unten noch die Rede sein.

4

▪ Sei beliebt!

Wunsch, von allen gemocht zu werden

Im Hintergrund dieses Stressverstärkers steht das Anschlussmotiv, der Wunsch nach Zugehörigkeit, nach Angenommensein und Liebe. Wenn dieses Motiv übermächtig und zur absoluten Forderung erhoben wird, dann verbindet es sich mit einer ausgeprägten Stressanfälligkeit vor allem gegenüber solchen Situationen, in denen Ablehnung, Kritik und Zurückweisung durch andere möglich sind oder drohen. Als besonders belastend wird auch erlebt, wenn man eigene Interessen vertreten, Grenzen setzen und andere enttäuschen muss oder wenn Konflikte, Meinungsverschiedenheiten u. Ä. mit anderen bestehen. Derartige Situationen müssen unter allen Umständen vermieden oder entschärft werden. Dies wird versucht, indem man eigene Interessen zurückstellt und sich bemüht, es buchstäblich allen recht zu machen. Auch eine übergroße Hilfsbereitschaft steht bisweilen im Dienst des »Sei beliebt!«-Verstärkers. Sicher gibt es immer wieder Situationen, in denen es notwendig oder angemessen ist, Kompromisse zu schließen, nachzugeben und anderen zu helfen. Das Problem liegt auch hier wieder in der Übertreibung, in einem »Zuviel des Guten«, das auf längere Sicht in die Selbstüberforderung und ins Burnout führt.

▪ Sei unabhängig!

Wunsch, unabhängig zu sein

Im Hintergrund dieses Stressverstärkers steht das Autonomiemotiv, der Wunsch nach persönlicher Unabhängigkeit und Selbstbestimmung. Wenn dieses Motiv übermächtig und zur absoluten Forderung erhoben wird, dann verbindet es sich mit einer ausgeprägten Stressanfälligkeit vor allem gegenüber solchen Situationen, in denen eine Abhängigkeit von anderen, eigene Hilfsbedürftigkeit und Schwächen erlebt werden oder drohen. Menschen mit einem stark ausgeprägten Autonomiestreben erledigen deshalb ihre Aufgaben am liebsten allein und machen Schwierigkeiten, Sorgen und Ängste mit sich allein aus. Es fällt ihnen schwer, zu delegieren, im Team zu arbeiten, andere um Hilfe oder Unterstützung zu bitten und sich anderen anzuvertrauen. Sie versuchen unter allen Umständen gegenüber sich und anderen das Bild der Stärke und Unabhängigkeit aufrechtzuerhalten. Dass ein solches Verhalten längerfristig leicht in die Selbstüberforderung bis zur Erschöpfung führen kann, liegt auf der Hand.

Keine Schwächen zeigen dürfen

Stressverschärfend wirkt hier nicht das an sich gesunde Streben nach Unabhängigkeit, sondern wieder dessen einseitige Übertreibung, die es nicht erlaubt, sich auch einmal bei anderen anzulehnen und sich helfen zu lassen.

▪ Behalte Kontrolle!

Wunsch, Kontrolle zu behalten

Im Hintergrund dieses Stressverstärkers steht das Kontrollmotiv, der Wunsch nach Sicherheit im und Kontrolle über das eigene Leben. Wenn dieses Motiv übermächtig und zur absoluten Forderung erhoben wird, dann verbindet es sich mit einer ausgeprägten Stressanfälligkeit vor allem gegenüber solchen Situationen, in denen Kontrollverlust, Fehlentscheidungen und Risiken möglich sind oder drohen. Um solche Situationen zu vermeiden, versuchen Menschen mit einem stark ausgeprägten Kontrollstreben, möglichst alles selbst unter Kontrolle zu haben. Auch ihnen fällt es schwer zu delegieren. Sie neigen dazu, sich ständig Sorgen über mögliche Risiken und Gefahren zu machen, und es kostet sie viel Zeit und Kraft, Entscheidungen zu treffen, aus Angst, mögliche Risiken zu übersehen. So kann auch dieser Stressverstärker längerfristig Selbstüberforderung und Ausbrennen begünstigen, da hundertprozentige Sicherheit und Kontrolle nicht zu erreichen sind. Gerade in Zeiten zunehmender Unsicherheit bedarf das Sicherheitsstreben eines Ausgleichs durch Mut zum kalkulierten Risiko, durch Loslassen und durch Vertrauen.

▪ Halte durch!

Durchhalten wollen

Im Hintergrund dieses Stressverstärkers steht das zentrale Streben nach Lustgewinn und Unlustvermeidung, das hier allerdings nicht zu stark ausgeprägt ist, wie das bei anderen Stressverstärkern der Fall ist, sondern im Gegenteil zu stark unterdrückt wird. Man ist zu hart zu sich selbst. Bei der Verfolgung von Zielen gelten Durchhalten und Zähnezusammenbeißen als oberste Maxime. Damit wird auch versucht, einer Konfrontation mit eigenen Grenzen, mit Überforderung und Scheitern aus dem Weg zu gehen. Dies kann dann dazu führen, dass man sich keine Pausen erlaubt, dass man Signale eigener Erholungsbedürftigkeit ignoriert oder verleugnet, dass man an unrealistischen Zielen oder unlösbaren Aufgaben zu lange festhält, und sich so selbst langfristig in die Erschöpfung treibt. Natürlich ist es eine wichtige, ja notwendige Fähigkeit, das Luststreben überwinden und sich bei der Verfolgung von Zielen auch unangenehmen Aufgaben stellen zu können und die eigene Komfortzone zu verlassen. Problematisch ist hier wieder die Übertreibung, ein »Zuviel des Guten«, das es nicht erlaubt, sich auch einmal auszuruhen und sich unangenehmen Dingen zu entziehen oder das Aufgeben eines Projekts oder Ziels zuzulassen.

Soweit zur Beschreibung der fünf häufigen persönlichen Stressverstärker. Da sie auf allgemein menschlichen Motiven beruhen, trägt jeder von uns jeden dieser Stressverstärker mehr oder weniger stark ausgeprägt in sich. Mit der Checkliste in ▶ Abschn. 4.6 am Ende dieses Kapitels können Sie ermitteln, wie es um Ihre persönlichen Stressverstärker bestellt ist. Im zweiten Teil dieses Buches (▶ Abschn. 7.4) werden wir uns dann der Frage zuwenden, wie man persönliche Stressverstärker entschärfen kann.

Wie stark die fünf Stressverstärker bzw. die hinter ihnen stehenden Motive individuell ausgeprägt sind, ist Resultat der im Laufe der Biografie gewonnenen Erfahrungen. Wer beispielsweise bereits von Kindesbeinen an die Erfahrung gemacht hat, dass er, sobald er anderen, z. B. den Eltern gegenüber, eigene Interessen artikuliert, mit Liebesentzug bestraft wird, in dem wird im Erwachsenenalter das Anschlussmotiv (»Sei beliebt!«) eine große Bedeutung haben. Wer schon früh die Erfahrung machen musste, dass man sich nicht auf andere Menschen verlassen kann, in dem wird im Erwachsenenalter das Kontrollmotiv (»Behalte Kontrolle!«) und möglicherweise auch das Autonomiemotiv (»Sei unabhängig!«) stark ausgeprägt sein. Im Erwachsenenalter prägen diese biografisch gewachsenen Motivausprägungen dann die persönliche Brille, durch die unterschiedlichste alltägliche Situationen als persönliche Bedrohung wahrgenommen werden und in der Folge das biologische Stressprogramm ausgelöst wird. Dies möchte ich zum Abschluss dieses Kapitels an zwei Beispielen noch näher verdeutlichen.

4.4 Perfektionistische Kontrollambitionen

Alles kontrollieren wollen

Zentrales Thema hier ist Kontrolle. Gedanken und Verhalten der betroffenen Menschen werden dominiert von dem starken Bestreben, möglichst alles in ihrer Umgebung selbst unter Kontrolle zu haben. Diese übersteigerten Kontrollambitionen zeigen sich zum Beispiel in:

- **Geringer Fehlertoleranz:** Fehler (vor allem eigene) müssen auf jeden Fall vermieden werden, sind nicht tolerabel, da sie einen möglichen Kontrollverlust anzeigen.
- **Unfähigkeit zu delegieren:** Um Kontrolle zu behalten, machen diese Menschen am liebsten alles selber, kümmern sich um alles und jedes selbst. Sie sind schlechte Teamarbeiter, vor allem wenn es darauf ankommt, wenn der Druck steigt. Während sie selber ungern delegieren, sind sie diejenigen, an die am ehesten neue Aufgaben oder Zusatzaufträge delegiert werden. Dies bezieht sich nicht nur auf den Arbeitsbereich, sondern z. B. auch auf ehrenamtliche Tätigkeiten, die Arbeit in Vereinen usw.
- **Ungeduld, Reizbarkeit, Irritierbarkeit bei Störungen:** Für diese Menschen ist es eine Katastrophe, wenn die Dinge (oder Menschen) nicht so laufen oder funktionieren, wie sie sollten. Auch Störungen bedeuten Kontrollverlust.
- **Verdrängung von Entspannungsbedürfnissen:** Das permanente Bemühen um Kontrolle geht einher mit der mangelnden Wahrnehmung von eigenen Entspannungsbedürfnissen. Entspannung fällt überhaupt schwer, bedeutet sie doch Kontrolle abgeben und loslassen.

Fehlendes Vertrauen

Am Boden der Seele lauert in den meisten Fällen eine fundamentale, existenzielle Angst. Es fehlt ein fundamentales Vertrauen in die Geordnetheit und Verlässlichkeit der Welt und ein Vertrauen auf die Zuverlässigkeit anderer Menschen. Im biografischen Hintergrund finden sich häufig Erfahrungen mit wenig stabilen, brüchigen Beziehungen zu primären Bezugspersonen oder auch mit wenig verlässlichem, schwer vorhersehbarem, unstetem Verhalten der Bezugspersonen. »Wenn ich nicht selbst alles kontrolliere, im Griff behalte, bricht das Chaos aus«. Diese Weltsicht findet sich immer wieder bestätigt – wie eine sich selbst erfüllende Prophezeiung. Je mehr diese Menschen alles an sich ziehen, desto unselbstständiger werden die anderen. Fehler und falsche Entscheidungen werden tatsächlich häufiger – ein sich selbst verstärkender Teufelskreis, der noch zusätzlich dadurch beschleunigt wird, dass der unermüdliche Einsatz Lob und Anerkennung findet. Das ist »einer, der sich wirklich einsetzt, wie der sich auch noch um die letzten Kleinigkeiten kümmert«, heißt es anerkennend von Vorgesetzten und Mitarbeitern.

Wenn die Kontrolle misslingt …

Zehrt dieses beständige Bemühen um Kontrolle bereits an den Energiereserven, so wird die Lage vollends kritisch, nicht selten lebensgefährlich, wenn diese Menschen mit einer objektiv nicht kontrollierbaren Situation konfrontiert werden, wenn z. B. über längere Zeit in einem Unternehmen Umstrukturierungen vorgenommen werden, auf die sie keinen Einfluss haben, wenn Entlassungen drohen oder auch wenn die alltägliche Arbeit durch ständig wechselnde Anforderungen oder Vorgaben bestimmt ist. Solche Situationen stimulieren die Kontrollambitionen. Die Betreffenden reagieren mit verstärktem, undosiertem Leistungsverhalten, um die Kontrolle wiederzuerlangen. Mit ihrer distanzlosen Verausgabungsbereitschaft bringen sie sich schließlich in Erschöpfungskrisen, die sie selbst jedoch nicht angemessen wahrnehmen können.

4.5 Arbeitssucht

Zwang, ständig zu arbeiten

Der Begriff der Arbeitssucht bezeichnet den unaufhörlichen Drang oder Zwang, ständig arbeiten zu müssen bzw. ständig an die Arbeit denken zu müssen. Das beobachtbare Verhalten eines Arbeitssüchtigen weist eine große Überlappung zum Verhalten eines Menschen mit perfektionistischen Kontrollambitionen auf. Die innere Dynamik ist hier aber eine andere. Während sich bei Letzterem das Kontrollbestreben auch auf außerberufliche Lebensbereiche, auf Familienleben und Hobbys erstreckt, verengt sich das Denken und Handeln des Arbeitssüchtigen einzig und allein auf die Arbeit.

Arbeit bestimmt den Selbstwert

Das Phänomen ist nicht quantitativ, sondern allein qualitativ zu fassen. Ab wie vielen Stunden täglicher Arbeitszeit besteht eine Arbeitssucht? Hierauf gibt es keine eindeutige Antwort. Arbeitssüchtige arbeiten zwar lange (jedoch nicht unbedingt effektiv), aber nicht jeder, der viel oder hart arbeitet, ist arbeitssüchtig. Arbeitssüchtige arbeiten nicht einfach viel, sie gewinnen ihren Selbstwert und ihre Identität allein über Arbeit und Leistung.

Arbeitssucht ist eine Sucht

Merkmale der Arbeitssucht sind die typischen Suchtkennzeichen:

- **Verleugnung und Bagatellisierung** der Süchtigkeit und ihrer Folgen. Der Arbeitssüchtige bagatellisiert, er wird unehrlich zu sich und anderen, sucht Ausreden, arbeitet unter Umständen heimlich. Einige verniedlichen oder kokettieren mit ihrem Problem, indem sie sich selbst als »workaholic« bezeichnen.
- **Zwanghaftigkeit**, zu der auch die Unfähigkeit zu entspannen und der Hang, während der Arbeit an die Freizeit und in der Freizeit dann – vermittelt durch ein schlechtes Gewissen – an die Arbeit zu denken, gehört. Das Denken wird immer mehr von der Droge »Arbeit« beherrscht.
- **Anlegen von Vorräten**, Dosissteigerung und Entzugserscheinungen: Eine abgeschlossene Arbeit, ein beruflicher Erfolg können nicht genossen werden. Es werden immer neue Pläne gemacht, Projekte entworfen, z. T wird der Abschluss einer Arbeit hinausgezögert, damit die Arbeit ja nicht ausgeht. Es werden freiwillig immer mehr Überstunden geleistet, Arbeit wird mit nach Hause genommen, das Schlafzimmer zum Büro umfunktioniert, Arbeit auch mit in den Urlaub genommen, manchmal getarnt als Freizeitlektüre. Wenn Betroffene gezwungen sind, einmal nicht zu arbeiten, entwickeln sie regelrechte Entzugserscheinungen. Sie werden innerlich unruhig, nervös, reizbar.
- **(Auto-)Destruktivität**: Wie jede Sucht geht auch Arbeitssucht mit Selbstzerstörung und mit rücksichtsloser Zerstörung der sozialen Beziehungen einher. Die Kinder sind nur noch im Weg, Ehepartner, die oft über lange Zeit im Sinne einer Co-Abhängigkeit Verständnis zeigen, den Arbeitssüchtigen vielleicht bedauern und bemitleiden wegen seines Arbeitspensums, wenden sich schließlich entnervt ab. Zerrüttete Familien gehören regelmäßig zum Vollbild der Arbeitssucht.
- **Mehrfachsucht**: Neben der primären Arbeitssucht entwickeln sich häufig Sekundärsüchte. Oft ist es der übermäßige Gebrauch von Alkohol oder Medikamenten, um abspannen zu können. Die sekundäre Sucht wird manchmal auch eingesetzt, um die primäre Arbeitssucht zu rechtfertigen oder herunterzuspielen.

Es besteht keine feste Trennlinie zwischen normalem und süchtigem Arbeitsverhalten, die Übergänge sind fließend. Einige Autoren stellen Arbeitssucht als Übersteigerung des normalen, erwünschten Lebensstils in der modernen Arbeitsgesellschaft dar, in der die Arbeit Lebensmittelpunkt und Zentrum der eigenen Identität ist.

▪ Hintergründe: Was treibt den Arbeitssüchtigen an?

Suche nach Anerkennung

Wie bei allen Suchtkrankheiten findet man am Boden der Seele häufig eine Sehnsucht. Eine **(Sehn-)Sucht nach Anerkennung,** nach Angenommensein, so wie man ist, nach Liebe. Der Arbeitssüchtige hat gelernt, dass er Anerkennung erfährt für Leistung. Eine Erfahrung, die tief in der Kindheit wurzeln kann. Und so versucht er, seine Sehnsucht durch Leistung zu stillen. Die Anerkennung, die er für seine Leistung erfährt, kann aber seine Sehnsucht nicht wirklich stillen. Was ihm als Kind versagt geblieben ist, und was er sich als Erwachsener unbewusst sehnsüchtig wünscht, bedingungsloses Angenommen- und Geliebt-Werden, dieses Bedürfnis bleibt letztlich unerfüllt. Dies führt zu der fehlleitenden Schlussfolgerung, dass das Bedürfnis nur deshalb noch nicht befriedigt sei, weil nicht genug geleistet wurde. Der Drang nach immer mehr Arbeit und Leistung wird lebensbestimmend.

Angst zu versagen

Labiles Selbstbewusstsein und Versagensängste Was dem Arbeitssüchtigen fehlt, ist ein grundlegendes Vertrauen in sich selbst. Hat der Betroffene bereits früh die Erfahrung gemacht, dass z. B. seine schulischen Leistungen nicht ausreichen, um die ersehnte Anerkennung seitens der Eltern zu erreichen, entwickelt sich das nagende chronische Gefühl, nicht gut genug zu sein. Dieses Gefühl trägt in manchen Fällen zu einer massiven Arbeitshemmung bei. Der Betreffende arbeitet zwar übermäßig lange, d. h. er hält sich lange an seinem Arbeitsplatz auf, aber er vermeidet es, mit den wichtigen Aufgaben zu beginnen, schiebt sie hinaus, lässt sich ablenken – aus Angst zu versagen. Es entwickeln sich Schuldgefühle, die ihn dazu antreiben, noch länger zu arbeiten.

Arbeit als Flucht

Flucht vor innerer Leere, vor persönlichen Problemen Sich in die Arbeit stürzen, ist für viele Menschen auch ein probates, weil gesellschaftlich akzeptiertes Mittel, Konflikten in der Partnerschaft oder Familie auszuweichen oder Gefühle innerer Leere zu überspielen. Die Arbeit entartet zur Droge, die über Erfahrungs- und Erlebnisdefizite und über familiäre Probleme scheinbar hinweghilft. Auch wenn Flucht nicht immer der primäre Motor der Arbeitssucht ist, so entwickelt sich doch bei den meisten im Laufe der Zeit ein Teufelskreis von langen Arbeitszeiten, daraus folgenden familiären Zwistigkeiten, Enttäuschungen, Vorwürfen und zunehmenden Entfremdungsgefühlen, denen durch noch mehr Arbeiten aus dem Weg zu gehen versucht wird.

4.6 Checkliste: Persönliche Stressverstärkers

Die folgende Liste enthält eine Reihe von häufigen stressverschärfenden Gedanken (◘ Abb. 4.2). Bitte prüfen Sie, wie vertraut Ihnen diese Gedanken sind (◘ Abb. 4.3).

Checkliste: Stressverschärfende Gedanken

Wie sehr stimmen Sie den folgenden Aussagen zu?

		Trifft voll zu	Trifft ziemlich zu	Trifft etwas zu	Trifft nicht zu
1.	Am liebsten mache ich alles selbst.	3	2	1	0
2.	Aufgeben kommt für mich niemals in Frage.	3	2	1	0
3.	Es ist entsetzlich, wenn etwas nicht so läuft, wie ich will oder geplant habe.	3	2	1	0
4.	Ich muss unter allen Umständen durchhalten.	3	2	1	0
5.	Wenn ich mich wirklich anstrenge, dann schaffe ich es.	3	2	1	0
6.	Es ist nicht akzeptabel, wenn ich eine Arbeit nicht schaffe oder einen Termin nicht einhalte.	3	2	1	0
7.	Ich muss den Druck (Angst, Schmerzen etc.) auf jeden Fall aushalten.	3	2	1	0
8.	Ich muss immer für meinen Betrieb da sein.	3	2	1	0
9.	Man muss wirklich hart gegen sich selbst sein.	3	2	1	0
10.	Es ist wichtig, dass ich alles unter Kontrolle habe.	3	2	1	0
11.	Ich will die anderen nicht enttäuschen.	3	2	1	0
12.	Es gibt nichts Schlimmeres, als Fehler zu machen.	3	2	1	0
13.	Auf mich muss 100%iger Verlass sein.	3	2	1	0
14.	Es ist schrecklich, wenn andere mir böse sind.	3	2	1	0
15.	Starke Menschen brauchen keine Hilfe.	3	2	1	0
16.	Ich will mit allen Leuten gut auskommen.	3	2	1	0
17.	Es ist schlimm, wenn andere mich kritisieren.	3	2	1	0
18.	Wenn ich mich auf andere verlasse, bin ich verlassen.	3	2	1	0
19.	Es ist wichtig, dass mich alle mögen.	3	2	1	0
20.	Bei Entscheidungen muss ich mir 100% sicher sein.	3	2	1	0
21.	Ich muss ständig daran denken, was alles passieren könnte.	3	2	1	0
22.	Ohne mich geht es nicht.	3	2	1	0
23.	Ich muss immer alles richtig machen.	3	2	1	0
24.	Es ist schrecklich, auf andere angewiesen zu sein.	3	2	1	0
25.	Es ist ganz fürchterlich, wenn ich nicht weiß, was auf mich zukommt.	3	2	1	0

© 2018 Springer-Verlag Berlin Heidelberg. Aus: Kaluza, G.: Gelassen und sicher im Stress

Abb. 4.2 Checkliste: Stressverschärfende Gedanken

4

Persönliches Stressverstärkerprofil

Auswertung der Checkliste »Stressverschärfende Gedanken«

(1) Addieren Sie die Punkte zu den Gedanken 6, 8, 12, 13 und 23.

Wert 1 = ____________________

(2) Addieren Sie die Punkte zu den Gedanken 11, 14, 16, 17 und 19.

Wert 2 = ____________________

(3) Addieren Sie die Punkte zu den Gedanken 1, 15, 18, 22 und 24.

Wert 3 = ____________________

(4) Addieren Sie die Punkte zu den Gedanken 3, 10, 20, 21 und 25.

Wert 4 = ____________________

(5) Addieren Sie die Punkte zu den Gedanken 2, 4, 5, 7 und 9.

Wert 5 = ____________________

(6) Übertragen Sie die errechneten Werte 1 bis 5 in die Grafik.

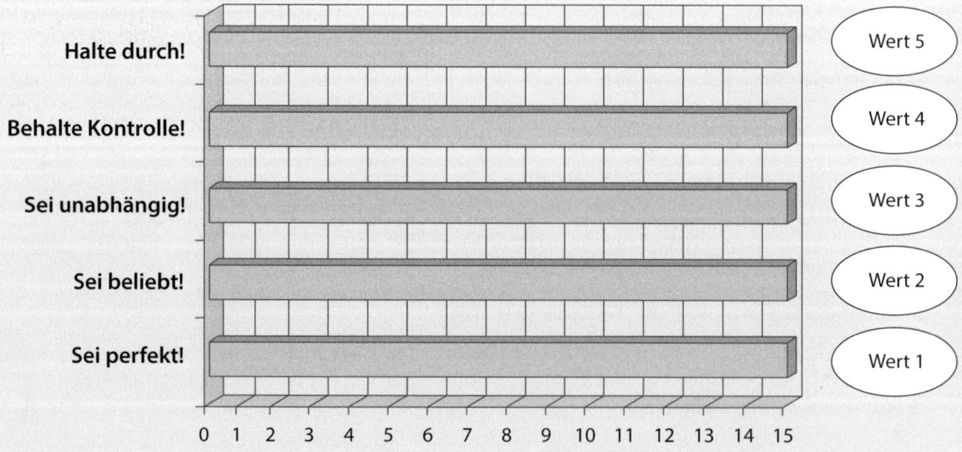

2018 Springer-Verlag Berlin Heidelberg. Aus: Kaluza, G.: Gelassen und sicher im Stress

Abb. 4.3 Persönliches Stressverstärkerprofil

Stress bewältigen

Check for updates

Was können wir tun? – Die drei Säulen der Stresskompetenz im Überblick

© Springer-Verlag Berlin Heidelberg 2018
G. Kaluza, *Gelassen und sicher im Stress*, https://doi.org/10.1007/978-3-662-55986-4_5

Worin bestehen die Freiräume und Handlungsspielräume, die uns zum Stressmanagement offenstehen? Welche Möglichkeiten haben wir, mit den Anforderungen des Alltags in Beruf, Familie und Freizeit gelassener und sicherer und damit in einer unserer Gesundheit und unserem Wohlbefinden zuträglichen Weise umzugehen?

Auf den folgenden Seiten werde ich Ihnen, liebe Leserinnen und liebe Leser, einen ersten Überblick über die drei Hauptansatzpunkte und die drei Hauptsäulen des individuellen Stressmanagements geben. Dabei gehe ich von einem weiten Verständnis von Stressmanagement aus. Gemeint sind hier nicht nur alle Maßnahmen, bereits eingetretene körperliche und seelische Stressreaktionen in den Griff zu bekommen, sondern ebenso alle Bemühungen, belastende Anforderungen abzubauen, sie zu verändern, zu verringern oder ganz zu vermeiden sowie auch eigene Einstellungen und Bewertungen zu überprüfen und zu verändern.

Was ist gelungenes Stressmanagement?

Um einem möglichen Missverständnis, dem ich nicht selten begegne, wenn es um das Thema »Stressmanagement« geht, von vornherein entgegenzutreten: Das Ziel von Stressmanagement besteht nicht in einem möglichst anforderungsarmen Leben. Es geht nicht darum, ein Leben zu propagieren, in dem man möglichst jede Anstrengung vermeidet, sich gewissermaßen auf einer energetischen Nulllinie durch das Leben »schont«. Erfolgreiches Stressmanagement strebt vielmehr einen gesunden Umgang mit von außen gesetzten und mit selbst gestellten Anforderungen an. Es geht um einen die Gesundheit und das Wohlbefinden fördernden Einsatz der eigenen Energie bei der Auseinandersetzung mit den Anforderungen des Alltags.

Balance von Anspannung und Entspannung

Von ganz entscheidender Bedeutung dabei ist, dass wir eine ausgewogene Balance finden zwischen Phasen der Anspannung, des Einsatzes, des Engagements einerseits, die immer wieder abgelöst werden durch Phasen der Entspannung, der Erholung und der Distanzierung von den Anforderungen andererseits. Je länger und je stärker ich mich für eine Sache einsetze und anstrenge, umso länger und intensiver muss auch die nachfolgende Zeit für Entspannung und Erholung sein.

Keine Patentrezepte

Es ist auch nicht meine Absicht, Sie mit einfachen Ratschlägen und Patentrezepten zu versorgen. Denn die gibt es nicht wirklich. So wie die Entstehung von Stress individuell ist, so muss auch eine Erfolg versprechende Strategie des Stressmanagements individuell und maßgeschneidert sein. Ich werde unterschiedliche Wege aufzeigen. Ihre Aufgabe wird es sein, das herauszunehmen, was Sie für die Bewältigung Ihrer ganz persönlichen Stressoren in Beruf und Alltag gebrauchen können.

Bevor Sie weiterlesen, bitte ich Sie zunächst einmal über Ihre eigenen schon bisher eingesetzten Strategien zur Stressbewältigung nachzudenken (► Kasten »Zum Einstieg: Meine Kompetenzen zum Stressmanagement«).

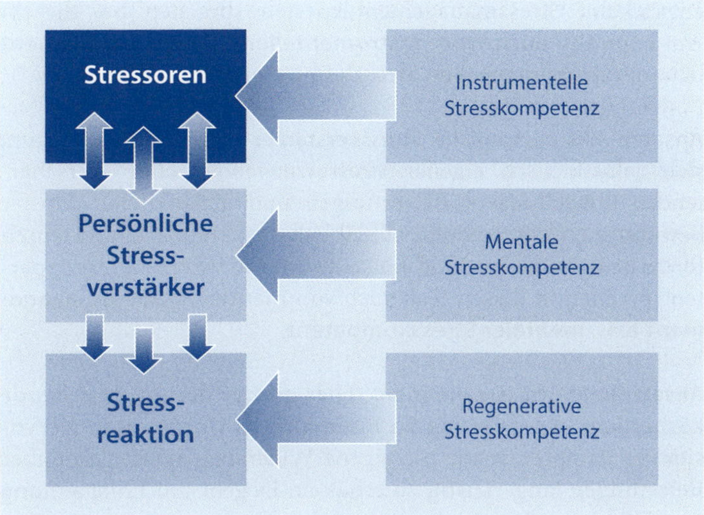

Abb. 5.1 Die drei Säulen der Stresskompetenz

Zum Einstieg: Meine Kompetenzen zum Stressmanagement

Welche Möglichkeiten des Stressmanagements nutzen Sie selbst bereits? Was tun Sie bereits? Mit welchen Möglichkeiten haben Sie bisher gute Erfahrungen gesammelt? Was hilft Ihnen bei der Bewältigung Ihrer alltäglichen Anforderungen? Nehmen Sie sich für diese Fragen etwas Zeit, um sich Ihrer eigenen bereits vorhandenen Kompetenzen bewusst zu werden. Schreiben Sie, wenn Sie möchten, Ihre Antworten auf. So erhalten Sie eine erste Sammlung von erfolgreichen Stressmanagementstrategien, die Sie im Laufe der Lektüre dieses Buches immer wieder ergänzen können.

Lassen Sie uns nun versuchen, die unterschiedlichen Strategien des Stressmanagements zu sortieren und in eine Ordnung zu bringen. Dabei kann uns das dreiteilige Stressmodell (▶ Kap. 1, Abb. 1.1) eine Hilfe sein. Mit diesem Modell im Hinterkopf können wir drei Hauptansatzpunkte und drei Hauptsäulen der individuellen Stresskompetenz unterscheiden (Abb. 5.1).

Instrumentelle Stresskompetenz

Ansatzpunkt Stressoren Das Ziel besteht hier darin, Stress erst gar nicht entstehen zu lassen. Dies können wir zum einen erreichen, indem wir auf die äußeren Anforderungen, also die Stressoren im beruflichen und privaten Bereich, Einfluss nehmen, sie verändern und, soweit möglich, verringern oder ganz abbauen. Zum anderen können wir der Entstehung von Stress auch dadurch vorbeugen, dass wir unsere eigenen – fachlichen und sozialen – Kompetenzen zur Anforderungsbewältigung entwickeln. Stressmanagementexperten sprechen bei diesem Ansatzpunkt auch von **instrumentellem Stressmanagement** bzw. der **instrumentellen Stresskompetenz.**

Mentale Stresskompetenz

Ansatzpunkt persönliche Stressverstärker Hier geht es darum, sich selbstkritisch eigener stresserzeugender oder -verschärfender Einstellungen, Bewertungen und gedanklicher Muster bewusst zu werden, diese allmählich zu verändern und durch förderliche Gedanken und Einstellungen zu ersetzen. Die Experten sprechen in diesem Fall auch von **mentalem Stressmanagement** bzw. **mentaler Stresskompetenz.**

Regenerative Stresskompetenz

Ansatzpunkt Stressreaktionen Hier geht es darum, bestehende körperliche Anspannung zu lösen, innere Unruhe und Nervosität zu dämpfen sowie die eigene Widerstandskraft gegenüber Belastungen längerfristig zu erhalten. Es geht um Entspannung und Erholung. Der Fachausdruck hierfür lautet: **regeneratives Stressmanagement** bzw. **regenerative Stresskompetenz**.

5.1 Instrumentelles Stressmanagement: Den Alltag stressfreier gestalten

Entstehung von Stress verhindern

Instrumentelles Stressmanagement zielt letztlich darauf ab, die Entstehung von Stress zu verhindern. Dazu kann man an den Stressoren ansetzen mit dem Ziel, diese zu reduzieren oder ganz auszuschalten, z. B. durch Umorganisation des Arbeitsplatzes, durch Veränderung von Arbeitsabläufen, durch die Organisation von Hilfen etc. Oder man setzt bei sich selbst an mit dem Ziel, die eigenen Kompetenzen, die zur Anforderungsbewältigung erforderlich sind, weiterzuentwickeln. Instrumentelles Stressmanagement kann re-aktiv auf konkrete, aktuelle Belastungssituationen hin erfolgen und auch pro-aktiv auf die Verringerung oder Ausschaltung zukünftiger Belastungen ausgerichtet sein (▶ Kasten »Beispiele für instrumentelles Stressmanagement«).

Beispiele für instrumentelles Stressmanagement

- Fachliche Kompetenzen erweitern (Information, Fortbildung, kollegialer Austausch).
- Organisatorische Verbesserungen (Aufgabenverteilung, Ablaufplanung, Ablagesysteme etc.).
- Selbstmanagement: persönliche Arbeitsorganisation optimieren (persönliche/berufliche Prioritäten definieren, realistische Zeitplanung, Delegation).

- Sozial-kommunikative Kompetenzen entwickeln (anderen Grenzen setzen, häufiger »nein«, »ohne mich«, »jetzt nicht« sagen, etwas positiv sagen, andere verstehen, sich aussprechen, Klärungsgespräche führen).
- Nach Unterstützung suchen (sich helfen lassen, Unterstützung verlangen, Netzwerk aufbauen).
- Problemlösekompetenzen entwickeln.

Natürlich lassen sich nicht alle Belastungen auf diese Weise abbauen. Verwerfen Sie jedoch nicht vorschnell diese Möglichkeiten. Oft sind es weniger objektive, unveränderbare Sachverhalte als vielmehr eigene Einstellungen über sich und andere, die einem Abbau von Belastungen entgegenstehen. Wer sich selbst für unentbehrlich hält, wird natürlich Schwierigkeiten haben, Aufgaben zu delegieren. Wer immer alles zu 150 % machen möchte, wird kaum eindeutige Prioritäten setzen können. Wer es immer allen recht machen und niemanden enttäuschen möchte, der wird kaum einmal »nein« sagen können.

Instrumentelles Stressmanagement erfordert eine für die Erfüllung der jeweiligen Anforderungen ausreichende Sachkompetenz. Insofern stellt die fachliche Qualifizierung eine wichtige instrumentelle Strategie der Stressbewältigung dar. Sachkompetenz allein reicht oftmals allerdings nicht aus. Instrumentelles Stressmanagement erfordert darüber hinaus sozial-kommunikative Kompetenzen und Selbstmanagementkompetenz als Fähigkeit zu einem eigengesteuerten und zielgerichteten Handeln.

Strategien des instrumentellen Stressmanagements werden wir ausführlich in ► Kap. 6 behandeln.

5.2 Mentales Stressmanagement: Förderliche Einstellungen und Bewertungen entwickeln

Die eigene Bewertung verändern

Gedankliche Stellungnahmen zu belastenden Ereignissen laufen häufig fast automatisch ab und sind uns so in Fleisch und Blut übergegangen, dass sie uns als einzig mögliche selbstverständliche »Wahrheit« erscheinen. Die Einsicht, dass unsere eigene Bewertung nur eine – subjektive – Möglichkeit unter mehreren ist, wie die Dinge betrachtet werden können, fällt nicht leicht. Denn diese Einsicht bedeutet auch unter Umständen Abschiednehmen von lieb gewonnenen Lebensmaximen, klaren Schuldzuweisungen und gewohnheitsmäßigen bequemen Denkmustern.

Mentales Stressmanagement zielt auf eine Änderung stresserzeugender oder stressverschärfender persönlicher Motive, Einstellungen und Bewertungen, also der persönlichen Stressverstärker. Diese bewusst zu machen, kritisch zu reflektieren und in stressvermindernde, förderliche Einstellungen und Bewertungen zu transformieren, ist das Ziel mentaler Strategien der Stressbewältigung (▶ Kasten »Beispiele für mentale Stressbewältigung«).

Beispiele für mentale Stressbewältigung

- Perfektionistische Leistungsansprüche kritisch überprüfen und eigene Leistungsgrenzen akzeptieren lernen.
- Schwierigkeiten nicht als Bedrohung, sondern als Herausforderung sehen.
- Sich mit alltäglichen Aufgaben weniger persönlich identifizieren, mehr innere Distanz wahren.
- Sich nicht im alltäglichen Kleinkrieg verlieren, den Blick für das »Wesentliche«, das, was mir wirklich wichtig ist, bewahren.
- Sich des Positiven, Erfreulichen, Gelungenen bewusst werden und dafür Dankbarkeit empfinden.
- An unangenehmen Gefühlen von Verletzung oder Ärger nicht festkleben, sondern diese loslassen und vergeben lernen.
- Weniger feste Vorstellungen und Erwartungen an andere haben, die Realität akzeptieren.
- Sich selbst weniger wichtig nehmen, falschen Stolz ablegen und »Demut« lernen.

Strategien des mentalen Stressmanagements werden in ▶ Kap. 7 ausführlich behandelt.

5.3 Regeneratives Stressmanagement: Entspannen und erholen

Stressfolgen lindern

Körperliche und seelische Stressreaktionen werden sich niemals ganz vermeiden lassen. Dass das auch gar nicht sinnvoll und erstrebenswert wäre, haben wir in den vorangehenden Kapiteln bereits wiederholt betont. Zu einem erfolgreichen Stressmanagement gehören daher auch immer Strategien, um bestehende körperliche Anspannung zu lösen und innere Unruhe und Nervosität zu dämpfen mit dem Ziel, langfristig negative Stressfolgen zu lindern, sowie Strategien, die dazu dienen, die eigene Widerstandskraft gegenüber Belastungen zu erhalten und neue Energien aufzubauen (▶ Kasten »Beispiele für regeneratives Stressmanagement«).

Beispiele für regeneratives Stressmanagement
- Regelmäßiges Praktizieren einer Entspannungstechnik,
- regelmäßige Bewegung,
- eine gesunde, abwechslungsreiche Ernährung,
- Pflege außerberuflicher sozialer Kontakte,
- regelmäßiger Ausgleich durch Hobbys und Freizeitaktivitäten,
- lernen, die kleinen Dinge des Alltags zu genießen,
- ausreichender Schlaf.

Möglichkeiten des regenerativen Stressmanagements werden wir ausführlich in ▶ Kap. 8 kennenlernen.

5.4 Flexibilität als Ziel: Den eigenen Weg finden

Was zeichnet langfristig erfolgreiches Stressmanagement aus? Hierauf gibt es keine allgemein gültige Antwort. Patentrezepte gibt es nicht. Da Stress individuell ist, kommt es darauf an, dass Sie, liebe Leserinnen und Leser, Ihren eigenen, Ihren ganz persönlichen Weg finden. Wie kann das gelingen?

Kann ich etwas ändern?

Von elementarer Bedeutung ist hier zunächst, unterscheiden zu können zwischen solchen Stresssituationen, deren Auftreten und Verlauf man selbst beeinflussen kann, und solchen Stresssituationen, auf die man selbst keinen direkten Einfluss nehmen kann. In seinem »Gelassenheitsgebet«, das als Wahlspruch der Anonymen Alkoholiker große Popularität erlangt hat, spricht der deutsch-amerikanische Theologe und Philosoph Reinhard Niebuhr (1892–1971) genau diese Unterscheidung an:

> » Gott gebe mir die Gelassenheit, die Dinge hinzunehmen, die ich nicht ändern kann, den Mut, die Dinge zu ändern, die ich ändern kann, und die Weisheit, das eine vom anderen zu unterscheiden.

Ist es mir die Sache wert?

Erfolgreiches Stressmanagement beruht zu einem großen Teil auf dieser Weisheit, von der Niebuhr spricht. Sie ermöglicht es uns, flexibel und situationsangemessen zu reagieren. Sie befreit uns aus der passiven Opferrolle und eröffnet uns innere Freiräume, die das Fundament jedes langfristig erfolgreichen Stressmanagements sind. Diese innere Freiheit beinhaltet auch – was manchmal übersehen wird –, die Freiheit selbst zu entscheiden, ob, wann und wie wir eine Situation, auf die wir Einfluss nehmen können, tatsächlich ändern. Nicht jede kontrollierbare Situation müssen wir zwangsläufig auch instrumentell angehen. Wir können uns auch dazu entscheiden, die Situation so anzunehmen, wie sie ist, und unsere Haltung zu ihr verändern. Ob es uns die

Sache wert ist, liegt in unserer freien Entscheidung. Auch in Situationen, deren Eintreten und Verlauf wir durch unser eigenes Verhalten nicht beeinflussen können, sind wir nicht bloß hilfloses Opfer. Unsere Freiheit liegt hier in der Wahl der eigenen Einstellung zu der jeweiligen Situation und darin, aktiv im Sinne des regenerativen Stressmanagements zu werden, um negative Stressfolgen zu begrenzen oder ganz zu verhindern.

Stressmanagement erfordert Kompetenzen

Wenn allerdings diese innere Freiheit nicht nur eine theoretische Möglichkeit bleiben soll, sondern wir in einer belastenden Situation tatsächlich frei und flexibel unseren jeweiligen Umgang mit dieser Situation wählen wollen, dann setzt dies voraus, dass wir auch über die nötigen Kompetenzen dazu verfügen. Effektives Stressmanagement beruht daher auf einem möglichst breit gefächerten Repertoire an Stressmanagementkompetenzen, das alle drei beschriebenen Säulen umfasst. Es beinhaltet instrumentelle ebenso wie mentale und regenerative Strategien.

»Zuviel des Guten«: Einseitigkeiten vermeiden

Es gilt hier, Einseitigkeiten zu vermeiden und ein ausgewogenes Gleichgewicht zwischen den drei Säulen der Stresskompetenz zu erreichen (◘ Abb. 5.2). Ein »Zuviel des Guten« schlägt auch im Feld des Stressmanagements letztlich ins Negative um. Wer sich ausschließlich und ständig um aktive Kontrolle von Anforderungen bemüht, ohne auch Möglichkeiten der Ablenkung, Entspannung und Problemdistanzierung zu nutzen, wird sich letztlich unfruchtbar in »Probleme verbeißen« und sich dabei verschleißen. Wer – umgekehrt – Stress ausschließlich durch regenerative Maßnahmen wie zum Beispiel Sport und Entspannungsübungen zu bewältigen versucht, ohne sich auch aktiv in

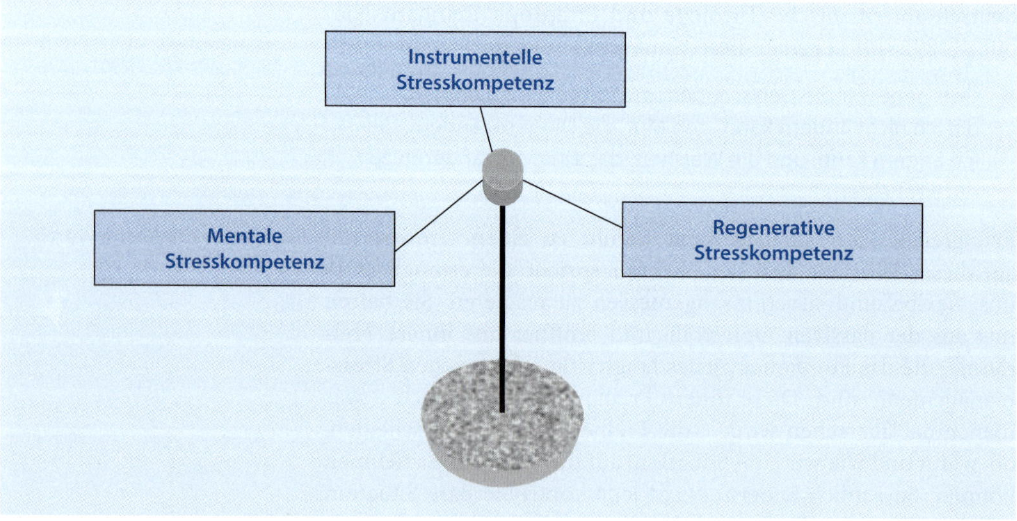

◘ **Abb. 5.2** Stresskompetenz in Balance

instrumenteller oder mentaler Weise mit den jeweiligen Anforderungen auseinanderzusetzen, der betreibt geradezu Realitätsflucht und versucht buchstäblich und letztlich vergeblich vor Anforderungen und Schwierigkeiten davonzulaufen.

Bewältigungsrepertoire erweitern

Wenn Sie, liebe Leserin und lieber Leser, Ihre persönliche Stresskompetenz weiterentwickeln möchten, dann sollten Sie Ihr Augenmerk daher vor allem auf die Bereiche lenken, die in Ihrem jetzigen Bewältigungsrepertoire weniger stark entwickelt sind. Um zu einseitige Ausprägungen der persönlichen Stresskompetenz zu vermeiden und Ihre Handlungsspielräume zu erweitern, sollten Sie also nicht nach dem »Mehr desselben«-Prinzip verfahren, sondern solche Strategien erproben und integrieren, die Sie bisher nicht oder nur selten praktizieren. Wer bisher Belastungen in Beruf und Alltag vor allem regenerativ zu bewältigen versucht, also z. B. durch Entspannung, Ablenkung und Ausgleich, der sollte sich vornehmlich mit Strategien des instrumentellen und mentalen Stressmanagements beschäftigen. Und umgekehrt: Wer bisher im Umgang mit Belastungen vor allem auf aktive Strategien im Sinne des instrumentellen Stressmanagements setzt, also z. B. auf Suche nach Unterstützung, Delegation, das Setzen von Grenzen und eine gute Zeiteinteilung, für den sollte die Auseinandersetzung mit mentalen und insbesondere regenerativen Strategien Vorrang haben.

In den folgenden Kapiteln erhalten Sie Anregungen zu allen drei Säulen der individuellen Stresskompetenz. Suchen Sie sich das heraus, was im Hinblick auf die Erweiterung Ihrer persönlichen Stresskompetenz den größten Nutzen verspricht.

Anregung zur Selbstreflexion: Meine persönliche Stresskompetenz

- Wo liegen meine Stärken in Sachen Stressmanagement?
- Welche der drei Säulen der Stresskompetenz sind bei mir stark, welche weniger stark ausgeprägt?
- Was möchte ich lernen, um meine persönliche Stresskompetenz zu erweitern? Wo sehe ich persönlichen Entwicklungsbedarf?

Check for updates

Anforderungen aktiv begegnen – Instrumentelle Stresskompetenz

© Springer-Verlag Berlin Heidelberg 2018
G. Kaluza, *Gelassen und sicher im Stress*, https://doi.org/10.1007/978-3-662-55986-4_6

In diesem Kapitel geht es um Wege zur instrumentellen Stressbewältigung, also darum, Stressoren in Beruf und Alltag, soweit als möglich, abzubauen oder so zu verändern, dass weniger Stress entsteht. Es geht auch darum, den eigenen Alltag nach Möglichkeit so zu gestalten, dass es erst gar nicht zu unnötigem Stress kommt.

Handlungsmöglichkeiten erkennen

Auch wenn es uns manchmal so scheint: Wir sind den Stressoren in unserem Alltag nicht völlig hilflos ausgeliefert. Wir haben Handlungsmöglichkeiten. Natürlich lassen sich nicht alle Stressoren ausschalten, das wäre ja auch gar nicht sinnvoll und wünschenswert. Aber wir können zumindest in einem gewissen Grad selbst Einfluss darauf nehmen, welchen Anforderungen wir uns stellen wollen und welchen nicht. Und wir können an uns selbst arbeiten, unsere Kompetenzen erweitern, um aktuellen und zukünftigen Anforderungen leichter und mit weniger Stress gerecht werden zu können. Es kommt also darauf an, den eigenen Handlungsspielraum zu erkennen und soweit als irgend möglich auszuschöpfen.

Instrumentelle Stresskompetenz besteht im Wesentlichen aus vier Komponenten (Abb. 6.1):

1. Sach- und Fachkompetenzen zur Bewältigung der Leistungsanforderungen,
2. soziale Kompetenzen zum Aufbau und zur Pflege eines unterstützenden sozialen Netzes,
3. die Kompetenz zur Selbstbehauptung, d. h. eigene Interessen angemessen zu vertreten und Grenzen zu setzen sowie
4. Selbstmanagementkompetenz als Fähigkeit, sein Leben nach selbst definierten Zielen eigenständig zu steuern.

Abb. 6.1 Instrumentelle Stresskompetenz

Von diesen Komponenten der instrumentellen Stresskompetenz und ihrer Bedeutung für erfolgreiches Stressmanagement wird in den folgenden Abschnitten dieses Kapitels die Rede sein.

6.1 Lernen – Eine Aufgabe für das ganze Leben

Bereitschaft zu lernen

In unserer Zeit des schnellen technologischen Wandels wird die Halbwertszeit des Wissens immer kürzer. Was man in Schule, Ausbildung oder Studium gelernt hat, reicht für ein ganzes Berufsleben in der Regel nicht mehr aus. Dies betrifft nicht allein das berufsspezifische Fachwissen im engeren Sinne, sondern z. B. auch Sprachkenntnisse, die in international agierenden Unternehmen immer wichtiger werden, sowie die kompetente Nutzung der modernen Kommunikationsmedien und den Umgang mit der Flut an Informationen, mit denen wir tagtäglich konfrontiert sind. Um sich langfristig und wirksam vor allmählichem Kompetenzverlust, zunehmender Überforderung und vorzeitigem Verschleiß zu schützen, ist daher die Bereitschaft zu lebenslangem Lernen unerlässlich.

Geht es Ihnen auch manchmal so wie dem Waldarbeiter (▶ Kasten »Geschichte vom Waldarbeiter«)? Haben auch Sie im Laufe Ihres Berufslebens versäumt, regelmäßig Ihre Werkzeuge zu schärfen? Wie im ersten Teil dieses Buches erläutert, entsteht Stress immer dann, wenn wir mit Anforderungen konfrontiert sind, deren Bewältigung wir als wichtig einschätzen, zugleich aber unsicher sind, ob unsere Fähigkeiten dafür ausreichen werden. Die Befürchtung, den an uns herangetragenen Erwartungen nicht gerecht werden zu können, dem Konkurrenzdruck nicht mehr gewachsen zu sein, auch die Angst, dass die eigenen Unsicherheiten von anderen bemerkt, eventuell sogar gegen uns verwendet werden könnten – all dies kann starkes Stresserleben bedeuten.

Geschichte vom Waldarbeiter

Dies ist die Geschichte vom Waldarbeiter, der voller Elan mit einer Säge Bäume fällt. Anfänglich kommt er schnell vorwärts. Doch mit der Zeit nimmt seine Leistung ab, was den Mann veranlasst, noch härter zu arbeiten. Doch wie sehr er sich auch anstrengt, sein Tempo nimmt noch mehr ab. Schwitzend und murrend arbeitet er vor sich hin, ohne seinem Ziel wesentlich näher zu kommen. Da kommt ein Spaziergänger vorbei, und, nachdem er dem Arbeiter einige Zeit zugesehen hat, fragt er ihn: »Guter Mann, wäre es nicht sinnvoller, wenn Sie zuerst die Säge schärfen?« Darauf antwortet der Arbeiter ärgerlich: »Nein, dafür habe ich nun wirklich keine Zeit. Ich muss sägen, sägen, sägen …« (Quelle: unbekannt)

»Seine Säge schärfen«

Es ist ganz klar: Nur wer regelmäßig seine Säge schärft, d. h. sein berufliches Wissen und seine beruflichen Fertigkeiten auf dem aktuellen Stand hält, wird längerfristig im Berufsleben mit Erfolg und ohne unnötigen Stress bestehen können. Und je früher man damit beginnt, desto geringer ist letztlich der dafür benötigte Aufwand.

Wenn Sie, liebe Leserin und lieber Leser, unter hoher Stressbelastung in Ihrem beruflichen Alltag leiden, dann sollten Sie sich ernsthaft die Frage stellen, ob Ihr Stresserleben zumindest zu einem Teil seine Ursache nicht auch darin haben könnte, dass Sie in Ihrer gegenwärtigen beruflichen Position mit Anforderungen konfrontiert sind, für deren Bewältigung Sie nicht oder nur unzureichend ausgebildet worden sind (► Kasten »Selbstreflexion: Ist Ihre Säge noch scharf?«).

Selbstreflexion: Ist Ihre Säge noch scharf?

- Was sind die wesentlichen fachlichen Anforderungen, die Sie auf Ihrer jetzigen beruflichen (bzw. auf einer von Ihnen angestrebten) Position erfüllen müssen?
- Wo sehen Sie Ihre gegenwärtigen fachlichen Stärken und Kompetenzen?
- Wo besteht Entwicklungsbedarf? Was möchten Sie lernen?

Zeit für Fortbildung nehmen

»Dafür habe ich keine Zeit. Ich habe Wichtigeres zu tun …«. So denken und handeln viele Menschen – ganz ähnlich wie der Waldarbeiter in unserer Geschichte –, wenn es um Ihre eigene Fort- und Weiterbildung geht. Dass es sich dabei um eine äußerst kurzsichtige Sichtweise handelt, liegt auf der Hand. Klar ist auch, dass die Weiterentwicklung der eigenen beruflichen Kompetenzen Zeit erfordert. Hierfür müssen die nötigen zeitlichen Freiräume gefunden und gegenüber Störungen verteidigt werden. Klare Prioritäten und ein gutes Zeitmanagement können hierbei hilfreich sein (damit werden wir uns in späteren Abschnitten dieses Kapitels noch eingehend befassen). Initiative und Engagement des Einzelnen sind hier ebenso gefordert wie die Unterstützung durch Vorgesetzte und Arbeitgeber.

Sich auf dem Laufenden halten

Berufliche Weiterbildung sollte nicht nur reaktiv auf bereits gestellte neue Anforderungen hin erfolgen, sondern auch proaktiv betrieben werden. Das bedeutet, dass man sich kontinuierlich über Neuerungen und Trends informiert, die für den eigenen Beruf oder das weitere berufliche Umfeld relevant sind bzw. zukünftig interessant werden könnten.

Angebote nutzen

Die angebotenen Möglichkeiten zur beruflichen Weiterqualifizierung sind äußerst vielfältig. Von Fachzeitschriften über Fachtagungen, Seminare, Trainings und Workshops bis hin zu berufsbegleitenden Weiterbildungsstudiengängen reicht die

Palette. Auch das Internet bietet zu nahezu jedem Fachthema aktuelle Informationsportale, Newsletters und Foren zum Informationsaustausch. Auch Supervision und Coaching bieten hilfreiche Möglichkeiten der beruflichen Weiterqualifizierung, insbesondere wenn es darum geht, erworbenes Wissen in die Praxis des beruflichen Alltags zu übertragen und dabei auftretende Schwierigkeiten zu überwinden.

Von anderen lernen

Schließlich bietet auch der berufliche Alltag selbst, der Austausch mit Kollegen, Kunden oder Konkurrenten, immer wieder Gelegenheiten, sein Wissen zu aktualisieren. Dabei kommt es vor allem darauf an, dass man sich seine Neugier und seine Wissbegier erhält und sich nicht scheut, von anderen zu lernen. Statt die eigene Kompetenz und das eigene Wissen herauszustellen, bedeutet dies, keine Scheu zu haben, Fragen zu stellen, zuzugeben, dass man etwas nicht weiß, zuzuhören und andere dazu zu ermuntern, ihr Wissen weiterzugeben. Letztlich geht es darum, sich selbst weniger als »Wissender«, sondern immer wieder als »Lernender« zu verstehen.

6.2 Netze pflegen: Soziale Beziehungen als Stresspuffer

Soziale Bindungen schützen die Gesundheit

Zwischenmenschliche Kontakte sind nicht nur häufige Quelle für stresshaftes Erleben, sondern auch eine ganz wichtige Ressource im Umgang mit Belastungen. Es ist eines der am besten gesicherten Erkenntnisse der gesundheitspsychologischen Forschung: Ein gut geknüpftes soziales Netz schützt die Gesundheit. Befriedigende Kontakte zu anderen Menschen können die Bewältigung von Belastungen erleichtern und uns vor schädlichen Auswirkungen von Stress schützen. Sie verringern Gefühle von Einsamkeit und Überforderung, lassen Schmerzen vergessen und Ärger verrauchen.

Für Kinder stellen verlässliche soziale Bindungen die wichtigste Voraussetzung für eine gesunde körperliche und seelische Entwicklung dar. Bereits in den 50er Jahren des 20. Jahrhunderts zeigten die sehr bekannt gewordenen Untersuchungen des Entwicklungspsychologen Rene Spitz (1887–1974) an Kindern in Krankenhäusern und Heimen, welche verheerenden Auswirkungen ein Mangel an menschlicher Zuwendung haben kann.

Soziale Unterstützung am Arbeitsplatz

Auch für erwachsene Menschen sind stabile soziale Bindungen ein wichtiger gesundheitlicher Schutzfaktor. Wissenschaftliche Studien haben wiederholt gezeigt: Wer sich sozial gut eingebettet fühlt, für den ist die Gefahr, in Belastungssituationen zu erkranken, relativ gering. Dagegen leiden Menschen, die nach eigener Aussage nicht über ausreichende befriedigende soziale Beziehungen verfügen, überdurchschnittlich häufig an Depressionen, psychosomatischen Erkrankungen und einer geschwächten Immunkompetenz. Auch im Arbeitsleben spielen soziale Unterstützung und befriedigende soziale Kontakte zu Kollegen und Vorgesetzten eine entscheidende Rolle nicht nur für die Arbeitszufriedenheit, die Leistungsfähigkeit und Leistungsbereitschaft, sondern auch als wirksamer Schutz vor dem Ausbrennen.

Praktische Hilfen

Dabei sind die Unterstützung und der Halt, die wir durch positive zwischenmenschliche Kontakte erfahren können, äußerst vielschichtig. Durch den Austausch mit anderen können wir wichtige neue Informationen und Hinweise erhalten, die uns bei der Lösung von Problemen helfen können. Andere Menschen können ganz praktische Unterstützung geben, wenn einem z. B. die Arbeit über den Kopf wächst oder im Alltag Not am Mann ist.

Emotionale Nähe

Aber nicht nur das. Auch die Aussprache mit anderen über die eigenen Belastungen kann Erleichterung verschaffen und neuen Mut machen. Wir können Trost und Ermutigung durch andere erfahren und erleben, dass jemand zu einem hält. Gemeinsame Erlebnisse von körperlicher und emotionaler Nähe, gegenseitiger Akzeptanz und Vertrauen bilden einen regelrechten Schutzmantel, an dem die Belastungen des Alltags abgepuffert werden. Körperkontakt, Zärtlichkeit und Sexualität senken den Pegel der Stresshormone und erzeugen ein tiefes Gefühl von Entspannung und Wohlbehagen. Von anderen wahrgenommen, anerkannt und wertgeschätzt zu werden, ist essenziell für das eigene Selbstwertgefühl. Im Zusammensein mit anderen gelingt es uns häufig auch leichter, abzuschalten und »auf andere Gedanken zu kommen«.

Geistige Gemeinschaft

Und wir können die ebenfalls positive Erfahrung geistiger Gemeinschaft machen, indem wir mit anderen Lebensanschauungen, Werte und Normen teilen.

Die biologische Grundlage für die schmerzhemmenden, angst- und stresslösenden Wirkungen positiver sozialer Beziehungen ist wahrscheinlich in einer vermehrten Freisetzung des als Bindungshormon bekannten Oxytocin zu sehen. Oxytocin wird nicht nur während der Geburt sowie beim Stillen bei Mutter wie Kind, sondern immer dann ausgeschüttet, wenn wir uns in einer positiven sozialen Beziehung sicher gebunden fühlen – einer sozialen Beziehung, in der wir uns angenommen fühlen so wie wir sind, in der wir uns fallen lassen und vertrauen können, in der wir körperliche und emotionale Nähe erleben. Über einen Anstieg endogener Opioide führt Oxytocin in solchen Situationen zu einem Anstieg der Schmerzwahrnehmungsschwellen. Darüber hinaus bewirkt es ein Absinken von Herzfrequenz, Blutdruck und Cortisolkonzentration im Blut sowie eine gesteigerte Aktivität des Gastrointestinaltraktes, hat also deutlich stressreduzierende Effekte.

▪ Analyse des sozialen Netzes: Wer gehört dazu?

Zum sozialen Netz gehören alle Personen, zu denen man eine wie auch immer geartete Beziehung unterhält. Regelmäßig sind dies die engeren Familienangehörigen und Verwandten, Nachbarn, Arbeitskollegen und Freunde. Diese können jeweils unterschiedliche Unterstützungsfunktionen erfüllen: Ehepartner und enge Freunde können besonders wichtig sein für die emotionale Unterstützung, Nachbarn für praktische Hilfen und Arbeitskollegen für relevante Informationen bei der Lösung von Problemen.

Vielfalt sozialer Bemühungen schätzen

Es ist wichtig, sich die Unterschiedlichkeit der Beziehungen im eigenen sozialen Netz bewusst zu machen und diese schätzen zu lernen. Jeder Mensch hat verschiedene Seiten und Interessen, die in den unterschiedlichen Beziehungen zum Tragen kommen können. Mit dem einen albert man gern herum, mit dem anderen kann man tiefe Gespräche führen, mit dem Dritten lässt sich gut zusammenarbeiten. Man muss nicht mit jedem alle Meinungen und Interessen teilen, und man sollte sich davor hüten, alle Beziehungswünsche auf nur einen Menschen (häufig ist das der Ehepartner) zu projizieren. Der Partner ist nicht der Kollege, der Nachbar ist nicht der Freund, der Kollege ist nicht der Nachbar und doch hat jeder eine wichtige Bedeutung. Selbst Freund ist nicht gleich Freund. Es gibt unterschiedliche Formen der Freundschaft, so z. B. Freunde für gemeinsame Interessen und Hobbys, historische Freunde etwa aus Schul- und Studienzeiten, Freundschaften zwischen den Generationen und schließlich die engen Freundschaften, den besten Freund oder die beste Freundin.

Wichtig: sich fallen lassen können

Das durchschnittliche Beziehungsnetz eines deutschen Erwachsenen umfasst ca. 25 Personen, vier bis sechs jeweils aus Familie/Verwandtschaft, Nachbarschaft, Arbeit und Freizeit. Etwa 50 % der Beziehungen aus dem sozialen Netz werden als emotional wichtig und ca. zwei Drittel als unterstützend erlebt. Bitte missverstehen Sie, wenn Sie sich mit Ihrem eigenen sozialen Netz befassen (► Kasten »Beobachten und Reflektieren: Mein soziales Netz«), diese Zahlen nicht als zu erfüllende Norm. Letztlich kommt es nicht auf die Anzahl der Netzwerkmitglieder an, sondern auf die Qualität der Beziehungen. Für die stressmindernde Wirkung des sozialen Netzes kommt es entscheidend darauf an, dass man sich in der Beziehung zu anderen so geben kann, wie man ist, dass man sich als die Person, die man ist, angenommen fühlt, dass man sich in der Beziehung fallen lassen kann.

Beobachten und Reflektieren: Mein soziales Netz

Die folgende Übung will Sie dazu anregen, einmal über Ihr soziales Netz nachzudenken (◘ Abb. 6.2).

1. Schreiben Sie Ihren Namen oder »Ich« in einen Kreis auf die Mitte eines möglichst großen Blattes. Teilen Sie das Blatt in verschiedene Bereiche, die Ihren Lebensbereichen entsprechen: Familie/Verwandtschaft, Arbeit, Nachbarschaft, Freizeit/Freunde etc.

2. Zeichnen Sie dann für jede Person in Ihrem sozialen Umfeld einen Kreis mit den Anfangsbuchstaben oder dem Vornamen der Person. Durch die Entfernung vom »Ich«-Kreis können Sie die Intensität Ihrer Beziehung zu dieser Person darstellen: Je dichter der Kreis der Person am »Ich«-Kreis, desto intensiver die Beziehung. Unterschiedliche Gruppen von Personen können Sie auch durch unterschiedlich farbige Kreise darstellen, also z. B. Familienangehörige mit gelben Kreisen, Verwandte mit blauen Kreisen, Freunde und Bekannte mit roten Kreisen, Nachbarn mit grünen Kreisen und so weiter.
3. Schauen Sie Ihr soziales Netz in Ruhe an und achten Sie besonders auf die Beziehungen, die Sie als positiv, unterstützend oder wertschätzend erleben, bei denen Sie sich wohlfühlen. Kennzeichnen Sie diese positiven Beziehungen mit einem Ausrufezeichen neben dem Kreis der jeweiligen Person. Je dicker das Ausrufezeichen, desto positiver die Beziehung.

Das soziale Netz pflegen

» Wer seine Netze nicht pflegt, braucht sich über mangelnden Ertrag nicht zu wundern. (Alte Fischer-Weisheit)

Jeder muss sein soziales Netz selber knüpfen

In unserer offenen Gesellschaft sind soziale Netze brüchig geworden. Durch Traditionen gestiftete soziale Beziehungen nehmen an Bindungskraft ab. Der Einzelne muss sein soziales Netz selbst knüpfen. Die in der modernen Berufswelt verlangte

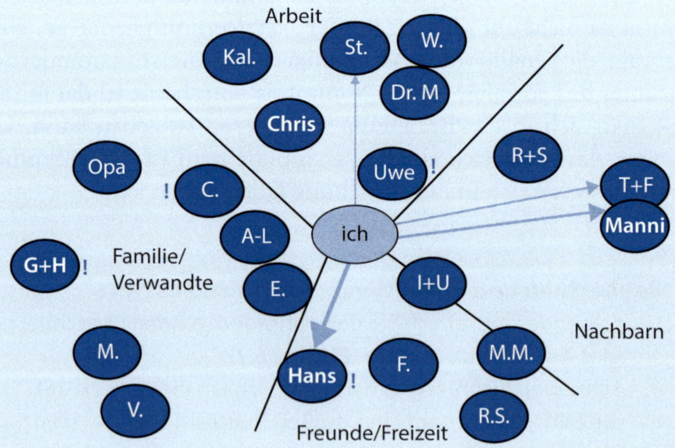

■ **Abb. 6.2** Soziales Netz (Beispiel)

örtliche Mobilität erfordert, dass man ggf. auch mehrmals in seinem Leben zumindest einen Teil seines alltäglichen sozialen Netzwerkes wieder neu aufbauen oder über weite Entfernungen pflegen muss. Dies ist nicht nur negativ, sondern birgt auch die Chance, reichhaltigere, offenere und bedürfnisangemessene soziale Netzwerke zu entwickeln.

Auch im Zusammenhang mit kritischen Lebensereignissen (▶ Kap. 3) wie beispielsweise dem Tod des Partners, einer Scheidung oder Trennung, dem Auszug von Kindern etc. kommt es häufig zu starken Einschnitten in das soziale Netz. Die Betroffenen sind dann vor die schwierige Aufgabe gestellt, in einer Phase starker emotionaler Belastung neue soziale Kontakte zu knüpfen.

Beziehungsfähigkeit

Soziale Netzwerke entwickeln sich in den seltensten Fällen von selbst. Ihr Aufbau und ihre Pflege kosten in der Regel viel Mühe und Anstrengung, sind immer wieder auch verbunden mit Enttäuschungen und erfordern ein hohes Maß an sozialer Kompetenz. Gemeint damit ist hier Beziehungsfähigkeit. Das ist die Fähigkeit, mit anderen Menschen positive Beziehungen eingehen und aufrechterhalten zu können. Dies bedeutet z. B.:

- auf Kontaktangebote anderer reagieren,
- Signale der Kontaktbereitschaft selbst aussenden,
- ein Gespräch beginnen und aufrechterhalten,
- sich auf unterschiedliche Menschen einstellen,
- Interesse an dem anderen zeigen,
- Empathie, den anderen verstehen,
- zuhören,
- nachfragen,
- Blickkontakt aufnehmen und halten,
- etwas Positives sagen, Komplimente machen, Lob und Wertschätzung ausdrücken.

Praxistipps zur Pflege des sozialen Netzes

Was kann man im Alltag konkret zur Pflege des sozialen Netzes tun? Hier einige Praxistipps, die von Teilnehmerinnen und Teilnehmern eines Anti-Stress-Seminars gesammelt wurden:

- Jemandem Grüße ausrichten
- Sich nach jemandem erkundigen
- Um Rat fragen
- Jemanden um einen kleinen Gefallen bitten
- Etwas von sich erzählen
- Sich für andere erreichbar halten
- Regelmäßigkeit aufbauen (z. B. jeden 3. Mittwoch im Monat …)
- An Geburtstage, Jubiläen u. Ä. denken
- Anlässe für Kontaktaufnahmen merken und suchen

- Sich vorstellen (gegenüber fremden Personen)
- Ansprechende Visitenkarten dabei haben
- Jemanden direkt ansprechen, offen und neugierig sein
- Loben, Wertschätzung ausdrücken
- Komplimente machen
- Sich bedanken
- Einfach mal eine E-Mail/Postkarte/SMS schicken (ohne Anlass)
- Soziale Netzwerke im Internet (Facebook etc.) nutzen
- Angenehme Nachrichten teilen
- Seine Hilfe anbieten
- Interesse an anderen zeigen, nachfragen
- Zuhören

»Echte Freunde sind immer füreinander da« und andere Blockaden

» Nehmen Sie die Menschen, wie sie sind, andere gibt's nicht! (Konrad Adenauer, erster Bundeskanzler der Bundesrepublik Deutschland, 1876–1967)

Überhöhte Erwartungen

Falsche Vorstellungen und überhöhte Erwartungen stellen oft ein Hindernis beim Aufbau sozialer Beziehungen dar. »Gute Nachbarn helfen immer«, »Gute Freundinnen treffen sich mehrmals pro Woche«, »Ein echter Freund versteht alles«. Bei solchen unangemessenen Vorstellungen von sozialen Bindungen sind Enttäuschungen geradezu vorprogrammiert. Man fühlt sich verloren und verlassen, auch wenn tatsächlich andere Menschen vorhanden sind, die allerdings den hohen Erwartungen nicht entsprechen und die sich dadurch oftmals überfordert sehen und sich deshalb zurückziehen.

Angst vor Ablehnung oder Abhängigkeit

Auch vielfältigste Befürchtungen können den Aufbau und die Pflege sozialer Beziehungen behindern. Neben der Angst vor Ablehnung, vor Absagen und Enttäuschungen spielt hier die Furcht vor Abhängigkeit von anderen Menschen eine Rolle. Man befürchtet, sich zu etwas verpflichten, sich dankbar zeigen oder sich anpassen zu müssen.

Negative Bilder über andere

Manche Menschen gehen mit verallgemeinerten negativen Bildern über ihre Mitmenschen durch ihren Alltag. »Die anderen verstehen mich sowieso nicht, haben kein Interesse an mir, lehnen mich ab, sind sowieso viel zu egoistisch, nur auf sich bezogen und denken doch nur an sich …«. Derartige Bilder von anderen wirken wie eine sich selbst erfüllende Prophezeiung. Außerdem dienen sie dazu, sich selbst zu schützen. Wer Angst vor Ablehnung hat, kann sich davor auch dadurch schützen, dass er behauptet, die anderen seien ohnehin nicht attraktiv.

Solche unrealistischen Erwartungen, Befürchtungen und negativen Bilder sind keine bloßen Hirngespinste. Sie beruhen auf realen früheren, häufig sehr frühen Beziehungserfahrungen –

Erfahrungen von Ablehnung, Einsamkeit, Enttäuschung und Abhängigkeit. Das Problem ist, dass diese Erfahrungen zu stark verallgemeinert und ungeprüft und unbewusst auf aktuelle Beziehungen übertragen werden. Dies führt dann dazu, dass die früheren negativen Beziehungserfahrungen aktuell immer wiederholt, bestätigt und verfestigt werden. Man gibt sich selbst keine Chance, neue positivere Erfahrungen mit anderen Menschen zu machen. Wenn wir uns unserer eigenen Muster von Erwartungen, Befürchtungen und Bildern bewusst werden und auch deren biografischen Hintergrund verstehen, dann verlieren diese Muster zumindest einen Teil ihrer Macht. Wir sind ihnen nicht mehr gänzlich ausgeliefert und es eröffnen sich innere Spielräume, die wir nutzen können, um neue Erfahrungen zu machen.

Reflektieren: Das soziale Netz pflegen

Betrachten Sie einmal in Ruhe das Blatt mit Ihrem sozialen Netz (◘ Abb. 6.2) und überlegen Sie, zu welchen Personen in Ihrem sozialen Netz Sie den Kontakt gern wieder auffrischen oder verstärken möchten. Verbinden Sie die Kreise mit den Namen dieser Personen mit dem »Ich« -Kreis in der Mitte mit einem Pfeil.

6.3 Selbstbehauptung: Die eigenen Interessen angemessen vertreten

Eigene Bedürfnisse vertreten

Neben der Pflege positiver zwischenmenschlicher Beziehungen ist dies die zweite Komponente von sozialer Kompetenz: die Selbstbehauptung. Sich selbst zu behaupten, die eigenen Grenzen, Interessen und Bedürfnisse angemessen zu wahren und gegenüber anderen zu vertreten, ist ein wichtiger und notwendiger Schutz, um sich selbst vor Überforderung und Stress zu bewahren.

■ Grenzen setzen: sich selbst und anderen

Nein sagen

Der wohl wichtigste und für viele Menschen zugleich schwierigste Punkt dabei ist das **Neinsagen**, d. h. Forderungen oder Bitten anderer auch einmal abzulehnen. Das Bestreben, niemals andere zu enttäuschen und es immer allen recht machen zu wollen, behindert meist ein sich selbst schützendes »Nein«. Machen Sie sich klar, dass Sie nicht allein zuständig für die Erfüllung aller Wünsche und Anforderungen anderer sind. Sie haben ein Recht auf Ihr »Nein«! Es geht hier darum, gegenüber anderen klare Grenzen zu setzen. Dies setzt auch voraus, dass man seine eigenen Grenzen überhaupt spürt und dass man akzeptiert, dass die eigene Leistungsfähigkeit Grenzen hat, die es zu respektieren gilt. Das fällt gerade engagierten, leistungsorientierten und hilfsbereiten Menschen besonders schwer, ist aber von extremer Wichtigkeit, um einem schleichenden Leistungsabfall und Burnout vorzubeugen. Im Folgenden gebe ich einige Beispiele dafür, wie solche Grenzziehungen praktisch aussehen können, die in einem Stressmanagement-Seminar für Filialleiter einer Sparkasse zusammengetragen wurden.

- **Grenzen setzen (Beispiele):**
  - Telefon umleiten (Anrufweiterschaltung, Anrufbeantworter),
  - Schild »Bitte nicht stören« anbringen,
  - feste Sprechzeiten einrichten,
  - zeitliches Limit für Besprechungen setzen und einhalten,
  - Papierkorb (»Delete«-Button) nutzen,
  - E-Mail-Flut begrenzen, daher E-Mails regelmäßig, aber zu festen Zeiten (nicht ständig) checken,
  - E-Mail-Benachrichtigungsfunktion deaktivieren,
  - häufiger »nein«, »jetzt nicht«, »ohne mich« sagen,
  - Handy, Blackberry etc. zu festen Zeiten aus- bzw. einschalten,
  - Zeiten für private/familiäre Dinge blockieren.

Beobachten und Reflektieren: »Nein« denken – »Ja« sagen
Denken Sie auch manchmal »nein« und sagen dann doch »ja«? Um sichtbar zu machen, wie oft Ihnen das im Alltag passiert, probieren Sie einmal folgende anschauliche Methode: Geben Sie morgens viele 1-Cent-Münzen in Ihre rechte Jackentasche. Wann immer Sie im Laufe des Tages am Arbeitsplatz oder zu Hause »ja« sagen, obwohl Sie »nein« meinen, geben Sie eine Münze von der rechten in die linke Tasche. Wenn Sie abends nachsehen, wie viele Münzen Sie in der linken Tasche haben, fragen Sie sich selbstkritisch, in welchen Situationen Sie ein »Nein« ohne wirklich gravierende Nachteile hätten sagen können.

- **Unterstützung suchen und Aufgaben abgeben**

Lassen Sie sich unterstützen!

Neben dem Setzen von Grenzen ist die **Suche nach Unterstützung** Teil jeder Praxis einer gesunden Selbstbehauptung. Dies mag diejenigen überraschen, die Selbstbehauptung fälschlicherweise mit Einzelkämpfertum und »einsamer Stärke« verwechseln. Auch geht es nicht um Bittstellerei, sondern darum, selbstbewusst Wünsche zu äußern, eigene Forderungen zu stellen und, wo immer dies möglich ist, auch darum, Aufgaben abzugeben und zu delegieren. Das Annehmen von Unterstützung fällt vielen Menschen besonders schwer. Angst vor Ablehnung oder Verpflichtung und das Gefühl, dass das Äußern einer Bitte einem Eingeständnis einer persönlichen Schwäche gleichkomme, spielen hierbei eine Rolle. Gehören Sie auch zu den Menschen, die lieber anderen helfen, als dass sie sich selbst helfen lassen würden? Geben Sie Ihren Mitmenschen auch die Chance, Ihnen zu helfen! Das bringt Entlastung für Sie persönlich. Und für diejenigen, an die Sie Aufgaben abgeben oder die Sie um Unterstützung bitten, bedeutet dies oft auch Motivation, Vertrauensbeweis und die Möglichkeit, sich weiterzuentwickeln.

Klar ist aber auch: Wer Aufgaben an andere abgibt und sich damit auf andere verlässt, geht das Risiko einer möglichen Enttäuschung ein. Das lässt sich zwar nicht ganz ausschließen, aber doch minimieren durch zunehmende Erfahrungen damit, welche Aufgaben man an wen abgeben kann. Hilfreich, ja letztlich notwendig ist auch die innere Bereitschaft zu akzeptieren, dass andere Aufgaben anders anpacken als man selbst und dass das Ergebnis nicht genauso ausfallen wird, wie es ausgefallen wäre, wenn man die Aufgabe selbst erledigt hätte. Auch wenn diese innere Bereitschaft und auch die Einsicht vorhanden sind, dass man nicht alles alleine schaffen kann, scheitert das Abgeben von Aufgaben in der Praxis häufig daran, dass es zu Beginn mehr Zeit kostet. Zeit, um die Aufgaben vorzubereiten, um Erklärungen und Anleitungen zu geben. Da ist im Tagesgeschäft die Versuchung groß, die Aufgabe dann doch schnell selbst zu erledigen. Diese zusätzliche zeitliche Investition aber ist notwendig und sinnvoll, um längerfristig Entlastung zu erfahren und Freiräume zu gewinnen. Wer sich nie Zeit nimmt, um seinen Kindern zu zeigen, wie man das Bett bezieht, wird diese Aufgabe eben so lange selbst erledigen müssen, bis die Kinder das Haus verlassen (oder auch darüber hinaus). Wer seinen Kollegen oder Mitarbeitern nie einmal in Ruhe erklärt, wie mit einer bestimmten Kundenanfrage umzugehen ist, wird diese Anfragen eben immer wieder auf seinem eigenen Schreibtisch finden.

Zum Weiterdenken: Sich unterstützen lassen

Sie müssen nicht alles selbst machen. Überlegen sie einmal, für welche Aufgaben Sie die Unterstützung durch Personen in Ihrer Umgebung (Nachbarn, Freunde, Verwandte, Kollegen, Mitarbeiter etc.) gewinnen können oder ob Sie Aufgaben an diese Personen delegieren können. Vielleicht gibt es Menschen in Ihrem Umfeld, die regelrecht darauf warten, von Ihnen eine Chance zu bekommen. Das bringt Entlastung für Sie persönlich. Und für diejenigen, die Sie um Unterstützung bitten, bedeutet dies oft auch Vertrauensbeweis und die Möglichkeit, sich weiterzuentwickeln.

▪ Ärger angemessen ausdrücken

Aufgestauter Ärger

Unterdrückter Ärger steigert die innere Erregung und körperliche Anspannung. Wird der Ärger aufgestaut, kommt es oft irgendwann zur Explosion. Es bedarf dann nur noch eines kleinen Anlasses, um das Fass zum Überlaufen zu bringen. Ein solcher plötzlicher Ärgerausbruch ist für die Mitmenschen dann meist kaum verständlich und schafft nur neue Probleme. Für einen gesunden Umgang mit Ärgergefühlen ist es wichtig, alltäglichen Ärger auch über scheinbare Kleinigkeiten anzunehmen und möglichst frühzeitig zu äußern. Der andere kann den Ärger dann leichter annehmen und verstehen, ohne dass es zu einer anhaltenden Verstimmung kommt. Nehmen Sie also Ihren Ärger ernst und geben Sie dem anderen eine Chance, Ihren Ärger zu verstehen.

Vergeben

Damit hier kein Missverständnis entsteht: Dies ist kein Plädoyer für einen ungehemmten und unkontrollierten Ausdruck des eigenen Ärgers, denn das führt meistens nicht nur zu weiterem Streit mit dem anderen, der sich nun seinerseits über die Art und Weise, wie Sie mit ihm umgehen, ärgert. Lässt man seinem Ärger unkontrolliert Luft, dann passiert es auch häufig, dass man sich regelrecht in den Ärger hineinsteigert. Statt eine Entlastung zu spüren, werden Ärger und Anspannung noch stärker. Manchmal ist es klüger, den Ärger zunächst »in sich« zu verarbeiten, ihn nicht einfach runterzuschlucken, sondern bewusst loszulassen und dem anderen – auch wenn es altmodisch klingt – zu vergeben. Und das Gute daran ist, dass Sie dadurch ein Stück innere Freiheit gewinnen. Sie sind nicht länger Opfer Ihrer Ärgergefühle, sondern Sie haben die Entscheidung, ob und worüber Sie sich ärgern oder eben nicht.

Selbstbehauptung kann man lernen

Überlegen Sie bitte einmal, in welchen Situationen Sie z. B. gerne einmal »nein« sagen oder jemand anderen um etwas bitten möchten. Spielen Sie vorher die Situation in Gedanken genau durch. Legen Sie sich die Worte zurecht, die Sie benutzen wollen. Malen Sie sich die Reaktion der anderen aus und überlegen Sie, wie Sie darauf antworten werden. Setzen Sie bei nächster Gelegenheit Ihr »Nein« oder Ihr »Bitte« oder Ihr »Ich will« in die Tat um. Suchen Sie sich für den Anfang einfache Situationen mit solchen Personen aus, die Ihnen nicht so viel bedeuten und zu denen der Kontakt nicht so eng ist, evtl. sogar ganz fremde Personen z. B. im Restaurant, in der Kantine, im Zugabteil, an der Kaufhauskasse.

Selbstbehauptung bedeutet nicht Rücksichtslosigkeit

Wenn Sie einmal der Mut verlässt, dann machen Sie sich klar: Selbstbehauptung bedeutet nicht Rücksichtslosigkeit gegenüber anderen. Gemeint ist vielmehr, die eigenen Wünsche, Bedürfnisse und Gefühle klar und eindeutig so zu äußern, dass sie von anderen angenommen und verstanden werden können. In diesem Sinne kann Selbstbehauptung auch dazu beitragen, die Beziehungen zu anderen Menschen offener und vertrauensvoller zu gestalten und dadurch zu vertiefen.

6.4 Selbstmanagement: Sich selbst führen

» Das Leben kann nur in der Schau nach rückwärts verstanden, aber nur in der Schau nach vorwärts gelebt werden. (Sören Kierkegaard, dänischer Philosoph, 1813–1851)

Dem inneren Kompass folgen

So wichtig ausreichende fachliche und gute soziale Kompetenzen für einen gelassenen und sicheren Umgang mit Belastungen in Beruf und Alltag auch sind, eine noch größere Bedeutung hat das Selbstmanagement. Dies ist gewissermaßen die Königsdisziplin des instrumentellen Stressmanagements. Es geht um die Fähigkeit, das eigene Leben nach eigenen beruflichen wie persönlichen Zielen auszurichten und in Balance zu halten. In Zeiten zunehmender äußerer Unsicherheit ist es von entscheidender Bedeutung, dass der Einzelne Sicherheit und Stabilität in sich selbst findet. Selbstmanagement beinhaltet wesentlich die Fähigkeit, sich entscheiden zu können und den Mut, Prioritäten zu setzen. Beides ist unerlässlich, um in der Fülle der Möglichkeiten, die die modernen Multioptionsgesellschaften für uns bereithalten, nicht unterzugehen und um uns vor (Selbst-)Überforderung, ständigem Zeitdruck und letztlich dem Ausbrennen zu bewahren. Selbstmanagement heißt auch: Agieren statt reagieren, dem eigenen Kompass folgen, statt immer nur auf äußere Anforderungen und Zwänge zu antworten.

Selbstmanagement beginnt mit der einfachen Erkenntnis: **»Alles geht nicht!«** – zumindest nicht auf einmal. Diese Erkenntnis fordert uns auf innezuhalten, um die eigene Lebensperspektive zu überdenken und die eigenen Werte und Ziele zu klären. Was ist mir wirklich wichtig? Wozu mache ich das alles? Wo will ich hin? Das sind die Fragen, die wir uns selbst vorlegen und auf die wir unsere ganz persönlichen Antworten finden müssen. Die Beschäftigung mit diesen grundlegenden Fragen ist natürlich keine einmalige Sache, gefundene Antworten sind in den seltensten Fällen für alle Zeiten gültig. Auch haben unterschiedliche Lebensphasen oft unterschiedliche Ziele und Prioritäten. Es geht also um einen Prozess der Selbstklärung, um einen Weg, auf den man sich – immer wieder – begibt und in dessen Verlauf sich der eigene Kompass allmählich herausbildet.

▪ Was wirklich zählt – Werte und Ziele klären

» Wer ein Wozu zu leben hat, erträgt fast jedes Wie. (Friedrich W. Nietzsche, Philosoph, 1844–1900)

Ziele stiften Sinn

Persönliche Werte und Ziele verleihen dem eigenen Leben Sinn. Die Überzeugung und das Gefühl von der Sinnhaftigkeit des eigenen Lebens stellen einen bedeutsamen gesundheitlichen Schutzfaktor dar, denn sie helfen Belastungen aktiv zu bewältigen oder leichter zu ertragen. Dies zeigen etwa die sehr bekannt gewordenen Studien des israelischen Stressforschers Aaron Antonovsky. Anfang der 70er Jahre des 20. Jahrhunderts führte Antonovsky in Israel eine Untersuchung an Frauen der Geburtsjahrgänge 1914–1923 durch. Die untersuchten Frauen waren in Zentraleuropa geboren und teilweise in einem Konzentrationslager inhaftiert gewesen. Trotz des kaum vorstellbaren Schreckens des Konzentrationslagers, trotz der sich danach anschließenden, oft jahrelangen Odyssee und schließlich der Auswanderung nach Israel, wo sie dann drei Kriege gegen die arabischen Nachbarstaaten miterlebten, trotz all dieser extrem belastenden Lebenserfahrungen befanden sich zum Zeitpunkt der Untersuchung etwa ein Drittel der Frauen in einem guten psychischen und körperlichen Gesundheitszustand.

Sinn als gesundheitlicher Schutzfaktor

Dieser Befund war für Antonovsky nach seinen eigenen Aussagen so überraschend, dass er sich in ausführlichen Interviews dem knappen Drittel der gesund gebliebenen Frauen widmete mit dem Ziel, das »Geheimnis« ihrer Gesundheit zu entschlüsseln (so auch der Titel eines seiner Bücher). Dabei stellte sich als ein entscheidender gesundheitlicher Schutzfaktor – neben anderen Faktoren – eine tiefe emotionale Überzeugung von der Sinnhaftigkeit des eigenen Lebens heraus. Antonovsky beschreibt diese als Gefühl,

> » (...) dass das Leben einen emotionalen Sinn hat, dass wenigstens einige der Probleme und Anforderungen, die das Leben einem auferlegt, es wert sind, Energie zu investieren, sich zu verpflichten und einzusetzen, dass sie »willkommene« Herausforderungen sind und weniger Lasten, ohne die man lieber auskäme. Dies bedeutet nicht, dass jemand mit einem hohen Sinnhaftigkeitsgefühl glücklich über den Tod eines geliebten Menschen, die Notwendigkeit, sich einer ernsten Operation unterziehen zu müssen, oder eine Entlassung ist. Aber wenn diese unglücklichen Ereignisse eine solche Person treffen, wird sie bereitwillig die Herausforderung annehmen, wird entschlossen sein, darin einen Sinn zu suchen und wird ihr Bestes geben, um sie mit Würde zu überstehen. (Aus: Antonovsky 1988, Übersetzung G.K.).

Distanz zum Alltagsstress

Die Beschäftigung mit und die Klärung von eigenen Werten und Zielen können dieses Sinnhaftigkeitsgefühl stärken. Durch die Auseinandersetzung mit unseren persönlichen Zielen treten wir gewissermaßen einen Schritt von den Alltagsbelastungen der Gegenwart zurück und entwickeln eine über den aktuellen Alltag hinausweisende Perspektive. Dies ist insbesondere immer dann hilfreich, wenn wir das Gefühl haben, aufgrund der Menge an alltäglichen Anforderungen in unserem Alltag zu »versinken«. Die Klärung und Definition von eigenen Zielen kann hier helfen, eigene Prioritäten zu finden und im gegenwärtigen Alltag entsprechend zu handeln.

Erhöhte Stresstoleranz

Vor dem Hintergrund von attraktiven Zielen und einem positiven Zukunftskonzept können sich auch stressbezogene Bewertungen von alltäglichen Anforderungen so verändern, dass diese eher als Herausforderungen auf dem Weg zum Ziel wahrgenommen werden können. Mit Zielen vor Augen erhöhen sich die eigene Stresstoleranz und die Bereitschaft, sich mit unangenehmen, anstrengenden Situationen zu konfrontieren.

Verlusterlebnisse überwinden

Auch Menschen, die ihren gegenwärtigen Alltag als wenig sinnvoll erleben, oder solche, die im Zusammenhang mit Verlustereignissen (Tod, Scheidung, Krankheit, Arbeitslosigkeit) Sinnverluste erlebt haben, können durch die Beschäftigung mit Zielen und Zukunft eine neue Sinnorientierung gewinnen. Ziele stellen, indem sie sinn- und identitätsstiftend wirken, selbst eine wichtige Ressource der Stressbewältigung dar.

Im Folgenden gebe ich Ihnen einige Anregungen für Ihre persönliche Beschäftigung mit der Frage, was Ihnen wirklich wichtig ist (▶ Kasten »Anregungen zur Selbstreflexion: Was mir wirklich wichtig ist«). Gültige Antworten auf diese Frage finden wir weniger durch angestrengtes oder streng logisches Nachdenken als vielmehr durch eine kontemplative Besinnung, bei der wir aufmerksam in uns hineinspüren oder -horchen.

Anregungen zur Selbstreflexion: Was mir wirklich wichtig ist

- **Die gute Fee:** Stellen Sie sich vor, es kommt über Nacht eine gute Fee zu Ihnen. Und Sie erhalten die einmalige Chance, dass diese Fee Ihnen drei Wünsche erfüllt.
  - Welche drei Wünsche nennen Sie der Zauberfee?
  - Wie würde es konkret aussehen, wenn Ihre Wünsche erfüllt werden?
- **Die Eine-Million-Euro-Frage:** Stellen Sie sich vor, Sie hätten den Hauptgewinn von 1 Mio. Euro gewonnen.
  - Was würden Sie mit dem Geld anfangen?
  - Würden Sie Ihr Leben ändern? Wie?
- **Nachruf:** Stellen Sie sich vor, einige Jahre nach Ihrem Tod verfasst Ihr Lieblingsenkel (oder ein guter ehemaliger Kollege oder ein Freund …) einen Nachruf auf Sie.
  - Welche drei wichtigsten Dinge (Eigenschaften, Leistungen, Taten …) über Sie und über Ihr Leben sollten in diesem Nachruf stehen?
- **»Jugendträume«:** Versetzen Sie sich zurück in Ihre Jugendzeit.
  - Welche Ziele und Ideale haben Sie als Jugendliche gehabt?
  - Welche dieser Ziele und Ideale haben heute noch für Sie Gültigkeit?

- **Vorbilder**
  - Welche maximal drei Personen aus Ihrem privaten oder beruflichen Umfeld oder aus dem öffentlichen Leben stellen für Sie Vorbilder dar?
  - Welche Werte, die Sie selbst in Ihrem Leben auch gern verwirklichen würden, verkörpern diese Personen für Sie?
- **Meilensteine**
  - Welche Meilensteine kennzeichnen Ihren bisherigen Lebensweg?
  - Welche wichtigen Entscheidungen haben Sie bereits getroffen?
  - Welche Werte waren dafür ausschlaggebend?
  - Welche bisherigen Taten oder Erfolge erfüllen Sie mit Stolz?

Blick nach vorn – Eine positive Zukunftsvision entwickeln

» Wer nicht weiß, wohin er segeln will, für den ist kein Wind der richtige. (Seneca, römischer Dichter und Philosoph, 4 v. Chr.–65 n. Chr.)

Tunnelblick im Alltag

Im Stress findet eine Konzentration aller körperlichen und geistigen Kräfte für eine Auseinandersetzung mit der als gefahrvoll eingeschätzten Situation statt. Im Falle einer akuten Stresssituation ist dies eine sinnvolle Reaktion. Im Falle chronischer Belastungssituationen, wie sie häufig unser alltägliches und berufliches Leben bestimmen, verliert eine solche Reaktionsweise allerdings ihren Sinn. Wir hetzen mit einem »Tunnelblick« durch unseren Alltag, immer mit der nächsten Anforderung vor Augen. Wir bekommen nicht mehr mit, was links oder rechts von uns passiert. Es geschieht dann leicht, dass wir die Richtung verlieren und von unserem Weg abkommen, ohne dass wir dies bemerken. Wir verlieren unsere Ziele aus den Augen und können »günstige Winde« als Chancen, die sich zu deren Verwirklichung bieten, nicht mehr erkennen. Wir reagieren nur noch, statt aktiv zu gestalten.

Zukunftsvision entwickeln

Um also im stressreichen Alltag nicht die Orientierung zu verlieren, ist es notwendig, sich von Zeit zu Zeit mit Fragen zu beschäftigen wie: Wo will ich eigentlich hin? oder: Wozu mache ich das alles? Diese Fragen regen uns dazu an, eine möglichst deutliche und eine möglichst positive Vision für die Zukunft zu entwickeln. Eine solche Zukunftsvision kann unterschiedlich lange zeitliche Perspektiven umfassen, sollte aber möglichst eine zeitliche Zone in der Zukunft betreffen, die man selbst als noch überschaubaren und inhaltlich sinnvollen Abschnitt des eigenen Lebens erlebt.

Persönlichen Zukunftsraum bestimmen

Als Kriterien für die Definition eines solchen individuellen Zukunftsraumes können z. B. runde Geburtstage, Jubiläen, das Ende einer Ausbildung, die letzte Rate des Hypothekenkredites u. a. herangezogen werden. Es sollte sich um eine Zukunftsperspektive handeln, die einerseits deutlich über den gegenwärtigen Alltag hinausweist, andererseits aber nicht zu weit gefasst ist, sodass die Entwicklung einer lebendigen Zukunftsvorstellung möglich ist. Die meisten Menschen wählen einen Zeitraum zwischen ein und fünf Jahren.

Balance der Lebensbereiche beachten

Wenn Sie Ihre persönliche Zukunftsvision entwickeln, dann denken Sie dabei auch an Ihre unterschiedlichen Lebensbereiche. Gerade wenn in Ihrem gegenwärtigen Leben einzelne Lebensbereiche über und andere unterbetont sind, dann kann es in Ihrer Zukunftsvision auch darum gehen, eine neue Balance der Lebensbereiche zu finden. Die Unterscheidung der folgenden vier Lebensbereiche ist für die meisten Menschen sinnvoll:

Arbeit/Leistung	Aufgaben, Projekte, Karriere, Einkommen, Einfluss, Sicherheit …
Familie/Heim	Partnerschaft, Kinder, Familienalltag, Eltern, Geschwister, »Nestbau« …
Gemeinschaft/ Kontakt	Freundschaften, Zugehörigkeit zu einer Gruppe, Vereinsmitgliedschaft, Ehrenamt
Person	Hobbys, Sport, Gesundheit, was ich persönlich erleben, lernen, entwickeln möchte

Die nachfolgende Anleitung (► Kasten »Blick in die Zukunft«) möchte Ihnen einige Anregungen für die Entwicklung Ihrer persönlichen Zukunftsvision vermitteln.

Blick in die Zukunft

Suchen Sie sich einen ruhigen Platz. Setzen Sie sich bequem hin. Atmen Sie ein paar Mal kräftig ein und aus und lassen Sie mit dem Ausatmen Spannung aus Ihrem Körper entweichen.

- Stellen Sie sich vor, wie Sie eine Zeitmaschine betreten. Sie begeben sich auf eine Zeitreise, eine Reise in die Zukunft, in Ihre Zukunft. Die Reise führt Sie genau in die Zeit, in der Sie Ihren nächsten Zukunftsschritt verwirklicht haben. Und Sie sehen dort, wie Ihr Leben jetzt aussieht, wenn alles so gelaufen ist, wie Sie es sich wünschen.
- Schauen Sie sich um, in dieser Zeit in Ihrer Zukunft. Schauen Sie mal, was es da zu entdecken gibt. Schauen Sie in Ruhe. Und schauen Sie in alle Richtungen …

- **Auf Ihre Arbeit.** Was machen Sie jetzt beruflich? Schauen Sie mal, was da ist … Worin besteht Ihre tägliche Arbeit? Welche Leistungen erbringen Sie? Worauf sind Sie stolz? Wie ist Ihr beruflicher Status? Welchen Stellenwert haben Beruf und Arbeit in Ihrem Leben?
- **Auf Ihr Zuhause** und auf die Menschen, die dort sind. Schauen Sie mal, was da ist und wer da ist … Leben Sie in einer Partnerschaft? Wie gestalten Sie Ihre familiären Beziehungen: zu Ihrem Partner, zu Kindern, zu den Eltern und zu anderen Familienangehörigen? Welchen Stellenwert hat die Familie, die häusliche Gemeinschaft in Ihrem Leben?
- **Auf Ihr soziales Umfeld.** Wo gehören Sie dazu? … Welche Freundschaften oder Bekanntschaften pflegen Sie? Welchen Stellenwert haben Freunde und Bekannte in Ihrem Leben?
- Und schauen Sie auch **auf sich selbst**. Was ist mit Ihnen persönlich? Wie haben Sie sich entwickelt? … Welchen persönlichen Interessen gehen Sie nach? Wie sieht es mit Ihren Hobbys aus? Wie steht es um Ihre Selbstverwirklichung? Was tun Sie nur für sich? Welche neuen Erfahrungen haben Sie gemacht? Was haben Sie gelernt, erfahren, erlebt, das Sie bereichert und persönlich erfüllt?
- Betrachten Sie abschließend Ihr Leben nach Ihrem nächsten Zukunftsschritt noch einmal als Ganzes.
- Prägen Sie sich Ihre Bilder gut ein. Vielleicht möchten Sie im Geiste noch einige Fotos schießen …

Wenn Sie die Übung beenden möchten, ballen Sie Ihre Hände zu Fäusten, recken und strecken Sie sich und atmen Sie ein paar Mal kräftig tief durch.

Bitte nehmen Sie sich nach Ihrem »Blick in die Zukunft« Zeit, um die Ideen und Bilder, die dabei in Ihnen aufgetaucht sind, festzuhalten. Schreiben Sie auf oder malen Sie, wie Ihre positive Vision Ihres nächsten Zukunftsschrittes aussieht.

▪ Von der Vision zum Ziel – Ziele richtig formulieren

Vision in Ziele übersetzen

Wenn Sie eine klare positive Vision von Ihrem nächsten Zukunftsschritt in sich entwickelt haben, dann haben Sie damit bereits eine wichtige innere Ressource, auf die Sie im Alltag zurückgreifen können und die Ihnen besonders auch in stressigen Zeiten Orientierung und Halt geben kann. Damit die Vision aber nicht Vision bleibt, sondern möglichst auch Wirklichkeit wird, ist es hilfreich, die Vision in Ziele zu übersetzen, die Sie sich selbst stellen. Ziele formulieren – verbindlicher als eine Vision – das, was Sie sich vornehmen zu tun, um der Vision näher zu kommen. Ich erlebe manchmal, dass Menschen vor diesem Schritt zurückschrecken, weil Sie befürchten, dass Ziele sie nur noch weiter unter Stress bringen würden. Dies trifft aber in der Regel nur auf schlecht formulierte Ziele zu, die z. B. zu vage, zu unrealistisch oder einfach nur »fromme Wünsche« sind. Motivationspsychologen haben sich intensiv mit der Frage beschäftigt, wie Ziele formuliert sein sollten, damit sie möglichst motivierend wirken und eine hohe Wahrscheinlichkeit der Realisierung besitzen. Die wichtigsten Kriterien einer guten Zielformulierung sind:

Hohe persönlicher Attraktivität Das klingt banal, ist aber enorm wichtig: Ziele sind umso motivierender, je persönlich attraktiver sie sind. Wie attraktiv ein Ziel für Sie wirklich ist, erkennen Sie daran, wie sehr es positive Gefühle in Ihnen wie z. B. (Vor-)Freude und Lust auslöst. Im Gegensatz dazu stehen rein von der Vernunft gesteuerte Ziele, die emotional neutral sind oder sogar mit negativen Gefühlen wie Angst und Schuldgefühlen verbunden sind.

Vorfreude wirkt motivierend

Annäherungsziele statt Vermeidungsziele Die Ziele sollten positiv formuliert sein. Sie sollten beinhalten, was man erreichen möchte. Zum Beispiel: »Ich habe regelmäßig guten Kontakt zu meinen Kindern.« Vermeidungsziele sind dagegen negativ formuliert und beinhalten, was man vermeiden möchte. Zum Beispiel: »Ich habe weniger Streit mit meinen Kindern.« Wie ein Magnet ziehen Vermeidungsziele die Gedanken immer wieder auf das Negative. Gut formulierte Annäherungsziele dagegen sind mit angenehmen Gefühlen verbunden, beleben und beflügeln.

Ziele positiv formulieren

Handlungsziele statt Wunschziele Handlungsziele sind Ziele, die durch eigenes Tun erreicht werden können. Handlungsziele beinhalten die Tätigkeiten, die man selbst unternehmen kann und unternehmen will, um den angestrebten Zustand zu erreichen. Zum Beispiel: »Ich nehme regelmäßig Kontakt zu meinen Kindern auf.« Wunschziele dagegen sind Ziele, deren Erfüllung von äußeren Einflüssen, vom Verhalten anderer, vielleicht auch vom Zufall abhängen. Wunschziele beinhalten positive Zustände, aber keine eigenen Handlungen, diese auch zu erreichen. Zum Beispiel: »Meine Kinder halten regelmäßig Kontakt mit mir.« Handlungsziele dagegen formulieren die eigenen Möglichkeiten, die eigene Bereitschaft und den eigenen Willen, das Ziel zu erreichen.

Ziele, die durch eigenes Tun zu erreichen sind

6

Ziele so konkret wie möglich formulieren

Konkret und überprüfbar Statt vager Absichtserklärungen sollten die Ziele so konkret wie möglich formuliert sein. Also statt »mehr Sport treiben« ganz konkret »2-mal pro Woche zum Schwimmen gehen«. Statt »mehr Zeit für mich haben« ganz konkret »täglich eine halbe Stunde für mich zum Lesen (oder Musik hören, Spazieren gehen …) einplanen«. Statt »mich mehr um meine Freunde kümmern« konkret »1-mal pro Woche eine Verabredung treffen«. Wenn Sie Ihre Ziele konkret formulieren, dann wird auch überprüfbar, inwieweit sie erreicht wurden. Hierzu legen Sie in der Zielformulierung verbindlich Zeitpunkte fest, zu denen Sie mit bestimmten Handlungen beginnen werden bzw. an denen Sie bestimmte Zwischenziele erreicht haben wollen. So können Sie sich selbst Erfolgserlebnisse verschaffen, falls erforderlich Zielanpassungen vornehmen, und lernen mit der Zeit, sich realistische Ziele zu setzen (s. nächsten Punkt).

Realistische Ziele setzen

Realistische Erfolgswahrscheinlichkeit Ziele dürfen durchaus hoch gesteckt sein, sollten andererseits aber auch realistisch bleiben. Ansonsten führen Sie zu Enttäuschung, ständiger Frustration und Vergeudung eigener Zeit und Energie. Hier gilt es selbstkritisch zu prüfen, wie realistisch es ist, das Ziel durch eigenes Tun zu erreichen. Als Daumenregel gilt: Ziele mit einer Erfolgswahrscheinlichkeit von 70–80 % wirken besonders motivierend.

Kurz und knapp zusammengefasst heißt das:

Gute Ziele sind

- persönlich attraktiv,
- positiv formuliert,
- durch eigenes Tun erreichbar,
- konkret, terminiert und damit überprüfbar,
- realistisch.

Meine Ziele bis ……. (Jahr)
Bitte formulieren Sie maximal drei Ziele, die Sie der Verwirklichung Ihrer positiven Zukunftsvision näher bringen. Denken Sie dabei an Ihre verschiedenen Lebensbereiche und beachten Sie die Kriterien guter Zielformulierung

Wichtig oder dringlich? – Prioritäten setzen

» Neben der edlen Kunst, Dinge zu verrichten, gibt es die edle Kunst, Dinge unverrichtet zu lassen. (Asiatisches Sprichwort)

Das Setzen von Prioritäten ist die wichtigste Regel, um Zeitsouveränität und damit die Möglichkeit zu erlangen, der Verwirklichung eigener Ziele näher zu kommen. Dabei hat sich die Unterscheidung zwischen Wichtigkeit und Dringlichkeit von Aufgaben bewährt. Vielleicht kennen Sie den Satz: Wichtige Dinge sind selten eilig und die eiligen Dinge sind selten wichtig. Die Wichtigkeit einer Aufgabe ergibt sich aus ihrer Bedeutung für eigene Ziele. Wichtig sind Dinge, die dazu beitragen, die eigenen Ziele zu erreichen. Wie wichtig bestimmte Dinge sind, wird also von Ihnen selbst definiert.

Wichtig ist wichtiger als dringlich!

Die Dringlichkeit einer Aufgabe bezieht sich auf den Zeitraum, in dem die Aufgabe zu erledigen ist. Dringlichkeit wird oft von anderen definiert. Dringliche Aufgaben sind oft wichtig für andere, nicht unbedingt für Sie. Selbstverständlich können wichtige Aufgaben auch dringlich werden, z. B. dann, wenn eine bestimmte Terminvorgabe näher rückt.

Tyrannei des Dringlichen

Zwischen Wichtigkeit und Dringlichkeit einer Aufgabe unterscheiden zu können, ist von großer Bedeutung für das Setzen von Prioritäten. Menschen, die unter Stress und Zeitdruck stehen, haben oft das Gefühl, dass alle ihre Aufgaben gleichermaßen wichtig und dringlich sind. Sie stehen unter der »Tyrannei des Dringlichen«. Bei näherem Hinsehen zeigt sich dann aber doch meist, dass nicht alle dringlichen Aufgaben gleichzeitig auch wichtig sind.

»Eisenhower-Prinzip«

Wichtigkeit und Dringlichkeit beeinflussen die Prioritätensetzung gleichermaßen. Unterscheidet man jeweils zwischen niedriger und hoher Wichtigkeit bzw. Dringlichkeit, kommt man zu der Vier-Felder-Tafel (■ Abb. 6.3). Diese wird übrigens dem ehemaligen US-Präsidenten Dwight D. Eisenhower zugeschrieben und daher auch als Eisenhower-Prinzip bezeichnet.

Mittels dieses Diagramms können Sie alle Ihre beruflichen und privaten Aufgaben in vier Prioritätsstufen einteilen.

A-Priorität Die höchste Priorität haben die Aufgaben des ersten Quadranten, die sowohl wichtig als auch dringlich sind. Das können z. B. Krisen, plötzlich aufgetretene Probleme oder Aufgaben mit einem kurz bevorstehenden Abgabetermin sein. Hier müssen Sie sofort handeln.

B-Priorität Hierzu zählen die Aufgaben des zweiten Quadranten, die wichtigen, aber nicht oder noch nicht dringlichen Aufgaben, also z. B. neue Projekte, Fortbildungsmaßnahmen, planerische Aufgaben. Diese Aufgaben müssen nicht sofort erledigt werden und werden deshalb gerne auf die lange Bank geschoben, so lange, bis sie dann selbst wieder dringlich werden. Hier kommt es darauf an, sich regelmäßig Zeit zu nehmen für die Bearbeitung dieser B-Aufgaben, denn es sind ja genau

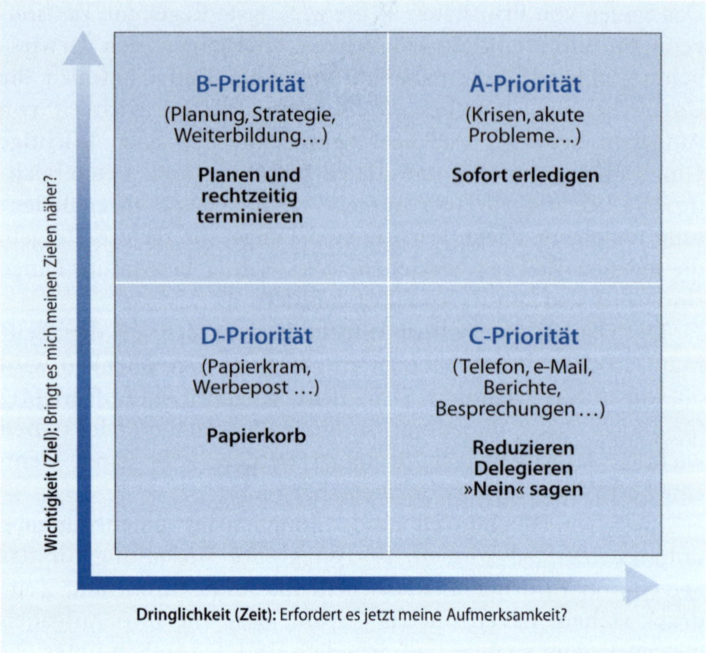

Abb. 6.3 Prioritäten setzen nach dem »Eisenhower-Prinzip«

diese B-Aufgaben die langfristig Ihren Erfolg begründen und Sie Ihren Zielen näher bringen.

C-Priorität Hier geht es um die dringlichen, aber nicht oder weniger wichtigen Dinge (dritter Quadrant) wie z. B. manche Post, E-Mails, Anrufe, Besprechungen, Unterbrechungen, Anfragen durch andere usw. Wie kann man sich vor dem Diktat der Dringlichkeit schützen? Entscheidend ist, die Kraft und den Mut für klare Grenzsetzungen aufzubringen, gegebenenfalls ein freundliches, aber bestimmtes »Nein« oder »Jetzt nicht« zu sagen und wo möglich Aufgaben zu delegieren. Nur so schützen Sie die Zeit für Ihre wichtigen B-Aufgaben, die sonst untergehen.

D-Priorität Die geringste Priorität haben die Aufgaben, die weder wichtig noch dringlich sind (vierter Quadrant). Von diesen Dingen sollte man sich getrost und ohne große Umschweife frei halten. Hierfür gibt es den Papierkorb (auch den elektronischen!) sowie die Möglichkeit, wenn es um die Wahrnehmung von Terminen oder um bestimmte Aufgaben geht, abzusagen bzw. zu delegieren.

Werden Prioritäten richtig gesetzt, dann steuern Sie Ihren Tagesablauf aktiv. Sie entkommen der »Tyrannei des Dringlichen« und befassen sich mit den wirklich wichtigen Dingen. Sie werden sich weniger verzetteln. Sie werden zwar nicht alle Dinge erledigen, dafür aber die wichtigen Aufgaben, und daher am Ende des Tages letztlich zufriedener sein.

Sich mit dem Wichtigen befassen

Zeit richtig planen

> Die meiste Zeit wird vergeudet, bei dem Versuch, Zeit zu sparen! (Manager-Weisheit)

Klare Prioritäten helfen die Zeit **effektiv** zu nutzen, d. h. die Zeit für die richtigen Dinge zu verwenden. Die richtige Zeitplanung kann dabei helfen, dies **effizient** zu tun, d. h. mit einem möglichst optimalen Einsatz von eigener Zeit und Energie.

Zeitsouveränität gewinnen

Das Ziel dabei ist nicht ein möglichst ge-fülltes, sondern ein möglichst er-fülltes Leben, in dem eine ausgewogene Balance zwischen Zeit für Arbeit und »freier« Zeit, zwischen Zeit für sich und Zeit für andere herrscht. Es geht darum, ein möglichst hohes Maß an Zeitsouveränität zu gewinnen und den Gebrauch der Zeit möglichst an den eigenen beruflichen, familiären und persönlichen Zielen (vgl. vorherigen Abschnitt) auszurichten. Zeitplanung ist kein Selbstzweck. Es geht nicht darum, »Zeit zu sparen«, um den eigenen Terminkalender noch voller packen zu können. Richtig betriebene Zeitplanung kann Ihnen helfen, Ihre begrenzte Zeit für das zu gebrauchen, was Ihnen wirklich wichtig ist (B-Aufgaben) und nötige Freiräume für Regeneration zu schaffen.

Vorteile guter Zeitplanung

Eine vernünftige Zeitplanung bringt viele Vorteile:
- Planen bringt mehr Zeit und erspart doppelte Arbeit.
- Planen erlaubt »bei der Sache« zu sein und entlastet das Gehirn.
- Planen erlaubt Abschalten nach getaner Arbeit und verhilft zu Gelassenheit.
- Planen erlaubt Erfolgskontrolle.
- Planen ermöglicht Freiheit und ist die Voraussetzung für Flexibilität (statt Chaos).

Folgende **Praxistipps** sind dabei hilfreich:

Schriftlich planen

Schriftlich und mit System planen Je nach persönlicher Lebenssituation reicht die Palette hier von der einfachen »To-do«-Liste bis hin zum komplexen Zeitplanbuch.

Aufgaben mit hoher Priorität haben Vorrang

First things first! Wenn Sie Ihren Tages- oder Wochenplan erstellen, dann planen Sie als Erstes die Zeiten für die Aufgaben mit hoher Priorität: die wichtigen Dinge zuerst.

Hochs und Tiefs beachten

Persönliche Leistungskurve beachten Im Tagesverlauf jedes Menschen gibt es eine charakteristische Abfolge von Hochs und Tiefs. Manche Menschen erleben ihre höchste Leistungsfähigkeit am Morgen, andere kommen erst am Nachmittag so richtig auf Touren und wieder andere haben zwei Hochs, eins am Morgen und ein zweites am späteren Nachmittag mit einem ausgedehnten Tief über die Mittagszeit. Zu welcher Tageszeit haben Sie die meiste Energie? Wann kommen Ihnen die besten Ideen? Wenn Sie Ihren persönlichen Tagesrhythmus kennen, dann können Sie dieses Wissen nutzen, um den Tagesablauf optimal zu gestalten. A- und B-Aufgaben terminieren Sie für Zeiten, in denen Ihre Leistungsfähigkeit am höchsten ist, die sog. »Primetime«. Routineaufgaben und Aufgaben von geringer Priorität legen Sie in Zeiten vor einem Hoch, in denen Ihr Energiepegel allmählich ansteigt (sog. »Up-Phasen«). Die Zeiten nach einem Hoch (die sog. »Down-Phasen«), in denen die Energie sinkt, nutzen Sie für Erholung und Entspannung.

6

Beobachten und Reflektieren: Kennen Sie Ihre tägliche Leistungskurve?

Wie sieht Ihre Leistungskurve an einem durchschnittlichen Tag aus? Beobachten Sie Ihren Energielevel an mehreren Tagen und beurteilen Sie, wie energiegeladen, konzentrationsfähig und kraftvoll Sie sich zu den verschiedenen Tageszeiten fühlen. Wann haben Sie Ihre Leistungshochs, wann die Tiefs? Tragen Sie Ihre persönliche Leistungskurve in das Diagramm in ◘ Abb. 6.4 ein, indem Sie für die verschiedenen Tageszeiten Ihre Energie auf einer Skala von 0 = »ohne Energie« bis 6 = »maximale Energie« einschätzen.

Zeit für Pausen planen

Regelmäßige Pausen einplanen Regelmäßige Ruhephasen sind nicht unnütze Zeitvergeudung, sondern wichtig für eine sinnvolle und effektive Zeitgestaltung, gerade auch in Zeiten hoher Anforderungen, wenn der Druck steigt. »Wenn Du es eilig hast, gehe langsam«, so lautet der Titel eines Bestsellers des bekannten Zeitmanagementexperten Lothar Seiwert. Von der Kunst, richtig zu pausieren, wird in ► Kap. 8 dieses Buches noch genauer die Rede sein.

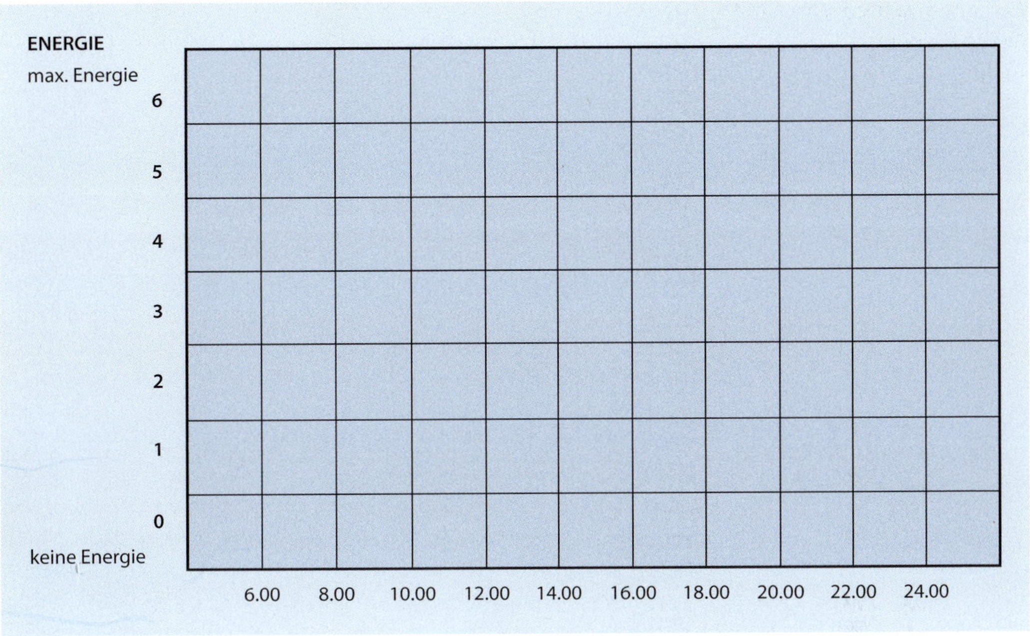

Abb. 6.4 Persönliche Leistungskurve

Pufferzeiten einplanen Zeitmanagementexperten empfehlen zwischen 30 und 40 % der Zeit für unerwartete und spontane Aktivitäten oder für Störungen frei zu halten. Wenn Sie Ihre Zeit zu eng planen, dann ist die Wahrscheinlichkeit sehr groß, dass Ihr Zeitplan durch unvorhersehbare Dinge umgeworfen wird und Sie in Hektik und Zeitnot geraten. »Je genauer man plant, desto härter trifft einen der Zufall«, so lautet eine verbreitete Managerweisheit. Deshalb lieber von vornherein etwas mehr Luft einplanen! Das spart Nerven und letztlich auch Zeit.

Zeit für Störungen frei halten

Zeitbedarf realistisch einschätzen Dies bedeutet zum einen, dass Sie für einzelne Tätigkeiten einen ausreichend großen Zeitraum einplanen, zum anderen aber auch, dass Sie für diese Tätigkeiten eine zeitliche Obergrenze definieren. Das hilft, eigene Perfektionsansprüche im Zaum zu halten.

Zeit realistisch planen

Nachkontrolle Nehmen Sie sich am Ende des Tages (bzw. einer Woche) ein paar Minuten Zeit, um zu überprüfen, inwieweit Sie Ihren Plan eingehalten haben. Damit verschaffen Sie sich Erfolgserlebnisse, wenn Sie **Erledigtes streichen** können, und die Möglichkeit, **Unerledigtes** zu **übertragen**. Durch eine systematische Nachkontrolle können Sie aus **Erfahrungen lernen**, um Ihre Zeitplanung nach und nach immer besser auf die Anforderungen und auf Ihren persönlichen Tagesrhythmus abzustimmen.

Aus Erfahrungen lernen

Förderliche Gedanken und Einstellungen entwickeln – Mentale Stresskompetenz

© Springer-Verlag Berlin Heidelberg 2018
G. Kaluza, *Gelassen und sicher im Stress*, https://doi.org/10.1007/978-3-662-55986-4_7

> Die letzte der menschlichen Freiheiten besteht in der Wahl der Einstellungen zu den Dingen. (Viktor Frankl, österreichischer Psychotherapeut, Begründer der Logotherapie, 1905–1997)

Stressverschärfende Gedanken kontrollieren

Stress entsteht zu einem erheblichen Teil im Kopf. Wie wir Situationen einschätzen und unsere eigenen Kompetenzen bewerten, hat großen Einfluss darauf, ob es zu Stress kommt oder nicht. Dies haben wir im ersten Teil dieses Buches ausführlich erörtert. Der zweite Hauptweg zur Stressbewältigung besteht daher darin, individuelle stressverschärfende Stressverarbeitungsmuster und persönliche Stressverstärker achtsam wahrzunehmen, selbstkritisch zu reflektieren und dann förderliche, stressmindernde Gedanken und Einstellungen zu entwickeln. In diesem Kapitel geht es um solche Möglichkeiten der mentalen Stressbewältigung.

7

Mentale Stresskompetenz beinhaltet die Fähigkeit, Abstand zu den eigenen häufig automatisierten stressverschärfenden Gedanken zu gewinnen, als selbstverständlich angenommene Bewertungen von Situationen und eigenen Kompetenzen zu hinterfragen, also Bewegung in den eigenen Kopf zu bringen und dadurch Bewertungen und Einstellungen entstehen zu lassen, die aufbauend, konstruktiv, unterstützend und motivierend wirken.

Dies ist leichter gesagt als getan. Persönliche Stressverstärker wurzeln, wie wir gesehen haben, in frühen, zum Teil sehr frühen Erfahrungen. Die Brille, mit der wir Situationen und uns selbst wahrnehmen, ist so sehr ein Teil von uns selbst (geworden), dass uns unsere eigene Sichtweise oft als die einzig richtige, ja einzig mögliche Sichtweise erscheint. Viele stressverschärfende Gedanken haben wir schon hunderte Male gedacht. Sie sind tief in unsere Seele und in unser Gehirn eingegraben und lassen sich nicht so einfach über Bord werfen. Wer gelernt hat, seine Aufmerksamkeit vor allem auf die bedrohlichen Aspekte einer Situation zu richten, wird irgendwann auch nur noch bedrohliche Aspekte wahrnehmen. Die eingeschränkte Sichtweise bestätigt sich selbst und verfestigt sich immer mehr. Aber ebenso wie wir nicht bloß hilflose Opfer der äußeren Umstände sind, sind wir auch nicht nur Opfer unserer eigenen früheren Erfahrungen, unserer Biografie. Wir können uns selbst entwickeln. Und wir können lernen, die Stressverstärker, wenn nicht ganz loszuwerden, dann doch innerlich Distanz zu ihnen zu gewinnen und sie allmählich aufzuweichen, und mit der Zeit einen konstruktiveren, förderlichen gedanklichen Umgang mit den Belastungen in Beruf und Alltag zu entwickeln.

Kein »naiver Optimismus«

Dabei geht es hier nicht darum, einem »naiven Optimismus« das Wort zu reden, wie er von manchen Gurus und Propheten des sog. »positiven Denkens« propagiert wird. Diese versprechen nicht nur Gesundheit und Erfolg, sondern auch Schönheit, Reichtum und immerwährendes Glück, wenn man nur positiv genug denkt. Dabei wird suggeriert, dass jeder positiv denken könne, wenn er nur wolle. Als brauche man dazu nur einen Schalter im Kopf umzulegen und »alles wird gut«. Die Versprechungen dieser Gurus sind häufig völlig überzogen und uneinlösbar. Ihre Methoden, sich mit beständig zu wiederholenden Gedanken wie »Ich bin gut!«, »Mir geht es von Tag zu Tag besser!«, »Ich schaffe es!« u. Ä. positiv umzuprogrammieren, nützt kaum jemandem wirklich außer denen, die sie verkaufen. Stressverschärfende Denkmuster und Einstellungen werden auf diese Weise nicht nachhaltig verändert, allenfalls kurzfristig zurückgedrängt oder überdeckt.

Wir können unsere gewohnte Brille nicht einfach absetzen, wir können die Gedanken nicht einfach abschalten und uns vornehmen, »nicht mehr an … zu denken«. Das funktioniert nicht und führt meist nur dazu, dass man sich noch mehr in diese Gedanken verstrickt. Aber wir können innerlich auf Distanz gehen zu unseren Gedanken, sie mit innerem Abstand beobachtend wahrnehmen, uns in unserem Fühlen und Handeln nicht ganz von ihnen beherrschen lassen und sie als das erkennen, was sie sind, nämlich nur Gedanken und nicht Realität. Statt uns z. B. im Fühlen und Handeln voll und ganz von dem Gedanken »Ich kann das nicht« beherrschen zu lassen, gehen wir innerlich auf Distanz und sagen uns: »Ich beobachte, dass ich gerade den Gedanken habe: Ich kann das nicht«.

Im mentalen Stressmanagement geht es zunächst also nicht darum, negative, grüblerische oder sorgenvolle Gedanken aktiv zu bekämpfen, weil man sie weg haben will, oder sich gar für solche Gedanken zu verurteilen, sondern darum sich innerlich zu distanzieren und diese Gedanken achtsam wahrzunehmen – und dann getrost vorüberziehen zu lassen.

Die eigenen Stressgedanken beobachtend mit innerem Abstand wahrzunehmen, kann bereits eine Menge Stress reduzieren. Wer eine solche innere Distanz gewonnen hat, kann dann noch einen Schritt weiter gehen, um neue, förderliche Denkmuster in seinem Gehirn zu fördern und allmählich zu verankern. Das geht allerdings nicht per schnellem Knopfdruck, sondern nur Schritt für Schritt und erfordert Übung – eben mentales Training!

Optimismus kommt von Optimum

Eine durchgängig rosarot gefärbte Sicht und der naiv-optimistische Glaube daran, dass sich die Dinge des Lebens schon gut entwickeln werden, mögen sich kurzfristig positiv auf das Befinden auswirken, für einen langfristig erfolgreichen und gesundheitsförderlichen Umgang mit Belastungen ist eine solche Sichtweise jedoch wenig hilfreich. Von dem Wiener Psychiater und Psychotherapeuten Viktor Frankl, der als Begründer einer eigenen Psychotherapierichtung, der Logotherapie, weltweite Anerkennung gefunden hat, habe ich ein anderes Verständnis

Abb. 7.1 Mentale Stresskompetenz

von Optimismus gelernt. Optimismus, so Frankl, bestehe darin, aus einer Situation das Beste (= Optimum) zu machen. Genau dies ist letztlich auch das Ziel mentalen Stressmanagements. Ein kompetenter mentaler Umgang mit Belastungen umfasst im Wesentlichen die folgenden vier Aspekte (Abb. 7.1):

- das Annehmen der Realität,
- Herausforderung statt Bedrohung: Anforderungen konstruktiv bewerten,
- Selbstwirksamkeit: die Überzeugung in die eigene Kompetenz stärken,
- persönliche Stressverstärker entschärfen.

Nicht jede der mentalen Strategien, die ich Ihnen im Folgenden vorstellen werde, ist für jeden in jeder Situation sinnvoll oder anwendbar. Hier gilt wieder: Suchen Sie sich das heraus, was für Sie persönlich hilfreich ist.

7.1 Das Annehmen der Realität: Einfach und doch so schwer

» Das, was ist, das ist, und erst wie ich damit umgehe, ist mein Beitrag zum Leben. (Laotse, legendärer chinesischer Philosoph, 6. Jahrhundert v. Chr.)

Die Realität akzeptieren

Annehmen der Realität (»Das, was ist, das ist …«) – das bedeutet, die Situation so zu akzeptieren, wie sie ist – als Teil meines

Jobs, als Teil meines Lebens. Ärger, Vorwürfe und Schuldgefühle helfen ebenso wenig weiter wie Weggucken und Nicht-wahr-haben-Wollen. Im ersten Teil dieses Buches (▶ Kap. 4) haben Sie das stressverschärfende »Das gibt's doch nicht!«-Denken kennengelernt. Annehmen der Realität unterbricht dieses Denkmuster.

Annehmen macht frei

Annehmen der Situation beinhaltet zweierlei: Erstens das möglichst frühzeitige Wahrnehmen von Stresssignalen und zweitens eine klare und bewusste Entscheidung für das Annehmen und damit gegen das Hadern mit der Realität. Genau in dieser Entscheidung liegt unsere Freiheit. Es ist letztlich immer unsere Entscheidung, wie sehr wir uns von einer äußeren Situation ärgern, aufregen oder niederdrücken lassen. Und zugleich liegt in der Entscheidung für das Annehmen auch eine Befreiung. Wir werden freier, weil wir unsere Energie nicht mehr im Hadern und Ärgern, im Dagegenankämpfen und Verleugnen verbrauchen.

Dabei bezieht sich das Annehmen sowohl auf die äußeren Stressoren als auch auf die eigenen körperlichen, emotionalen und gedanklichen Stressreaktionen. Annehmen verändert noch nicht wirklich etwas, verhindert aber, dass man sich noch mehr in die Erregung hineinsteigert und ermöglicht erst eine konstruktive Auseinandersetzung mit den jeweiligen Anforderungen der Situation. Annehmen eröffnet uns einen Ausweg aus dem Teufelskreis, der von Stress durch Stress, Ärger über Ärger, Angst vor Angst angetrieben wird.

Stresstoleranz

Annehmen fördert die Stresstoleranz. Die bekannte amerikanische Psychotherapeutin Marsha Linehan (1996, S. 124) schreibt hierzu:

> » Stresstoleranz ist die Fähigkeit, die eigene Umgebung wahrzunehmen, ohne dabei zu erwarten, dass sie anders sein sollte, die Fähigkeit, sich des eigenen momentanen emotionalen Befindens gewahr zu werden, ohne zu versuchen, es zu verändern, und die Fähigkeit, die eigenen Gedanken und Handlungsmuster zu beobachten, ohne den Versuch, sie zu stoppen oder zu kontrollieren.

Annehmen bedeutet nicht Hinnehmen

Es geht also um eine Haltung des Nicht-Bewertens, die aber nicht mit einem Billigen oder Gutheißen gleichzusetzen ist. Dies ist wichtig zu betonen. Das Annehmen der Realität entspricht nicht einem Gutheißen der Realität. Annehmen ist auch nicht gleichbedeutend mit Hinnehmen oder passivem Erdulden der Situation. Im Gegenteil: Oft ist es so, dass wir erst durch das Annehmen die Freiheit zurückgewinnen, um konstruktiv zu handeln. Erst wenn wir uns in einer annehmenden Grundhaltung der Realität stellen, gelingt es oft, eigene Handlungsmöglichkeiten (wieder) zu entdecken und zu ergreifen.

Beispiele

▪ Wie kann dieses Annehmen konkret aussehen?

Als ich vor einigen Jahren damit begann, Vorträge außerhalb des mir vertrauten akademischen Milieus vor größeren Zuhörerschaften zu halten, bekam ich regelmäßig besonders in den ersten Minuten des Vortrages einen sehr trockenen Mund, der mich beim Sprechen stark behinderte. Ich war vor den für mich neuen Vortragssituationen sehr aufgeregt, mein Körper produzierte entsprechend große Mengen an Adrenalin, was die extreme Mundtrockenheit zur Folge hatte. Mir waren diese Zusammenhänge zwar grundsätzlich klar, in den konkreten Situationen aber versuchte ich, sie zu ignorieren und zu überspielen, auch weil es mir peinlich war, als Experte für Stressmanagement derart heftige Stressreaktionen zu zeigen. In den Minuten vor dem Vortrag beobachtete ich in ängstlicher Erwartung die Feuchtigkeitsverhältnisse in meinem Mund mit der Folge, dass die Mundtrockenheit immer stärker wurde. Inzwischen habe ich gelernt, diese starken Stressreaktionen als Teil meiner Vorbereitung auf die anstehende Aufgabe anzunehmen. Ich scheue mich auch nicht mehr, auch vor größerem Publikum während meines Vortrages einen Schluck Wasser zu trinken, und nehme dies als Gelegenheit, meinen Zuhörern etwas über Adrenalin und körperliche Stressreaktionen zu erklären. Genau dadurch, dass ich meine Stressreaktionen nicht einfach ignoriere, aber mich deswegen nicht auch zusätzlich aufrege oder ärgere, sondern sie als Teil meiner Realität annehme, kann ich jetzt feststellen, dass die Stressreaktionen zwar nicht ganz verschwunden sind (was ja auch gar nicht sinnvoll wäre), aber in ihrer Intensität deutlich abgenommen haben.

Annehmende Grundhaltung

Ein junger Golfspieler, den ich einige Zeit als Mental-Coach begleitete, beklagte sich in unseren Treffen wiederholt darüber, dass er in Turnieren immer so viel Pech habe. Besonders bei den kurzen Bällen, die er eigentlich sicher einlochen könne, passiere es ihm immer wieder, dass der Ball wegen Unebenheiten im Boden o. Ä. das Loch knapp verfehle. Er ärgere sich dann immer fürchterlich über sein Pech, schlage mit seinem Schläger auf den Boden und schnauze auch schon mal Mitspieler, Zuschauer oder seinen Caddy an. In seinem Kopf sei dann vor allem ein Gedanke präsent: »Das gibt's doch nicht!«. In unserem Gespräch wurde ihm schnell klar, dass diese heftige Ärgerreaktion sich negativ auf seinen nächsten Abschlag und sein ganzes weiteres Spiel auswirkt und er sein eigentliches Leistungspotenzial nicht mehr ausschöpfen kann. Auf meine Frage, welcher Gedanke in solchen Situationen für ihn hilfreich sein könne, meinte er nach einigem Überlegen schließlich mit einem befreienden Lachen: »Das gibt's!« Solche Situationen seien doch eigentlich Teil des Golfspiels und machten einen Teil seiner Faszination aus. Mit diesem Wechsel vom »Das gibt's nicht!«- zum »Das gibt's!«-Gedanken hatte er zu einer annehmenden Grundhaltung gefunden und das

Hadern mit dem, was ist, hinter sich gelassen. Aus dieser annehmenden Grundhaltung heraus war es ihm dann auch möglich, die beschriebenen »Pech-Situationen« genauer zu analysieren und zu erkennen, dass es keineswegs immer »Pech« war, sondern dass er auch an seinem kurzen Spiel arbeiten müsse.

»Shit happens«

Vor einiger Zeit wurde ich von dem stellvertretenden Leiter der Schule einer meiner Töchter zu einem Gespräch geladen. Nach dem Gespräch sah ich beim Hinausgehen an der Tür des Büros, die zum Schulflur hinausführte, ein in Augenhöhe angebrachtes Schild mit der Aufschrift: »Shit happens!« Als ich meinen Gesprächspartner auf dieses Schild ansprach, erklärte er mir, dass er als stellvertretender Schulleiter der »trouble shooter« der Schule sei. Wenn er sein Büro verlasse, müsse er immer damit rechnen, dass er mit größeren oder kleineren unvorhergesehenen Schwierigkeiten und Problemen konfrontiert werde. Wenn er, bevor er auf den Schulflur hinaustrete, das Schild sehe, helfe ihm dies, kurz kräftig auszuatmen und dann mit mehr Gelassenheit hinauszugehen, um sich den aktuellen Anforderungen zu stellen. Es helfe ihm, das »trouble shooting« als wichtigen Teil seiner Aufgabe als stellvertretender Schulleiter anzunehmen.

Beobachten und Reflektieren

Bitte denken Sie einmal an konkrete Stresssituationen aus Ihrem beruflichen oder persönlichen Alltag der letzten Zeit. Dabei kann es sich um eher leichtere und akute Situationen wie z. B. im Stau stehen, an der Kaufhauskasse oder auf dem Bahnsteig warten müssen, etwas verloren haben etc. oder auch um schwerere und länger andauernde Belastungen wie z. B. dem Ausfall von Maschinen oder Mitarbeitern, Schwierigkeiten mit pubertierenden Kindern, Krankheit und Schmerz bei sich oder Angehörigen etc. handeln.
Dann prüfen Sie bitte die folgenden Fragen:

- Was bedeutet »Annehmen der Realität« in dieser konkreten Stresssituation?
- Inwieweit stellt das »Annehmen« in dieser Situation den ersten Schritt zu einer konstruktiven Bewältigung dar?

7.2 Herausforderung statt Bedrohung: Anforderungen konstruktiv bewerten

Bewertungen hinterfragen, neue Perspektiven entwickeln

Über das Annehmen hinaus beinhaltet mentale Stresskompetenz auch die Fähigkeit, Anforderungen und Schwierigkeiten konstruktiv zu bewerten. Es geht dabei darum, als selbstverständlich angenommene Bewertungen von Ereignissen zu hinterfragen und neue Perspektiven zu entwickeln. Anstelle von einseitiger Wahrnehmung und Verallgemeinerung von negativen, bedrohlichen oder schädigenden Aspekten richten wir unsere Aufmerksamkeit gezielt auf positive Aspekte der jeweiligen Situation, auf die Chancen, die in ihnen stecken, auf den Sinn, den die Situation für uns haben kann, und auf die positiven Konsequenzen, die sich auch aus ihr ergeben können. Im ersten Teil dieses Buches (► Abschn. 4.2) haben Sie stressverschärfende Denkmuster wie den »Blick auf das Negative«, das »Negative-Konsequenzen-Denken« und das »Personalisierende Denken« kennengelernt. Wie können wir diese stressverschärfenden Denkmuster abbauen und stattdessen stressvermindernde, förderliche Sichtweisen entwickeln? Mit dieser Frage werden wir uns im nun folgenden Abschnitt befassen.

Sich um andere Blickwinkel bemühen

Betrachten Sie dazu bitte zunächst einmal in Ruhe das Bild in ◘ Abb. 7.2. Was erkennen Sie in diesem Bild? Prägen Sie sich

◘ **Abb. 7.2** Junge Frau oder alte Frau? Was erkennen Sie in diesem Bild?

dieses Bild möglichst gut ein. Und nun richten Sie Ihre Aufmerksamkeit noch einmal auf die Abbildung. Wenn Sie zuvor eine alte Frau in dem Bild erkannt haben, dann versuchen Sie nun bitte, eine junge Frau zu sehen. Und umgekehrt: Wer zuerst eine junge Frau gesehen hat, sollte nun eine alte Frau sehen. Sie werden dabei feststellen, dass dies gar nicht so einfach ist. Man muss sich schon gezielt um einen anderen Blickwinkel bemühen. Das zuerst gewonnene Bild hat sich in unserem Gehirn regelrecht festgesetzt und wird von ihm immer wieder reproduziert. Wenn wir das jeweils andere Bild, das auch in der Abbildung enthalten ist, erkennen wollen, dann gelingt dies meist nur, wenn wir buchstäblich aus einem anderen Blickwinkel darauf schauen, indem wir z. B. den Kopf neigen oder die Abbildung auf den Kopf stellen. (Hier eine kleine Hilfestellung: Das Kinn der alten Frau ist bei der jungen Frau das Dekolleté, der Mund der alten Frau wird zum Halsband bei der jungen Frau, die Nase der alten zum Unterkiefer der jungen Frau und das Auge der alten zum Ohr der jungen Frau. Probieren Sie es einmal!)

Mit der Wahrnehmung und Bewertung von Anforderungen verhält es sich ganz ähnlich. Auch hier sind häufig unterschiedliche Interpretationen möglich. Und auch hier bedarf es unseres bewussten Bemühens, um festgefahrene Wahrnehmungsmuster zu überwinden und um eine neue Perspektive zu gewinnen. Auch an Anforderungen in Beruf und Alltag gehen wir häufig mit vorgefertigten Bildern heran, die sich in unserem Gehirn festgesetzt haben und unsere Wahrnehmung prägen. Sie stellen die Brille dar, mit der wir durch unseren Alltag gehen und mit der wir Anforderungen wahrnehmen und einschätzen. Wie kann es uns gelingen, in unserem Gehirn neue Perspektiven entstehen zu lassen, sodass alltägliche Anforderungen in einem anderen Licht erscheinen und wir positive Aspekte und Chancen eher wahrnehmen können?

In einen Dialog mit sich selbst treten

Dies ist keine einfache Aufgabe. Es gibt dafür nicht einen Knopf, den man drücken könnte, um im Gehirn stressvermindernde, konstruktive Sichtweisen gewissermaßen »anzuschalten«. Aber wir können festgefahrene Bewertungen hinterfragen und konstruktivere Sichtweisen anregen, indem wir uns selbst Fragen stellen. Wir treten dabei gewissermaßen in einen Dialog mit uns selbst bzw. mit den stressverschärfenden Bewertungen, die sich in unserem Kopf festgesetzt haben. Wir versuchen, Bewegung in unseren Kopf zu bringen. Je nach Art der Situation und der Beschaffenheit unserer Bewertungsmuster können dabei jeweils unterschiedliche Fragen hilfreich sein. Im Folgenden zeige ich die Fragestrategien auf, die sich in der Praxis für unterschiedliche Menschen besonders bewährt haben.

Situation auf Chancen oder Sinn prüfen

Blick auf das Positive Hier geht es darum, unsere Aufmerksamkeit auf die Chancen und den Sinn zu lenken, die die jeweilige Situation für uns und unser Leben auch haben kann, anstatt einseitig die bedrohlichen oder schädlichen Aspekte der Situation wahrzunehmen. Das bedeutet nicht, dass man sich eine belastende Situation schön reden oder alles durch eine rosarot gefärbte Brille anschauen sollte. Es bedeutet vielmehr, dass man bei allem Negativen auch immer wieder den Blick richtet auf die Dinge im eigenen Leben, die erfreulich, gelungen oder schön sind. Anforderungen können immer auch eine Herausforderung zum Lernen und Möglichkeiten zur persönlichen Weiterentwicklung darstellen. Dazu muss man gegebenenfalls den engen Tunnelblick, den man oft im Stress hat, weiten und über die aktuelle Situation hinausschauen. Dies kann dann dazu führen, dass Stress und Ärger verrauchen und Gefühle von Zufriedenheit, Stolz und Dankbarkeit entstehen. Wenn wir unseren Blick auch für das Positive weiten, dann kann uns dies auch an solche Situationen erinnern, die wir zuerst vielleicht als eindeutig und ausschließlich negativ bewertet haben, die aber im Nachhinein betrachtet auch durchaus positive Seiten oder einen persönlichen Sinn gehabt haben. Es gibt das sprichwörtliche »Glück im Unglück«, das »Gute im Schlechten«. Und diese Erkenntnis führt uns dazu, insgesamt **weniger zu bewerten und zu urteilen,** und die Dinge zunächst einmal so anzunehmen, wie sie sind. Förderlich ist es auch, wenn man die Bedeutung der negativen Aspekte für einen selbst hinterfragt und relativiert und seine Aufmerksamkeit richtet auf das, was einem wirklich wichtig ist, also **das Wesentliche zu sehen.**

Mit den nachfolgenden Fragen können Sie einen solchen »Blick auf das Positive« anregen:

- Was ist das Gute an dieser Situation?
- Wozu ist das – auch – gut?
- Wo liegen Chancen?
- Was kann ich in dieser Situation lernen?
- Welche Aufgabe habe ich in dieser Situation?
- Welchen Sinn finde ich in dieser Situation?
- Wie wichtig ist das wirklich für mich? Was ist wichtiger als diese Sache?
- Was habe ich Schönes erlebt? Was wurde oder wird mir Gutes zuteil? Wofür bin ich dankbar?

Wenn Sie sich mit solchen und ähnlichen Fragen beschäftigen, kann dies dazu führen, dass in Ihnen der Gedanke »Ich muss …« durch den Gedanken »Ich will …« abgelöst wird. Das bedeutet, dass Sie die Herausforderungen, die Chancen und die Aufgaben, die die jeweiligen Situationen für Sie bereithalten, für sich besser erkennen und annehmen können und dass Sie bereit sind, sich diesen Herausforderungen aktiv zu stellen.

Die Realität überprüfen

Realitätstestung und Konkretisieren Manchmal neigen wir dazu, Situationen oder dem Verhalten anderer Menschen eine persönliche Bedeutung zu geben, die sie bei Lichte betrachtet nicht wirklich haben. Wir steigern uns dann in etwas hinein, was mit der ursprünglichen Situation unter Umständen nicht mehr viel zu tun hat (vgl. »Personalisieren« in ▶ Abschn. 4.2). Stressvermindernd ist es hier, mehr innere Distanz zu bewahren, innerlich gewissermaßen einen Schritt zurückzutreten und die Situation gedanklich aus einer anderen Warte, z. B. aus der Perspektive eines neutralen Beobachters, zu betrachten. Auch wenn Sie dazu neigen, negative Ereignisse oder Erfahrungen vorschnell zu verallgemeinern, kann es für Sie hilfreich sein, Ihren Kopf wieder auf den Boden der Tatsachen zurückzuholen, eine gedankliche Realitätstestung durchzuführen und sich die konkrete Ausgangssituation, die Auslöser für den Stress gewesen ist, vor Augen zu führen. Die folgenden Fragen dienen dazu, den Wirklichkeitsgehalt der eigenen Situationswahrnehmung zu überprüfen:
- Was genau ist eigentlich passiert?
- Ist das immer so? Gibt es Ausnahmen?
- Ist es wirklich so? Welche Beweise/Tatsachen sprechen für meine Sichtweise?
- Welche anderen Möglichkeiten gibt es, die Situation zu erklären?
- Wie sehen die anderen beteiligten Personen die Sache? Wie fühlen die sich?
- Wie sehen andere (neutrale, unabhängige, erfahrene) Personen die Sache?
- Wie würde das Geschehen in einem Dokumentarfilm aussehen?

Wenn es Ihnen gelingt, Ihren Kopf mit solchen Fragen zu beschäftigen, kann dies dazu beitragen, dass Sie eine realitätsangemessenere Einschätzung der Situation gewinnen, dass Sie wieder klarer sehen. Sie werden die Situation selbst wahrscheinlich gar nicht mehr als so bedrohlich und als leichter handhabbar einschätzen.

Situation relativieren

Relativieren und Distanzieren Wenn Sie leicht den Maßstab verlieren, dazu neigen, aus einer Mücke einen Elefanten zu machen, dann ist es für Sie hilfreich, die Dinge wieder ins rechte Verhältnis zu setzen, zu relativieren (nicht bagatellisieren). Folgende Fragen können dabei hilfreich sein:
- Wie werde ich später, in einem Monat oder in einem Jahr darüber denken?
- Was denkt jemand, den die Situation weniger belastet als mich?

- Wie wichtig ist diese Sache wirklich für mich? Was ist wichtiger als diese Sache?
- Wie sieht die Situation von einer höheren Warte aus?

Wenn es Ihnen gelingt, Ihren Kopf mit solchen Fragen zu beschäftigen, wird dies wahrscheinlich dazu führen, dass Sie das Wesentliche, das, was Ihnen wirklich wichtig ist, wieder klarer sehen können. Die Fragen können auch dabei helfen, mehr innere Distanz zu gewinnen, insbesondere dann, wenn man dazu neigt, Dinge allzu persönlich zu nehmen (▶ Kap. 4, Abschn. »Personalisieren«).

An positive Konsequenzen denken

Positives-Konsequenzen-Denken Im ersten Teil dieses Buches (▶ Abschn. 4.2) haben Sie das Negative-Konsequenzen-Denken als ein stressverschärfendes Denkmuster kennengelernt. Anstatt sich gedanklich mit den negativen Folgen zu beschäftigen, die es haben wird, wenn wir an der Bewältigung einer Anforderung scheitern, können wir unsere Aufmerksamkeit auch gezielt auf die möglichen positiven Konsequenzen einer erfolgreichen Bewältigung lenken. Wir malen uns dann in allen Einzelheiten aus, wie es sein wird, wenn wir die jeweilige Situation gemeistert haben. Das heißt nicht, dass man sich oberflächlich einreden sollte, dass »schon alles gut werden wird«. Es geht vielmehr darum, dass wir unseren Blick auf mögliche Erfolge und Chancen richten, die die Anforderung für uns auch bereit hält und uns möglichst plastisch ausmalen, wie es sein wird, wenn wir die Situation gemeistert haben. Das bedeutet nicht, Risiken und Gefahren gänzlich auszublenden, sondern eben auch, die Chancen wahrzunehmen. Statt Angst vor Misserfolg entstehen so Hoffnung auf Erfolg, Kraft und Motivation. Förderlich ist es auch hier, wenn man die tatsächliche Bedeutung der erwarteten negativen Konsequenzen für einen selbst hinterfragt und relativiert und sich auf das Wesentliche besinnt. Manchmal kann es auch hilfreich sein, wenn man die befürchteten katastrophalen Folgen bis zum letzten Ende gedanklich durchspielt. Dies führt dann häufig zum Ent-Katastrophisieren, d. h. der Erkenntnis, dass man es trotz aller schlimmen Folgen letztlich überleben wird.

Auch hierzu bedarf es der Übung und der gezielten Anregung des Gehirns, das allzu leicht dazu neigt, sich in der Beschäftigung mit befürchteten negativen Folgen zu verlieren. Die Beschäftigung mit den folgenden Fragen kann dabei helfen:

- Wie wird es sein, wenn ich die Anforderung erfolgreich bewältigt habe?
- Wie werde ich mich dann fühlen?
- Wie werden andere, die mir wichtig sind, auf meinen Erfolg reagieren?
- Wie wird das meine Lebenssituation positiv beeinflussen?

Auch Ent-Katastrophisieren:

- Was würde schlimmstenfalls geschehen? Wie schlimm wäre das wirklich? Wie wahrscheinlich ist das?

Lassen Sie in Ihrem Kopf möglichst plastische »Erfolgsbilder« entstehen. Dies wird dazu beitragen, dass Sie die jeweiligen Anforderungen weniger als Bedrohung erleben und stattdessen Kraft, Motivation, ja unter Umständen sogar Freude in sich spüren.

Konstruktives Denken üben

Wenn Sie mit solchen und ähnlichen Fragen versuchen, Bewegung in Ihren Kopf zu bringen, um einseitige und festgefahrene Wahrnehmungs- und Bewertungsmuster zu überwinden und neue konstruktive Perspektiven zu gewinnen, dann hüten Sie sich davor, vorschnell aufzugeben. Bleiben Sie hartnäckig. Ihr Gehirn muss sich erst an diese neuen Fragen gewöhnen, die entsprechenden neuronalen Schaltkreise müssen erst angelegt und durch häufige Benutzung ausgebaut werden, bis sie so stark sind, dass sie die alten, durch jahrelangen Gebrauch gebahnten Muster ablösen können (vgl. die Erläuterungen zur neuronalen Plastizität in ► Abschn. 2.6).

Förderliches Denken trainieren

Wenn Sie den Eindruck haben, dass stressverschärfendes Denken auch bei Ihrem persönlichen Stresserleben eine Rolle spielt, dann sollten Sie Ihr Gehirn systematisch in förderlichem Denken trainieren. Wählen Sie sich dazu ein oder zwei Fragen aus den oben aufgeführten Möglichkeiten aus und stellen Sie sich selbst diese Fragen regelmäßig am besten an jedem Tag zu einer bestimmten Zeit. Wenn Sie zum Beispiel einseitig zum »Blick auf das Negative« neigen, dann stellen Sie sich selbst an jedem Abend die Frage: »Was war heute gut?«. Wenn das »Negative-Konsequenzen-Denken« in Ihrem Kopf stark ausgeprägt ist, dann können Sie sich z. B. an jedem Morgen die Frage vorlegen: »Was wird heute gut laufen?«. Auf diese Weise können Sie Ihr Gehirn in förderlichem, stressverminderndem Denken trainieren. Und wie bei jedem Training, so gilt auch hier: Nur geduldige, regelmäßige, wiederholte Übung über einen längeren Zeitraum führt zum Erfolg.

7.3 Selbstwirksamkeit: Die Überzeugung von der eigenen Kompetenz

Bedeutung eigener Kompetenzen

Stress entsteht immer dann, wenn wir uns die erfolgreiche Bewältigung einer Anforderung nicht zutrauen. Neben der Einschätzung der jeweiligen Anforderungen geht es daher immer auch um eine Einschätzung der eigenen Kompetenzen. Möglicherweise fehlen uns tatsächlich die nötigen Kompetenzen, um eine gestellte Anforderung erfolgreich bewältigen zu können. Dann sind wir gewissermaßen zu Recht im Stress.

Selbstwirksamkeit: »Ich kann es«

Oft aber fehlt ein objektiver Maßstab oder wir trauen es uns einfach nicht zu. Wir unterschätzen unsere Fähigkeiten, uns fehlt das Vertrauen in die eigene Kompetenz. Im ersten Teil dieses Buches haben Sie das »Defizit-Denken« (▶ Abschn. 4.2) als ein Muster stressverschärfenden Denkens kennengelernt. Es besteht darin, dass die Aufmerksamkeit zu einseitig auf eigene Schwächen, Fehler und Misserfolge gerichtet wird. Die förderliche, stressvermindernde Alternative besteht hier im **Stärken-Denken,** das zur Selbstakzeptanz führt. Hier geht es nicht darum, sich oberflächlich einzureden »Du schaffst das schon!«. Stärken-Denken bedeutet vielmehr, dass man sich auch seiner Stärken, Kompetenzen und Erfolge bewusst wird und sich an vergangene schwierige Situationen erinnert, die man bereits gemeistert hat. Doch nicht nur Erinnerungen an Situationen, in denen es gut für uns gelaufen ist, sondern auch Erfahrungen mit vergangenen Situationen, die mit Niederlagen und Misserfolgen verbunden waren, die man letztlich aber doch irgendwie überstanden hat, können hier hilfreich sein. Auch sie stärken die eigene Selbstwirksamkeitsüberzeugung, das tiefe Vertrauen in die eigene Kraft, auch schwierige Situationen durchstehen zu können. Stärken-Denken beinhaltet im Übrigen nicht, wie es manchmal missverstanden wird, dass man eigene Schwächen möglichst verdrängt oder verleugnet, sondern dass man sich mit seinen Schwächen und Stärken wahrnimmt und annimmt (»Ich bin gut so wie ich bin.«).

Gesundheitspsychologen sprechen in diesem Zusammenhang auch von **Selbstwirksamkeit.** Gemeint ist damit eine tiefe, innere Überzeugung, mit schwierigen Situationen selbst fertig werden zu können, insbesondere auch dann, wenn man aufgrund vorheriger Erfahrungen noch nicht hundertprozentig sicher sein kann, dass man es wirklich kann. Es handelt sich also um ein optimistisches Vertrauen in die eigenen Fähigkeiten und Stärken, es ist die »Ich kann es«-Überzeugung. Zahlreiche wissenschaftliche Studien haben wiederholt gezeigt, dass eine hohe Selbstwirksamkeitsüberzeugung die Bewältigung von Alltagsstress erleichtert.

▪ Wie können wir eine solche optimistische Selbstwirksamkeitsüberzeugung gewinnen?

Selbstwirksamkeit entsteht durch Erfahrungen

Viele von Ihnen werden die Erfahrung teilen, dass es wenig nützt, wenn wir uns die »Ich kann es«-Überzeugung gebetsmühlenartig einzureden versuchen. Auch gutes Zureden von anderen (»Du schafft es schon ...«) zeigt zumeist nur eine kurzfristige Wirkung. Eine nachhaltige Selbstwirksamkeit beruht letztlich auf Erfahrungen. Erfahrungen mit schwierigen Situationen in unserem Leben, die wir – auf welche Art und Weise auch immer – gemeistert haben. Die meisten Menschen können auf solche Erfahrungen zurückblicken, allerdings sind die Erinnerungen daran oft verschüttet und überlagert von Erinnerungen an Erfahrungen des Misserfolgs, die die meisten von uns ebenfalls gemacht haben. Hier kommt es darauf an, uns die Erinnerungen an die Situationen, in denen wir etwas geschafft haben, von dem wir zunächst nicht überzeugt waren, dass es uns gelingen könnte, bewusst ins Gedächtnis zu rufen. Diese Erfahrungen sind die Nahrung für die Selbstwirksamkeitsüberzeugung. Wir müssen sie in uns wach und lebendig halten (▶ Kasten »Erinnern und Reflektieren«).

Erinnern und Reflektieren

Um »Stärken-Denken« anzuregen, beschäftigen Sie sich einmal in Ruhe mit den folgenden Fragen:

- Welche schwierigen Situationen in meinem Leben habe ich bereits gemeistert oder durchgestanden? Wie habe ich das geschafft?
- Welche Stärken und Tugenden habe ich dabei unter Beweis gestellt?
- Worauf bin ich stolz?
- Was gibt mir heute Mut und Sicherheit? Worauf kann ich mich verlassen?
- Wie würde ein guter Freund (oder Kollege, Vater, Mutter, jemand, der »hinter mir steht«) meine Stärken beschreiben?

Vertrauen in die eigene Kompetenz gewinnen

So wie das Vertrauen zu anderen Menschen, so wächst auch das Vertrauen in die eigene Kompetenz Schritt für Schritt mit der Erfahrung. Allerdings passiert ein solches Wachstum nicht von allein. Damit Vertrauen zwischen Menschen wachsen kann, bedarf es des Mutes jedes Einzelnen, einen Schritt auf den anderen zuzugehen und damit das Risiko einer Enttäuschung oder Ablehnung in Kauf zu nehmen. Ohne einen solchen Mut zum kalkulierten Risiko können vertrauensvolle Beziehungen zwischen Menschen nicht entstehen. Ganz ähnlich verhält es sich auch mit dem Wachstum des Vertrauens in die eigene Kompetenz. Auch hier brauchen wir den Mut, einen neuen Schritt zu wagen, uns einer neuen herausfordernden Situation zu stellen und dabei das Risiko eines Scheiterns in Kauf zu nehmen. Es gilt, die Angst vor dem Misserfolg zu überwinden. Wenn wir diesen Mut aufbringen, dann ermöglichen wir uns genau die Erfahrungen, die das Vertrauen in die eigene Kompetenz braucht, um wachsen zu können. Nämlich die Erfahrung, in einer neuen, unsicheren Situation die eigenen Kompetenzen erfolgreich eingesetzt zu haben.

Misserfolge konstruktiv verarbeiten

Selbstverständlich sind auch Misserfolgserfahrungen möglich, aber auch diese können für eine Stärkung der Selbstwirksamkeit genutzt werden, wenn wir sie sorgfältig analysieren. Habe ich mir zu viel vorgenommen? Was an meinem Vorgehen hat zu dem Misserfolg beigetragen? Woran hat es gelegen, dass ich mein Ziel nicht erreicht habe? Wenn wir uns diese Fragen ehrlich beantworten, dann können wir auch aus einer Misserfolgserfahrung lernen. Und wir lernen, Misserfolge besser zu verarbeiten. Es ist ja nicht der Misserfolg selbst, der unser Vertrauen in uns selbst untergräbt, sondern die Angst vor dem Misserfolg und seinen Folgen. Insofern kann die Erfahrung eines Misserfolges und besonders die Erfahrung, einen Misserfolg »überlebt« zu haben, vielleicht sogar an ihm gewachsen zu sein, zu einer Stärkung der Selbstwirksamkeitsüberzeugung beitragen.

7

Mentales Training

»Wer nicht wagt, der nicht gewinnt.« Dieser Spruch gilt somit auch, wenn es darum geht, die eigene Selbstwirksamkeitsüberzeugung zu stärken. Das bedeutet nun allerdings nicht, dass wir uns ohne entsprechende Vorbereitung unkalkulierbaren Risiken aussetzen sollten. Um die Wahrscheinlichkeit eines Erfolgserlebnisses zu erhöhen, kommt es auf eine gute mentale Vorbereitung an. Hier können wir uns die Fähigkeit des menschlichen Gehirns zur Antizipation, zur gedanklichen Vorwegnahme von Situationen zunutze machen. Anstatt sich – wie es ja häufig geschieht – gedanklich mit den möglichen negativen Ausgängen einer Situation zu beschäftigen, nutzen wir unsere Fähigkeit zur Antizipation, um uns möglichst plastisch und in allen Einzelheiten vorzustellen, wie wir in der fraglichen herausfordernden Situation erfolgreich handeln werden. Wir entwickeln in uns ein Drehbuch für unsere »Erfolgsstory«. Im mentalen Training für Sportler wird ein solches Vorgehen seit Langem praktiziert, indem Sportler sich in der Wettkampfvorbereitung oder auch während eines Wettkampfes die richtigen Bewegungsabläufe wiederholt gedanklich vorstellen. Ein solcher, möglichst lebendiger »innerer Film« von den eigenen Handlungsschritten ist äußerst hilfreich, wenn es an das tatsächliche Handeln in einer konkreten Situation geht (▶ Kasten »Vorstellungsübung: Erfolgreiche Bewältigung«).

Vorstellungsübung: »Erfolgreiche Bewältigung«
Denken Sie an eine bevorstehende herausfordernde Situation (z. B. an ein schwieriges Kundengespräch, einen öffentlichen Auftritt, ein Kritikgespräch mit einem Mitarbeiter, eine Prüfung, eine konfliktreiche Auseinandersetzung in der Familie o. Ä.). Machen Sie sich einen möglichst genauen Plan, wie Sie vorgehen werden, was Sie wie tun oder sagen werden. Schließen Sie dann die Augen und stellen Sie sich vor Ihrem inneren Auge in allen Einzelheiten vor, wie Sie die Herausforderung erfolgreich meistern. Prägen Sie sich dieses innere Bild und die guten Gefühle, die mit ihm verbunden sind, möglichst tief ein.
Wiederholen Sie diese Vorstellung so oft, bis Sie Bild und Gefühl der erfolgreichen Bewältigung zuverlässig in sich abrufen können.

7.4 Persönliche Stressverstärker entschärfen: das Entwicklungsquadrat

Motive hinter den Stressverstärkern

Im ersten Teil dieses Buches haben Sie fünf häufige persönliche Stressverstärker kennengelernt und erfahren, dass diese letztlich in einer Übersteigerung an sich normaler menschlicher Bedürfnisse oder Wünsche bestehen (► Abschn. 4.3). So beruht der »Sei-perfekt!«-Verstärker auf dem Leistungsmotiv, der »Sei beliebt!«-Verstärker auf dem Anschlussmotiv, der »Sei unabhängig!«-Verstärker auf dem Autonomiemotiv, der »Behalte Kontrolle«-Verstärker auf dem Kontrollmotiv und der »Halte durch «-Verstärker auf dem Schonungsmotiv. Wenn diese allgemeinmenschlichen Motive absolut gesetzt werden, wenn ihre Erfüllung zu einem unbedingten Muss übersteigert wird, dann macht uns dies stressanfällig gegenüber all den Situationen, in denen es fraglich ist, ob das jeweilige Motiv erfüllt werden kann. Mehr noch, wir werden dann eine Vielzahl von alltäglichen Situationen als Bedrohung dieses Motivs interpretieren.

Wie lassen sich persönliche Stressverstärker entschärfen? Wie immer, wenn es um persönliche Weiterentwicklung geht, steht auch hier die Selbsterkenntnis am Anfang. Es gilt, das eigene, je individuelle Stressverstärker-Profil zu erkennen und sich die dadurch bedingten individuellen Stressanfälligkeiten einzugestehen (siehe hierzu ◘ Abb. 4.3 in ► Kap. 4).

Zu viel des Guten

»In meinem Job kommt es auf absolute Genauigkeit an, da muss man schon ein bisschen perfektionistisch veranlagt sein«, »Ich fühle mich einfach nur wohl, wenn alles harmonisch ist und alle mich mögen«, »Es ist doch gut, alles selbst im Griff zu haben, statt sich auf andere zu verlassen«, »Ich bin halt gern für andere da, und das soll auch so bleiben«, so oder ähnlich lauten

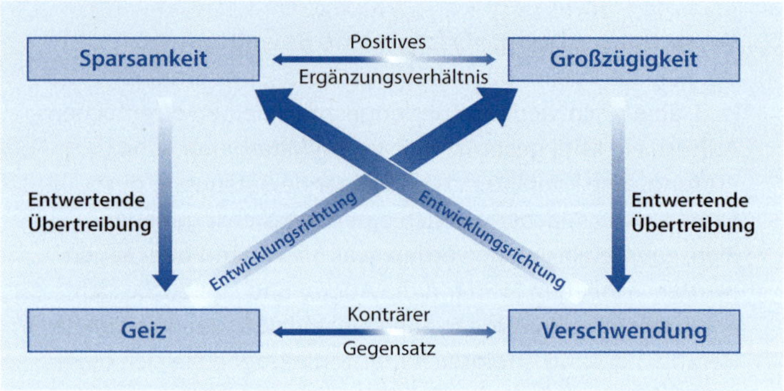

Abb. 7.3 Entwicklungsquadrat am Beispiel »Sparsamkeit«. (Adaptiert nach Schulz von Thun 1989)

häufig die ersten Reaktionen von Seminarteilnehmern, wenn die Sprache auf persönliche Stressverstärker und Möglichkeiten, diese zu verändern, kommt. Diese Äußerungen bringen völlig zu Recht zum Ausdruck, dass die mit den Stressverstärkern verbundenen Einstellungen und Verhaltensweisen nicht nur schlecht sind, dass sie auch viel Gutes haben. Wenn wir uns hier mit der Frage beschäftigen, wie wir persönliche Stressverstärker entschärfen können, dann kann es daher dabei nicht darum gehen, die Stressverstärker einfach über Bord zu werfen. Das wäre kaum möglich und auch nicht sinnvoll. Vielmehr kommt es darauf an, die positiven Seiten der jeweiligen Einstellungen und Verhaltensweisen zu bewahren und zugleich die negativen, eben die stresserzeugenden Aspekte zu verringern.

Entwicklungsquadrat

Um hier klarer zu sehen, können wir uns eines gedanklichen Werkzeuges bedienen, das der Hamburger Psychologie-Professor Friedemann Schulz von Thun vorgestellt hat: das sog. Entwicklungsquadrat. Es geht davon aus, dass der Wert von Verhaltensweisen, Tugenden oder Einstellungen immer relativ ist. Jede Stärke kann zu einer Schwäche werden, und zwar genau dann, wenn man des Guten zu viel tut. Aus Sparsamkeit wird dann Geiz und aus Mut wird Übermut. Um der Gefahr einer solchen entwertenden Übertreibung zu entgehen, ist es erforderlich, dass die jeweiligen Einstellungen und Verhaltensweisen in einer guten Balance zu einer jeweils komplementären Verhaltensweise bzw. Einstellung stehen, dass es jeweils einen Gegenpol gibt. Bei der Sparsamkeit wäre der Gegenpol beispielsweise Großzügigkeit, beim Mut wäre es die Vorsicht. Auch dieser Gegenpol birgt in sich wiederum die Gefahr einer entwertenden Übertreibung. Aus der Großzügigkeit wird dann Verschwendung und die Vorsicht entgleitet zur Feigheit. Diese Überlegungen können wir in Form eines Quadrates darstellen, wie in Abb. 7.3 am Beispiel der Sparsamkeit veranschaulicht wird. Die beiden sich einander ergänzenden positiven Eigenschaften (im Beispiel Sparsamkeit und Großzügigkeit) stehen dabei oben. Sie befinden sich in einem positiven Spannungsverhältnis und bilden zusammen eine Einheit. Die entsprechenden entwertenden Übertreibungen (Geiz und Verschwendung) bilden die beiden unteren Ecken des Quadrats. Sie bilden einen konträren Gegensatz. Zu ihnen kommt es dann, wenn der Wert in der jeweils gegenüberliegenden oberen Ecke des Quadrats fehlt.

Richtung für persönliche Weiterentwicklung erkennen

Jetzt können wir auch die Richtung erkennen, in der eine persönliche Weiterentwicklung erfolgen sollte. Für eine Person, die zur Übertreibung von Sparsamkeit neigt, geht es darum zu lernen, auch einmal großzügig zu sein, ohne dabei in das andere Extrem, die Verschwendung, zu fallen. Umgekehrt sollte jemanden, der zur Übertreibung von Großzügigkeit neigt, Sparsamkeit lernen, ohne geizig zu werden. Dies ist die Grundidee des Entwicklungsquadrates. Es hilft uns, Entwicklungsrichtungen zu erkennen und dabei einfaches Schwarz-Weiß-Denken zu überwinden, und bewahrt uns davor, von einem Extrem ins andere zu verfallen.

Das Entwicklungsquadrat können wir nun auch auf die fünf Stressverstärker anwenden. Dazu stellen wir uns jeweils die folgenden Fragen:

1. Was ist das Gute an dem Stressverstärker? Welche positiven Eigenschaften und Verhaltensweisen sind mit dem jeweiligen Stressverstärker verbunden?
2. Worin besteht die entwertende Übertreibung, das »Zuviel des Guten« bei diesem Stressverstärker?
3. Was ist der positive Gegenpol zu den unter 1. beschriebenen positiven Eigenschaften und Verhaltensweisen?
4. Worin besteht die entwertende Übertreibung bei diesem Gegenpol?
5. In welche Richtung sollte die persönliche Weiterentwicklung gehen?

Entwicklungsquadrate für Stressverstärker

Die Abbildungen 7.4 bis 7.8 zeigen die Entwicklungsquadrate für die fünf Stressverstärker. Die blauen Pfeile geben jeweils die Entwicklungsrichtung für jemanden mit einer starken Ausprägung des jeweiligen Stressverstärkers an. Wenn wir die Richtung kennen, in der wir uns weiterentwickeln wollen, dann können wir auch erste konkrete Schritte planen, die in diese Richtung führen und uns neue Erfahrungen ermöglichen. Denn letztlich sind es solche neuen Erfahrungen, die zu einer allmählichen Veränderung von übergreifenden Einstellungen, zu einer Entschärfung von persönlichen Stressverstärkern führen.

Entwicklungsrichtung beim »Sei perfekt«-Verstärker

Fehlertoleranz entwickeln

Für jemanden mit einer starken Ausprägung des »Sei-perfekt!«-Verstärkers kommt es somit darauf an, Fehlertoleranz zu lernen, sich vor sich selbst und vor anderen Fehler,

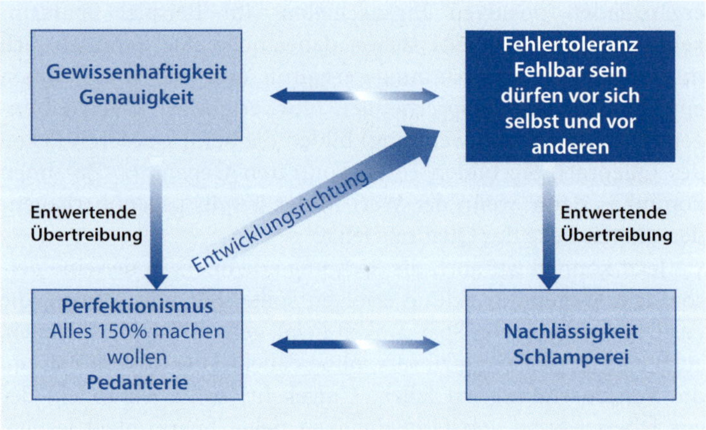

Abb. 7.4 Entwicklungsquadrat beim »Sei perfekt«-Verstärker

Unzulänglichkeiten, Ungenauigkeiten zu erlauben oder diese zumindest auszuhalten, ohne dabei in das andere Extrem, die Nachlässigkeit und Schlamperei, zu fallen (Abb. 7.4). Im Kern geht es hier darum, sich selbst zu erlauben und zu tolerieren, dass man auch einmal ein Arbeitsergebnis abliefert, von dem man weiß, dass man es noch besser könnte. Erste Schritte in diese Richtung können beispielsweise darin bestehen, dass man sich für weniger wichtige Aufgaben ein Zeitlimit setzt und mit einem Ergebnis zufrieden gibt, das nicht alle eigenen Ansprüche erfüllt. Dies kann die Erfahrung vermitteln, dass »gut« (und eben nicht perfekt) oft gut genug ist. Auch vor anderen zu eigenen kleineren Fehlern oder Ungenauigkeiten offen zu stehen, kann ein wichtiger Schritt sein, der die heilsame Erfahrung vermitteln kann, dass die anderen einen deshalb nicht ablehnen, sondern ganz im Gegenteil unter Umständen gerade deshalb als Mensch wertschätzen. Gedanken, die einen solchen Entwicklungsweg hilfreich unterstützen können, sind zum Beispiel:

- Auch ich darf Fehler machen.
- Aus Fehlern werd ich klug.
- Ich bin okay trotz Fehlern.
- Auch gut/brauchbar/80 Prozent ist oft gut genug.
- Weniger ist manchmal mehr.
- So gut wie möglich, so gut wie nötig.
- Ab und zu lasse ich 5 gerade sein.
- Ich gebe mein Bestes und achte auf mich.
- Ich unterscheide zwischen wichtig und unwichtig.

Entwicklungsrichtung beim »Sei beliebt«-Verstärker

Selbstbehauptung üben

Beim »Sei beliebt!«-Verstärker geht es darum, Selbstbehauptung zu üben und zu lernen, eigene Grenzen und Interessen zu vertreten, ohne dabei in das gegenteilige Extrem von rücksichtslosem Egoismus zu fallen (Abb. 7.5). Im Kern geht es hier darum, sich selbst zu erlauben, andere Menschen auch einmal zu enttäuschen, und auszuhalten, dass andere nicht in allen Punkten mit einem zufrieden sind. Erste konkrete Schritte auf diesem Weg können beispielsweise darin bestehen, dass man zunächst in leichteren Situationen und gegenüber Menschen, die einem nicht so viel bedeuten, ein »Nein« sagt oder Aufgaben delegiert. Die Erfahrung, auf diese Weise Entlastung zu erfahren, ohne dass die Beziehung zu anderen Menschen dadurch nennenswert belastet wird, kann dann zu einer allmählichen Aufweichung des »Sei beliebt!«-Verstärkers führen. Gedanken, die dabei hilfreich sein können, sind zum Beispiel:

- Ich darf »nein« sagen.
- Ich achte auf meine Grenzen/meine Bedürfnisse.
- Ich sorge auch für mich.
- Ich bin gut zu mir.
- Ich darf andere enttäuschen.
- Ich darf anecken.
- Ich kann/will/muss es nicht allen recht machen.
- Nicht alle anderen müssen mich mögen.
- Kritik gehört dazu.
- Ich darf kritisieren/meine Meinung sagen.
- Ich darf kritisiert werden.

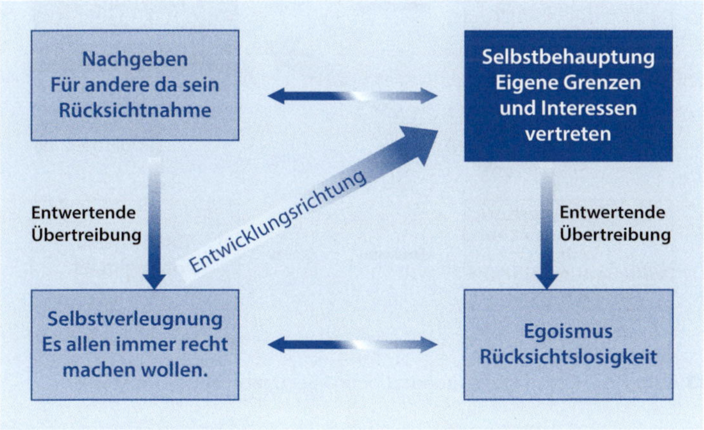

Abb. 7.5 Entwicklungsquadrat beim »Sei beliebt«-Verstärker

Unterstützung annehmen

Entwicklungsrichtung beim »Sei unabhängig«-Verstärker

Die persönliche Entwicklung liegt darin zu lernen, sich auch einmal bei anderen anzulehnen und Unterstützung anzunehmen, ohne dabei seine Unabhängigkeit aufzugeben und sich in eine hilflos-abhängige Position zu begeben (Abb. 7.6). Im Kern geht es hier darum, sich selbst zu erlauben und auszuhalten, auch einmal auf andere angewiesen zu sein und sich auf andere zu verlassen. Konkret kann das z. B. bedeuten, dass man jemand anderem zeigt, dass man bei einer bestimmten Aufgabe Hilfe braucht und offen darum bittet. Dies ermöglicht die entlastende Erfahrung, dass Unterstützung durch andere möglich ist, ohne dass man sich selbst dabei »klein machen« muss. Gedanken, die einen solchen Entwicklungsprozess hilfreich begleiten können, sind zum Beispiel:

- Ich darf auch mal Schwäche zeigen.
- Schwächen sind menschlich.
- Ich darf um Hilfe/Unterstützung bitten.
- Es gibt Hilfe/Unterstützung für mich.
- Ich gebe anderen die Chance, mich zu unterstützen.
- Ich darf mich auch mal fallen lassen.
- Ich darf/kann delegieren.
- Ich darf/kann mich auf andere verlassen/anderen vertrauen.
- Ich muss nicht alles selbst/allein machen.
- Ich darf meine Gefühle zeigen.
- Ich darf mich anlehnen.

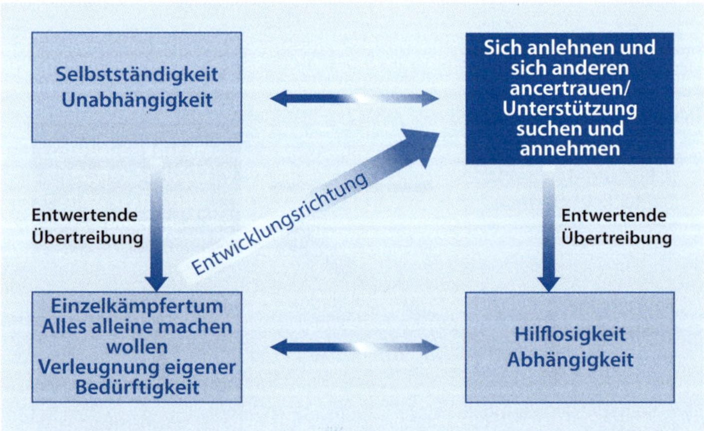

Abb. 7.6 Entwicklungsquadrat beim »Sei unabhängig«-Verstärker

■ Entwicklungsrichtung beim »Behalte Kontrolle«-Verstärker

Mut zum Risiko entwickeln

Für Menschen mit einem stark ausgeprägten Kontrollstreben geht es darum, Mut zum – kalkulierten – Risiko zu entwickeln und zu lernen, sich auf neue, unvertraute, nicht vorhersehbare Situationen einzulassen, ohne dabei leichtsinnig zu werden (◘ Abb. 7.7). Hier geht es im Kern darum, Unsicherheit zu tolerieren und sich selbst zu erlauben, Risiken einzugehen. Ein bevorstehendes Ereignis einmal nicht in allen Einzelheiten vorab zu planen oder andere weniger zu kontrollieren und ihnen stattdessen mehr zu vertrauen, können Schritte in diese Richtung darstellen. Dadurch werden Erfahrungen möglich, die die übertriebene Vorsicht und das überstarke Kontrollstreben allmählich aufweichen. Unterstützende Gedanken dabei können sein:

- Ich darf loslassen.
- Ich darf ein Risiko eingehen.
- Ich traue mich.
- Ich kann/darf entscheiden für diese Situation.
- Mut tut gut.
- Ich kann Entscheidungen korrigieren.
- Ich kann/darf spontan sein.
- Ich kann/darf auf meinen Bauch vertrauen.
- Risiko/Unsicherheit gehört dazu.
- Ich kann/darf mich auf andere verlassen.
- Ich habe Vertrauen.
- Störungen sind Teil des Jobs/des Plans.
- Ich bleibe gelassen, auch wenn ich nicht weiß, was kommt.
- No risk, no fun!

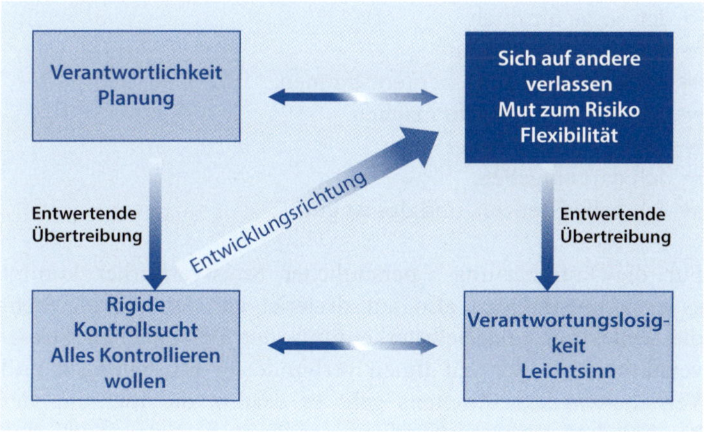

◘ **Abb. 7.7** Entwicklungsquadrat beim »Behalte Kontrolle«-Verstärker

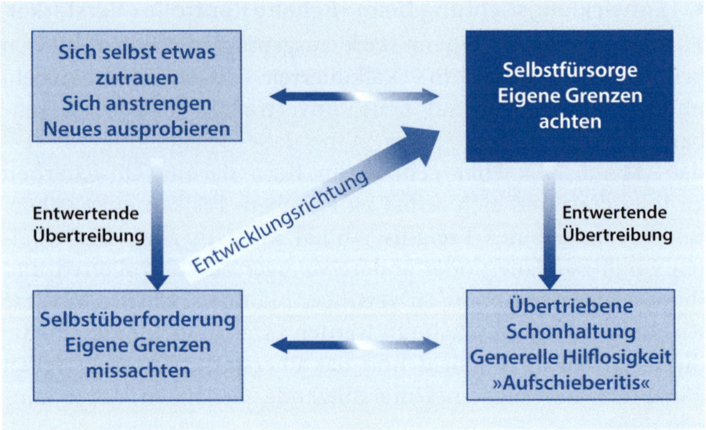

Abb. 7.8 Entwicklungsquadrat beim »Halte durch«-Verstärker

Die eigenen Grenzen achten

Entwicklungsrichtung beim »Halte durch«-Verstärker

Hier geht es um Selbstfürsorge und darum, mehr auf die eigenen Grenzen zu achten, ohne dabei in das andere Extrem einer übertriebenen Schonhaltung abzugleiten (Abb. 7.8). Im Kern kommt es darauf an, sich auch einmal erlauben oder zumindest aushalten zu können, sich einer unangenehmen Aufgabe zu entziehen, Ziele, die sich als zu hoch gesteckt erweisen, aufzugeben, eigene Grenzen wahr- und anzunehmen, sich auszuruhen. Wichtige Schritte in diese Richtung könnten beispielweise darin bestehen, sich Pausen zu gönnen, auch wenn man noch nicht am Rande der Erschöpfung steht.

Hilfreiche Gedanken auf diesem Weg können zum Beispiel lauten:

- Ich sorge für mich.
- Ich pass auf mich auf.
- Ich darf mich ausruhen/entspannen.
- Ich darf es mir leicht machen.
- Ich darf loslassen.
- Ich darf aufgeben.
- Ich habe Grenzen, und das ist gut.

3 Schritte zur persönlichen Weiterentwicklung

Für die Entschärfung persönlicher Stressverstärker kommt es zusammenfassend also auf dreierlei an: Am Anfang steht die Reflektion und Selbsterkenntnis der persönlichen Stressverstärker und der mit ihnen verbundenen Einstellungen und Verhaltensweisen. Zweitens geht es darum, die Richtung der persönlichen Weiterentwicklung positiv zu bestimmen. Hierbei kann uns das Entwicklungsquadrat gute Dienste leisten. Drittens schließlich müssen wir konkrete kleine Schritte in unserem Alltag gehen, die in die erkannte Entwicklungsrichtung führen und uns neue Erfahrungen ermöglichen.

Anregung zur Selbstreflexion

- Welche persönlichen Einstellungen und Verhaltensweisen tragen zu meinem alltäglichen Stresserleben bei?
- Was ist das Gute an diesen Einstellungen und Verhaltensweisen?
- Worin liegt die entwertende Übertreibung (»Zu viel des Guten«)?
- In welche Richtung möchte ich mich persönlich weiterentwickeln?
- Welche konkreten Schritte kann ich dazu in meinem Alltag gehen?

Ausgleich schaffen – Regenerative Stresskompetenz

© Springer-Verlag Berlin Heidelberg 2018
G. Kaluza, *Gelassen und sicher im Stress,* https://doi.org/10.1007/978-3-662-55986-4_8

Stressfolgen lindern, neue Energie tanken

Bei dieser dritten Säule des Stressmanagements steht die Regulierung und Kontrolle der körperlichen und seelischen Stressreaktionen im Vordergrund. Es geht darum, wie wir körperliche Anspannung lösen, innere Unruhe und Nervosität dämpfen und für Ausgleich sorgen können, um langfristig negative Stressfolgen zu vermeiden bzw. zu lindern, sowie um Strategien, die dazu dienen, die eigene Widerstandskraft gegenüber Belastungen zu erhalten und neue Energien aufzubauen.

Im Einzelnen werden wir uns in diesem Kapitel mit folgenden vier Komponenten der regenerativen Stresskompetenz (oder Erholungskompetenz, wie wir auch sagen können) beschäftigen (◘ Abb. 8.1):

- Erholung aktiv gestalten,
- genießen im Alltag,
- entspannen und gedanklich abschalten,
- Sport treiben und mehr Bewegung in den Alltag bringen.

8.1 Erholung aktiv gestalten

> » Die Kunst des Ausruhens ist Teil der Kunst des Arbeitens.
> (John Steinbeck, amerikanischer Schriftsteller und Nobelpreisträger, 1902–1968)

Teufelskreis: Rückzug verstärkt Stressgefühle

Viele Menschen neigen unter Belastungen oft nicht nur zu sozialem Rückzug, sondern auch dazu, Interessen verkümmern zu lassen, Hobbys, Sport und andere Freizeitaktivitäten aufzugeben. Solange es sich um eine nur kurzfristige, zeitlich begrenzte Belastungsphase handelt, kann dies im Sinne einer Konzentration der

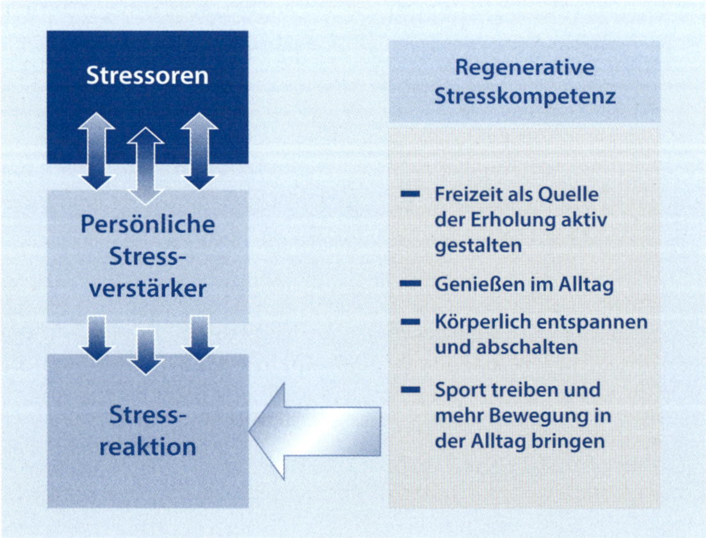

◘ **Abb. 8.1** Regenerative Stresskompetenz

eigenen Kräfte eine durchaus angemessene und Erfolg versprechende Strategie darstellen. Bei länger andauernden Belastungen hingegen führt eine solche Selbsteinschränkung in einen fatalen Teufelskreis: Belastungen und körperliche wie psychische Stresssymptome nehmen einen immer breiteren Raum im Leben ein. Das subjektive Belastungsgefühl nimmt weiter zu. Positive Erlebnisse werden immer seltener, depressive Stimmungszustände und Angstgefühle nehmen dagegen zu. Fehlende Erholungs- und Kompensationsmöglichkeiten führen auf die Dauer zu einer weiteren Abnahme der Widerstandskraft gegenüber Belastungen.

»Freizeitfalle«

Andere Menschen füllen ihre Freizeit zwar mit vielfältigen Aktivitäten, erleben jedoch keine wirkliche Erholung. Sie stecken in der »Freizeitfalle«. Sie übertragen die Normen und Kriterien der Arbeitswelt auch auf die Freizeit. Leistungsdenken, Perfektionismus, Ehrgeiz, Prestige und Konsumzwang bestimmen auch das Freizeitverhalten. Hektische Betriebsamkeit, Ungeduld und die Angst, etwas verpassen zu können, lassen keinen Raum für innere Ruhe und Muße. Die Freizeit stellt somit keine regenerative Gegenwelt zum Arbeitsleben, sondern eher deren Verdopplung dar. Eine Untersuchung der Sporthochschule Köln aus dem Jahr 2003 unter Leitung des Psychologieprofessors Henning Allmer ergab, dass drei von vier der rund 5000 befragten berufstätigen Deutschen unfähig sind, sich zu erholen und ihre Freizeit zu genießen. Die Balance zwischen Arbeit und Freizeit, die sog. Work-Life-Balance, ist nachhaltig gestört. Freizeit bedeutet auch, sich Zeit zu lassen, mit gutem Gewissen einmal nichts zu tun. Müßiggang ist nicht, wie das Sprichwort sagt, aller Laster Anfang. Müßiggang ist vielmehr die Voraussetzung dafür, Zeit nicht zu vergeuden, sondern sie zur Selbstbesinnung zu nutzen.

Tägliche Erholung ist notwendig

Oft fehlt auch das Bewusstsein dafür, dass tägliche Erholung notwendig ist, um die eigene Leistungsfähigkeit und Gesundheit zu erhalten. Im Sport hat sich längst die Erkenntnis etabliert, dass Höchstleistung auf systematischem Erholungstraining beruht. Hinsichtlich der Leistungsfähigkeit im beruflichen und familiären Bereich sind wir von dieser Haltung noch weit entfernt. Erholung kann und sollte aktiv gestaltet werden. Im Folgenden möchte ich Ihnen einige Hinweise geben, worauf es dabei ankommt.

■ Erholen – wovon?

Erholung aktiv gestalten

Vielleicht teilen auch Sie diese Erfahrungen: Nach einem »geruhsamen« Wochenende oder einem Kurzurlaub fühlen Sie sich immer noch gestresst und ausgelaugt. Trotz acht Stunden Schlaf sind Sie immer noch nicht ausgeruht. Wenn die erhoffte Erholung ausbleibt, dann liegt das oft an einer falschen Vorstellung von Erholung. Allein durch passives Pausieren, so glauben viele, stellt sich die gewünschte und nötige Erholung ein. Die moderne Erholungsforschung aber zeigt, dass wir nicht allein passiv auf Erholung warten müssen, sondern dass wir den

Erholungsprozess selbst aktiv gestalten können und müssen, um den gewünschten Erholungseffekt zu erzielen.

Dazu müssen wir ein Gespür für Signale der Erholungsbedürftigkeitentwickeln und wir müssen wissen, wovon und wozu wir uns eigentlich erholen wollen. Erholung ist nicht gleich Erholung. Welche Form der Erholung die richtige ist, hängt davon ab, welche Form der Beanspruchung wir zuvor erlebt haben.

Bitte überlegen Sie einmal: Wie fühlen Sie sich nach einem anstrengenden Arbeitstag oder nach einer langen Arbeitswoche?

Ruhe suchen

Sie fühlen sich vor allem innerlich unruhig, aufgekratzt, nervös und überreizt? Dann geht es für Ihre Erholung vornehmlich darum, zur Ruhe zu finden. Entspannende Aktivitäten, durch die die körperliche und seelische Aktivierung reduziert wird, sind hier der optimale Weg zur Erholung. Beispiele dafür sind systematische Entspannungsübungen, Aufenthalte und Spaziergänge in der Natur, an Orten der Stille, um die Reizüberflutung einzudämmen. Auch sportliche Ausdaueraktivitäten, die mit einem gleichmäßigen Rhythmus über eine längere Zeit ausgeübt werden, können, sofern sie ohne falschen Ehrgeiz und Leistungswillen ausgeübt werden, zur Beruhigung beitragen. Auch das unterhaltsame gesellige Beisammensein mit anderen trägt zur Entspannung bei, vorausgesetzt, es ist nicht mit neuen belastenden Anforderungen z. B. als Gastgeber verbunden.

Kopf und Hand ins Gleichgewicht bringen

Sie fühlen sich vor allem missgelaunt, frustriert und haben einfach die Nase gestrichen voll? Dann werden Sie wahrscheinlich in Ihrem Alltag zu einseitig beansprucht. Dann sollten Sie für Ihre Freizeitgestaltung vor allem solche Aktivitäten finden, die geeignet sind, ihre brachliegenden Interessen und Fähigkeiten zu stimulieren und einseitige Beanspruchungen auszugleichen. Wer den ganzen Tag »Kopfarbeit« leistet, braucht als Ausgleich Körpertätigkeit. Wer hingegen in seinem Beruf körperlich stark gefordert ist, sollte in seiner Freizeit eine Beschäftigung wählen, die den Geist anregt. Wer z. B. als Manager oder in einem helfenden Beruf viele Gespräche führen muss und abends selten auf »greifbare« Ergebnisse zurückblicken kann, für den kann ein sinnvoller Ausgleich darin bestehen, etwas mit den Händen zu schaffen, kreativ tätig zu werden.

Herausforderungen suchen

Sie fühlen sich vor allem unausgefüllt, gelangweilt oder unterfordert? Sie empfinden in Ihrem beruflichen und privaten Alltag immer weniger positive Herausforderungen? In Ihrem Leben herrscht ein Mangel an lustvollen Spannungszuständen? Dann ist es ratsam, in der Freizeit vor allem etwas Sinnvolles zu tun, sich neue persönliche Herausforderungen zu suchen und neue Erfahrungsfelder zu erschließen. Zum Beispiel, indem Sie beginnen, etwas Neues zu lernen (eine Sportart, ein

Musikinstrument, eine Sprache). Auch ehrenamtliches Engagement für eine Idee oder ein Projekt, das Ihnen persönlich wichtig ist, ist ein Weg, die »innere Leere« zu überwinden.

Ausgleich: Nichtstun!

Sie fühlen sich vor allem erschöpft, ausgelaugt, einfach nur fix und fertig? Dann geht es in der Freizeit vor allem darum, sich auszuruhen und neue Energien zu tanken. Gönnen Sie sich eine Auszeit, in der Sie sich selbst verwöhnen, z. B. durch ein Vollbad, ein Sonnenbad, ein Saunabad. Erholung besteht, wie der österreichische Schauspieler Paul Hörbiger (1894–1981) einmal treffend formuliert hat, nicht unbedingt im Nichtstun, sondern in dem, was wir sonst nicht tun. Wenn allerdings das, was wir sonst nicht tun, gerade das Nichtstun ist, wenn wir also ohne Pause im Modus der Daueraktivität funktionieren, dann allerdings finden wir Erholung vor allem im Müßiggang, im absichtslosen, planlosen Sich-Treiben-Lassen, eben im Nichtstun. Erlauben Sie sich, einfach einmal »nichts zu tun«, zu dösen und Körper und Seele baumeln zu lassen. Sorgen Sie für ausreichenden und erholsamen Schlaf. Und gönnen Sie sich leckeres und gesundes Essen!

▪ Die Kunst der Pause

Wir brauchen Pausen

Sie gehört zu einer Musikkomposition dazu wie die Noten und sie ist wie die Bewegung ein wichtiges Element einer jeden Tanzchoreografie. Sie ist unverzichtbar für jedes vernünftig aufgebaute sportliche Training. Sie ist fester Bestandteil der Stundenpläne in unseren Schulen und Gegenstand tarifvertraglicher Regelungen: die **Pause**.

Wir brauchen Pausen, um Geist und Körper zu entspannen, um zu verarbeiten und Distanz zu gewinnen, um nach einer Phase der Anspannung, des Einsatzes und des Engagements zu regenerieren und wieder zu uns selbst zu finden. Regelmäßige Pausen sind Voraussetzung für einen gesunden Rhythmus im Wechsel zwischen Anspannung und Entspannung, der letztlich Lebendigkeit ausmacht (s. hierzu auch ▶ Abschn. 8.3). Je größer die Belastung und je höher damit die jeweilige Beanspruchung, umso intensiver und tiefer müssen die entspannenden Pausen sein. Dies bezieht sich auf den Jahresrhythmus mit den längeren Urlaubspausen (▶ Abschnitt »Erholung und Urlaub« in diesem Kapitel), auf den Wochenrhythmus mit den Feierabend- und Wochenendpausen (▶ Abschnitt »Genießen im Alltag« in diesem Kapitel) und auf den Tagesrhythmus mit mehreren kürzeren Pausen, um die es im Folgenden gehen soll.

Viele Menschen heute leben ihren beruflichen und persönlichen Alltag in einem Nonstop-Modus der Daueraktivität. Angetrieben von immer neuen äußeren Anforderungen und inneren Stressverstärkern sind viele von uns gewissermaßen ständig »online«. Da niemand da ist, der für uns die Glocke läutet, müssen wir sie selber setzen: die Pause.

Rechtzeitig pausieren

Wie kann das gelingen? Wichtig ist zunächst einmal, dass wir die Signale der Erholungsbedürftigkeit nicht ignorieren, sondern dass wir stattdessen feine Antennen für erste Anzeichen einer nachlassenden Leistungs- und Konzentrationsfähigkeit entwickeln und diese Anzeichen dann auch ernst nehmen. Die Erholungswirkung von kurzen Pausen ist dann besonders hoch, wenn Sie sich die Pausen gönnen, bevor Leistung und Konzentration merklich nachlassen. Als Faustregel können Sie sich an einen ungefähren 90-Minuten-Rhythmus halten. Nach einer solchen Zeit konzentrierter Arbeit benötigen Körper und Geist eine Auszeit von 10–20 Minuten.

Richtig pausieren

Bewegen Sie sich ein wenig, strecken Sie sich und dehnen Sie Ihre Muskeln. Trinken Sie und essen Sie vielleicht einen kleinen Snack. Verschaffen Sie sich frische Luft. Machen Sie vielleicht eine kurze Entspannungsübung (► Abschnitt »Entspannen und loslassen« in diesem Kapitel) oder verrichten Sie einfache manuelle Dinge, um Kopf und Körper zu entspannen. Aber vermeiden Sie es, Ihre Pause zu »missbrauchen«, indem Sie schnell noch etwas »zwischendrin« erledigen. Für Geistesarbeiter ist es wichtig, auch das Gehirn ausruhen zu lassen. Vermeiden Sie es, das Gehirn während der Pausen mit »Info-Müll« aus Radio, Fernsehen oder herumliegenden Zeitschriften zuzuschütten. Sorgen Sie stattdessen dafür, dass sich das Gehirn bei positiven, angenehmen Eindrücken (Musik, Bilder, Natur) entspannen kann.

Durch Pausen Zeit gewinnen

Es geht darum, dem inneren Drang, ohne Pause »durcharbeiten« zu wollen, Einhalt zu gebieten. Die Überzeugung, eine begonnene Tätigkeit immer erst abschließen zu müssen, ehe man sich eine Pause gönnen darf, oder die Sorge, durch eine Unterbrechung der Tätigkeit aus dem Tritt zu kommen und zu viel Zeit zu verlieren, stehen dem häufig entgegen. Machen Sie sich klar: Regelmäßige Ruhephasen sind nicht unnütze Zeitvergeudung, sondern gerade auch in Zeiten hoher Anforderungen wichtig für den Erhalt der eigenen Leistungsfähigkeit. Wenn Sie nach dieser Einsicht handeln, werden Sie schnell feststellen, dass Sie durch Pausen nichts verlieren, sondern durch höhere Effizienz Zeit gewinnen.

Leider herrscht in vielen Unternehmen immer noch eine Firmenkultur vor, in der diejenigen Mitarbeiter besondere Wertschätzung von Vorgesetzten erfahren, die bereit sind »durchzuarbeiten«, viele –zumeist graue – Überstunden zu leisten und die Ihnen zustehenden Urlaubstage ungenutzt in das nächste Jahr übertragen zu lassen. Die – offene oder heimliche – Belohnung eines solchen Arbeitsverhaltens gefährdet nicht nur die Gesundheit und Leistungsfähigkeit des einzelnen Mitarbeiters, sondern verursacht auf längere Sicht auch Produktivitätseinbußen und Kosten aufgrund krankheitsbedingter Fehlzeiten für das Unternehmen. Hier gilt der bekannte Satz: »Gesunde Mitarbeiter kosten Geld, kranke ein Vermögen.« Ein Umdenken der Personalverantwortlichen und Vorgesetzten im Sinne einer nachhaltigen Personalpflege ist hier nicht zuletzt angesichts älter werdender Belegschaften dringend erforderlich.

▪ Erholsam schlafen

Schlafen heißt Regenerieren

Wir schlafen, weil wir müde werden. Das weiß jeder. Den eigentlichen Grund allerdings dafür, warum wir überhaupt müde werden, kennt erstaunlicherweise auch die moderne Schlafforschung noch nicht. Von vielen Forschern wird angenommen, dass sich Müdigkeit dann einstellt, wenn bestimmte, sich während des Tages in unserem Körper anhäufende Stoffwechselprodukte abgebaut werden müssen. Sicher ist: Der Schlaf ist das wohl wichtigste und effizienteste biologische Regenerationsprogramm, das wir haben. Schlafen dient der Erholung der Organe.

Schlafstörungen bei Dauerstress

Nach dem Schlaf funktionieren viele Körperfunktionen besser als nach einer längeren Wachphase. Allerdings kann das Schlafprogramm durch starke oder anhaltende Stressreaktionen auch leicht beeinträchtigt werden. Einschlaf- oder Durchschlafstörungen sind ein häufiges und ernstzunehmendes Warnsignal für Dauerstress. Schlaf ist lebensnotwendig. Ratten sterben im Tierexperiment, wenn sie über einen längeren Zeitraum von ein bis vier Wochen einen vollständigen Schlafentzug erfahren. Allerdings können selbst schwere Schlafstörungen nicht so ausgeprägt sein, dass der Betroffene dadurch in Lebensgefahr gerät.

Wie viel Schlaf brauche ich? Es gibt kein allgemein gültiges »normales« Schlafmaß. Die durchschnittliche Schlafdauer für Erwachsene beträgt 7–8 Stunden. Allerdings gibt es Menschen, die sich schon nach 5 Stunden Schlaf gut erholt fühlen, während andere wiederum über 10 Stunden benötigen, um tagsüber frisch und ausgeruht zu sein. Wissenschaftler nehmen an, dass die jeweils benötigte optimale Schlafdauer biologisch von Mensch zu Mensch unterschiedlich ist und zu einem großen Ausmaß von den Erbanlagen mitbestimmt wird. So ist es z. B. gelungen, Mäuserassen zu züchten, die beträchtlich mehr oder weniger schlafen als die Durchschnittsmaus. Aber auch die aktuellen Lebensumstände beeinflussen den Schlafbedarf. Weniger Schlaf brauchen wir in Zeiten, in denen wir höchst motiviert sind, in denen wir häufig Sport treiben und alles rund läuft.

Genauso wichtig wie die Dauer ist die Qualität des Schlafs. Bei Menschen, die über zu wenig Schlaf klagen, stellt sich bei einer Untersuchung im Schlaflabor häufig heraus, dass diese Menschen tatsächlich – entgegen ihrem eigenen subjektiven Eindruck – lange genug schlafen, dass jedoch die Tiefe des Schlafes zu wünschen übrig lässt. Bei ausreichend langem und gutemSchlaf fühlen wir uns am Morgen ausgeruht und angenehm entspannt und zugleich tatkräftig und guter Stimmung. Guter und ausreichend langer Schlaf erhöht unsere Belastbarkeit und steigert unsere Leistungsfähigkeit.

Regeln zur Schlafhygiene

Schlafhygiene: Was kann ich selbst für einen gesunden, erholsamen Schlaf tun? Der Begriff der Schlafhygiene bezeichnet Lebensgewohnheiten und Verhaltensweisen, die einen gesunden Schlaf fördern. Im Folgenden finden Sie die wichtigsten Regeln, die von Schlafmedizinern empfohlen werden.

»Innere Uhr« stellen

Halten Sie sich an regelmäßige Schlafens- und Aufstehzeiten Gehen Sie wenn möglich jeden Tag (auch am Wochenende) um die gleiche Zeit zu Bett und stehen Sie auch – das ist noch wichtiger – immer zur gleichen Zeit auf, damit ihre »innere Uhr« nicht aus dem Rhythmus kommt. Beherzigen Sie also Großmutters Rat: »Stets gleich ins Bett und gleich heraus, spart manch morgendlichen Graus«. Dagegen gilt der alte Grundsatz »Früh zu Bett und früh heraus« nur für die Morgentypen, nicht aber für die Abendtypen. Entscheidend ist die Regelmäßigkeit. Wenn Sie einmal länger aufgeblieben sind, gibt es nur eins, um Ihren inneren Schlaf-Wach-Rhythmus aufrechtzuerhalten: Zur selben Zeit aufstehen. Bloß an einem einzigen Tag, z. B. am Sonntag länger zu schlafen, stört in der Regel den Rhythmus nicht allzu sehr. Allerdings gibt es Menschen, die auch auf eine solche einmalige Rhythmusabweichung sehr sensibel, z. B. mit einer Migräneattacke, reagieren.

Sport treiben

Seien Sie körperlich aktiv Bringen Sie regelmäßig am Morgen oder am frühen Nachmittag ihren Kreislauf in Schwung, aber vermeiden Sie anstrengende körperliche Aktivitäten kurzvor dem Zubettgehen. Regelmäßig ausgeübter Sport fördert den Schlaf, während andererseits Mangel an Bewegung und zu geringe körperliche Auslastung zu Schlafproblemen führen können. Allerdings hängt die positive Wirkung des Sports von der allgemeinen persönlichen Fitness und der Tageszeit ab, zu der er ausgeübt wird. Menschen, die über eine gute körperliche Fitness verfügen, sollten 6 Stunden vor der Schlafenszeit keinen Sport betreiben. Während sportliche Betätigung am Morgen den Nachtschlaf nicht beeinträchtigt, kann dieselbe Tätigkeit den Schlaf stören, wenn der zeitliche Abstand zur Schlafenszeit zu kurz ist.

Vorsicht mit Koffein

Vermeiden Sie koffeinhaltige Getränke schon in den Nachmittagsstunden Nach 14 Uhr sollten Sie keine koffeinhaltigen Getränke zu sich nehmen. Koffein regt die Hirntätigkeit an und wirkt sich somit negativ auf den Schlaf aus. Während ein mäßiger Genuss von Koffein während des Tages den Nachtschlaf gewöhnlich nicht beeinträchtigt, kann ein übermäßiger und regelmäßiger Konsum zu Entzugserscheinungen und Schlafproblemen in der Nacht führen. Das gilt für Kaffee und schwarzen oder grünen Tee ebenso wie für Cola und aufputschende Erfrischungsgetränke. Die wach machenden Abbauprodukte können noch bis zu 14 Stunden nach Konsum im Körper nachgewiesen werden.

Nikotin regt an

Schränken Sie Ihren Nikotinkonsum ein Abgesehen von den weitgehend bekannten Schäden, die durch Tabakkonsum verursacht werden, hat Nikotin ebenso wie Koffein eine aufputschende

Wirkung. Rauchen Sie daher zumindest 3 Stunden vor dem Zubettgehen nicht mehr. Auch Nikotin ist ein Anregungsmittel, das den Schlaf stören und aufgrund von Entzugserscheinungen den Nachtschlaf unterbrechen kann. Raucher, die ihre Gewohnheit aufgeben, schlafen schneller ein und wachen nachts seltener auf, sobald die Entzugserscheinungen überwunden sind.

Vermeiden Sie Alkohol vor dem Zubettgehen Ein Schlummertrunk stört den Ablauf des Schlafes mehr, als dass er ihn fördert und kann für verfrühtes morgendliches Erwachen verantwortlich sein. Alkohol setzt die Hirnaktivität herab. Der Genuss von Alkohol vor dem Schlafengehen hilft zunächst beim Einschlafen, führt aber im weiteren Verlauf zu Schlafunterbrechungen, insbesondere verschlechtert sich die Erholsamkeit des Schlafs in der zweiten Nachthälfte. Ein »Schlaftrunk« vor dem Einschlafen kann Aufwachreaktionen, Alpträume und morgendliche Kopfschmerzen verursachen.

Alkohol abends meiden

Gehen Sie nicht hungrig, aber auch nicht mit Völlegefühl zu Bett Sie sollten die letzte »große Mahlzeit« 2–3 Stunden vor dem Zubettgehen zu sich genommen haben. Wenn Sie noch Hunger haben, nehmen Sie aber vor dem Schlafengehenruhig noch einen kleinen Imbiss zu sich, damit Sie nicht durch den Hunger erwachen. Ideal dafür sind Milchprodukte oder Bananen, da diese den Stoff Tryptophan enthalten, der für den Schlaf förderlich ist.

Essen und Schlaf

Sorgen Sie für eine angenehme Schlafumgebung Ein bequemes Bett und ein dunkler Raum sind wichtige Voraussetzungen für einen guten Schlaf. Ein kühles, aber nicht kaltes Zimmer und frische Luft sind hilfreich. Das Schlafzimmersollte nach Möglichkeit ausschließlich dem Ruhen und Schlafen gewidmet sein. Stellen Sie sicher, dass Sie im Schlafzimmer weder durchs Telefon noch durch Mitmenschen gestört werden. Vermeiden Sie es, das Bett zu etwas anderem als zum Schlafen zu benutzen. Zum Lesen, Fernsehen, Essen, Arbeiten oder auch Streit mit dem Partner sollten Sie sich nicht im Bett aufhalten.

Angenehme Schlafumgebung

Entspannen Sie sich, ehe Sie zu Bett gehen Hier können kleine persönliche Einschlafrituale helfen: ein warmes Bad, eine Tasse Beruhigungstee, leichte Lektüre, entspannende Musik und Entspannungsübungen (▶ Abschnitt »Entspannen und loslassen« in diesem Kapitel).

Was tun bei Wachliegen im Bett? Gehen Sie grundsätzlich erst dann schlafen, wenn Sie sich müde fühlen. Stehen Sie auf, wenn Sie nicht einschlafen können, und lenken Sie sich mit einer Beschäftigung ab. Schreiben Sie ggf. Gedanken und Sorgen auf, die Ihnen durch den Kopf gehen. Schlafen Sie nicht außerhalb des Bettes ein. Gehen Sie erst dann wieder ins Bett, wenn Sie sich

Schlaf lässt sich nicht erzwingen

schläfrig fühlen. Wiederholen Sie diesen Vorgang so oft wie nötig, wenn Sie nachts nicht schlafen können. Machen Sie sich nicht verrückt, weil Sie nicht einschlafen können. Versuchen Sie stattdessen die Situation zu akzeptieren und die wache Zeit auf eine angenehme Art zu genießen und sich mit anderen Dingen zu beschäftigen. Der Schlaf lässt sich nicht erzwingen. Er stellt sich in der Regel dann von selbst ein, wenn wir es nicht »aktiv wollen«. Menschen, die an Schlaflosigkeit leiden, sollten daher vermeiden, auf die Uhr zu sehen. Viele Menschen, deren Schlaf gestört ist, schlafen besser, wenn der Zeitdruck entfällt. Verstecken Sie den Wecker z. B. im Kleiderschrank, um den Drang zur Kontrolle der Uhrzeit zu unterbinden. Und zu guter Letzt: Stehen Sie am Morgen zu Ihrer gewohnten Zeit auf, auch wenn Sie das Gefühl haben, in der vergangenen Nach kaum geschlafen zu haben.

■ Erholung und Urlaub

Urlaub bereichert unser Leben

Während der Schlaf unsere wichtigste passive Maßnahme zur Regeneration ist, ist der Urlaub die wichtigste aktive Erholungsmaßnahme. Der Urlaub ist oft die einzige Zeit im Jahr, in der wir uns von den Zwängen und der Hektik des Alltags wirklich frei machen können. Im Urlaub können wir die im Alltag verbrauchten Energien zurückgewinnen, unsere Akkus wieder aufladen. Wir kommen innerlich zur Ruhe und kehren widerstandsfähiger, belastbarer und ausgeglichener an unseren Arbeitsplatz und in unseren Alltag zurück. Der Urlaub bereichert auch über die eigentliche Urlaubszeit hinaus unser Leben, indem wir neue Anregungen, Erfahrungen und Eindrücke gewinnen. Wir werden positiv stimuliert durch neue Menschen, Länder, Kulturen, die wir kennenlernen, oder dadurch, dass wir uns selbst in neuen Situationen erfahren und neue Dinge ausprobieren. Das zumindest sind die Chancen, die ein wirklich erholsamer Urlaub bietet. Wir sollten diese Chancen nutzen. Dafür kommt es im Wesentlichen darauf an:

1. dass wir den Urlaub von Anfang an so planen und gestalten, dass er selbst frei ist von Hektik, Stress und belastenden Anforderungen, und
2. dass wir den Urlaub möglichst eng auf unsere ganz persönlichen Erholungsbedürfnisse abstimmen und uns dabei möglichst wenig von anderen oder irgendwelchen Normen fremdbestimmen lassen.

Wie kann das gelingen?

Welche Urlaubsart ist für mich die richtige?

Die eigenen Erholungsbedürfnisse erkennen und ernst nehmen Um sich im Urlaub optimal erholen zu können, müssen wir wissen, wie wir gesehen haben, wovon wir uns erholen wollen, welcher Art die vorangehende Beanspruchung gewesen ist. Ob Sommer- oder Winterurlaub, ob Urlaub in der näheren Umgebung oder Fernreise, ob Aktivurlaub oder Faulenzen am Strand, ob ausführliche Besichtigungstouren, Großstadttrip oder Naturerlebnisse, ob Individual- oder Gruppenreise, ob organisiert oder auf eigene Faust, welche Art des Urlaubs in diesem Jahr für Sie die richtige ist, hängt allein von Ihren Erholungsbedürfnissen ab und sollte allein eine Sache Ihrer persönlichen Entscheidung sein. Bevor Sie sich um das geografische Ziel und die äußere Organisation des Urlaubs kümmern, sollten Sie sich daher ausführlich mit Ihren Wünschen und Zielen, die Sie an Ihren Urlaub haben, beschäftigen. Lassen Sie sich nicht von anderen zu etwas überreden, das nicht Ihren Wünschen entspricht. Und bitte vermeiden Sie jeden Prestige- oder Leistungsgedanken, wenn es um Ihren Urlaub geht.

Erwartungen klären Wenn mehrere Menschen gemeinsam in die Ferien fahren, sind Konflikte oft vorprogrammiert – der eine setzt auf Strand und Erholung, ein anderer hofft auf Disko und neue Kontakte, der Nächste wünscht sich ausgiebige Stadtbummel und Museumsbesuche. Deshalb sollte man vor dem Urlaub unbedingt mit den Mitreisenden bzw. mit der Familie klären, was jeder machen möchte. Erst dann folgt die gemeinsame und kreative Suche nach der Urlaubsform und dem Urlaubsort, an dem möglichst viele der unterschiedlichen Wünsche unter einen Hut gebracht werden können.

Keine »faulen« Kompromisse

Manchmal lassen sich die Urlaubswünsche nicht vereinbaren. Statt faule Kompromisse zu schließen, gehen Sie ruhig auch mal ein paar Tage getrennte Wege. Oder Sie vereinbaren einen »Patchwork-Urlaub«: Zunächst tut jeder etwas für sich, um dann anschließend gemeinsam etwas zu unternehmen. Oder einige Tage unternimmt der Vater etwas alleine mit den Kindern, während die Mutter Zeit für sich hat, und anschließend gibt es noch einige Tage gemeinsamen Familienurlaub. Hier sind Respekt für die Wünsche der jeweils anderen und der Mut zu kreativen, ggf. auch unkonventionellen Lösungen gefragt. Lassen Sie sich dabei nicht von vorgefertigten Urlaubsklischees beeindrucken.

Realistische Erwartungen

Überhaupt sollte man den Urlaub nicht mit Erwartungen überfrachten, nicht alle im Laufe eines Jahres aufgestauten oder enttäuschten Erwartungen z. B. nach einer harmonischen und erfüllten Partnerschaft, einem glücklichen Familienleben auf den Urlaub projizieren. Bei aller Vorfreude: Bleiben Sie realistisch und erwarten Sie nicht den perfekten Urlaub. Dann können Sie über negative Erlebnisse in den Ferien (Staus, schlechtes Wetter, unfreundliches Personal, Streit) vielleicht leichter hinwegsehen, anstatt sich zu ärgern.

Zeit für »Cooldown«

Langsam auf Erholung umschalten Körper und Seele brauchen im Urlaub Zeit, um abzuschalten. Körperliche und psychische Anspannung lässt sich nicht per Knopfdruck lösen. Erholung beginnt nicht gleich, nachdem wir die Bürotür hinter uns geschlossen haben. Körper und Seele brauchen eine Phase des »Cooldown«, des Abschaltens und des Distanzierens. Nehmen

Sie sich die Zeit dafür. Schließen Sie ganz bewusst Ihre Arbeit ab, räumen Sie Ihren Arbeitsplatz auf und bereiten Sie ihn für die Wiederaufnahme der Arbeit nach dem Urlaub vor. Vermeiden Sie es, in den letzten Arbeitstagen vor Urlaubsbeginn noch alles und jedes erledigen zu wollen. Hetzen Sie nicht bis kurz vor der Abreise von einem Termin zum nächsten, sonst geht der Alltagsstress direkt in Urlaubsstress über. Legen Sie sich stattdessen eine Liste mit unerledigten Aufträgen und ungelösten Problemen an, die Sie nach dem Urlaub mit neuem Elan angehen werden. Das hilft Abstand zu gewinnen.

Starten Sie dann möglichst ohne Hektik in den Urlaub. Fahren Sie nicht am Ende eines Arbeitstages los, sondern legen Sie mindestens einen Tag des Abschaltens ein. Packen Sie in Ruhe und, wenn Sie dann die Vorfreude in sich spüren, ist der richtige Zeitpunkt für den Start.

Machen Sie sich klar: Wenn Sie sich die nötige Zeit für diese Distanzierungsphase nehmen, dann vergeuden Sie keine kostbaren Urlaubstage, sondern legen den Grundstein für einen wirklich erholsamen Urlaub. Allenfalls für Menschen, deren Arbeit durch Langeweile, Unterforderung und Trott gekennzeichnet ist, gilt das »Nix wie weg!«-Prinzip, da sie schon genügend Abstand haben.

Auftanken braucht Zeit

Gönnen Sie sich eine ausreichend lange Regenerationsphase Erst nach der Distanzierungsphase, wenn körperliche und seelische Anspannung heruntergefahren sind, beginnt die eigentliche Regeneration, das Auftanken. Körper und Seele brauchen mindestens drei Wochen, um sich zu erholen, sagen Erholungsforscher. Das gilt ganz besonders, wenn man in eine andere Zeitzone oder in ein anderes Klima fährt. Denn Jetlag und die Umstellung auf ein anderes Klima können Körper und Seele auch belasten. Das gilt ganz besonders für stark Gestresste.

»Ohne mich geht's auch«

Arbeit vergessen Auch wenn es zu Beginn vielleicht schwer fällt: Halten Sie sich fern von allem, was an Ihre tägliche Arbeit erinnert. Das betrifft Fachliteratur ebenso wie Handy und Laptop. Schalten Sie Ihr Handy aus! Damit schalten Sie zugleich einen der häufigsten Streitfaktoren mit Mitreisenden aus. Auch wenn es Sie zunächst unruhig macht, ermöglichen Sie sich die entlastende Erfahrung, dass der Laden, wenn es sein muss, auch ohne Sie läuft. Wenn es nicht anders geht: Vereinbaren Sie mit Ihrem Unternehmen oder Geschäftspartnern bestimmte Uhrzeiten, zu denen Sie erreichbar sind, z. B. morgens von neun bis zehn Uhr. Meist reicht es aber auch, einmal täglich die Mailbox abzurufen.

Langsam aufwärmen

Zurückkommen und aufwärmen Die Regenerationsphase sollte nicht abrupt beendet werden. Was Sportler vor einem Wettkampf in der »Aufwärmphase« tun, ist auch für andere Tätigkeiten wichtig. Körper und Geist sollten langsam auf die neuerliche Beanspruchung vorbereitet werden. Beschließen Sie Ihre Urlaubszeit mit einem freien Tag zu Hause, damit Ihr Organismus Zeit bekommt, sich erneut umzustellen. Nehmen Sie sich Zeit, um wieder anzukommen. Packen Sie in Ruhe aus und stimmen Sie sich auf die neue Arbeitswoche ein. Wenn Sie dann freudige Spannung, vielleicht sogar Lust auf das Kommende in sich spüren, dann sind Sie wirklich erholt.

Urlaub im Alltag

Lassen Sie den Urlaub nachwirken Der Alltag hat Sie wieder? Schauen Sie spätestens ein oder zwei Wochen nach Ihrer Rückkehr Ihre Urlaubsfotos an. In welchen Situationen waren Sie besonders glücklich, auf welchen Fotos lachen Sie? Wer die freien Tage noch einmal Revue passieren lässt und sich überlegt, welche Elemente ihm besonders gut gefallen habe, kann diese gezielt beim nächsten Urlaub einplanen. Sichern Sie sich die im Urlaub gewonnene Erholung für den Alltag. Starten Sie beispielsweise nach einem Urlaub mit leichteren Arbeitsaufgaben und setzen Sie zu Hause Ihre Urlaubsgewohnheiten (lesen, Sport treiben, in Ruhe essen) fort.

Fragen zur Selbstreflexion: Erholungsbedürfnisse erkennen

- In welchem Bereich ist Erholung für mich in diesem Jahr besonders wichtig? Fühle ich mich vor allem körperlich erschöpft oder eher emotional oder geistig ausgelaugt?
- Welche Art von Urlaub hätte für mich in meiner derzeitigen Befindlichkeit keinen oder nur geringen Erholungswert? Was könnte ich gar nicht gebrauchen?
- Will ich in diesem Jahr im Urlaub einfach einmal nichts tun, trödeln und herumhängen können?
- Suche ich nach inspirierenden neuen Eindrücken, neuen Kontakten und Begegnungen?
- Habe ich den Wunsch, mich körperlich zu betätigen?
- Träume ich von der einsamen Insel, von dem quirligen Ferienort oder vom Eintauchen in eine Großstadt?
- Welche Art von Urlaub wäre für mich in diesem Jahr die erholsamste, wenn ich auf nichts und niemanden Rücksicht nehmen müsste?

8.2 Genießen im Alltag

Freizeit ist freie Zeit

Was auch immer Sie in Ihrer Freizeit unternehmen, für den Erholungswert kommt es entscheidend darauf an, dass Ihre Freizeitaktivitäten tatsächlich ein Gegengewicht zu den Belastungen in Alltag und Beruf schaffen. Freizeitaktivitäten sind dann wirklich erholsam, wenn Sie dabei entspannen und von der Arbeit abschalten können, wenn sie selbstbestimmt sind und positive Emotionen,

Spaß und Freude, in Ihnen hervorrufen. Zeitdruck und Leistungsdenken sind hier in aller Regel kontraproduktiv ebenso wie eine Wettbewerbshaltung und Prestigedenken. Erholsame Freizeitaktivitäten sind eher prozess- als ergebnisorientiert. Sie sind bestimmt durch die Freude weniger am Ergebnis als am Tun selbst. Nicht der Zweck der Tätigkeit steht im Vordergrund, sondern Spaß, Lust und Genuss. Ganz wichtig ist auch, dass die Aktivitäten in der Freizeit auf Freiwilligkeit und nicht auf einem Gefühl der Verpflichtung beruhen. Sich von Normen und Ansprüchen und Erwartungen Dritter frei zu machen, ist die Voraussetzung dafür, um die Freizeit als eigene »freie Zeit«, als »Ich-Zeit«, genießen zu können. Nicht mehr »das muss ich tun«, sondern »das gönne ich mir« ist der Leitspruch, der auf dem Eingangstor zur regenerativen Gegenwelt steht.

Bereits im 12. Jahrhundert hat der Zisterziensermönch Bernhard von Clairvaux (1090–1153), einer der bedeutendsten Theologen des Mittelalters, hierzu seinen seelsorgerlichen Rat erteilt. In einer Papst Eugen III. gewidmeten Abhandlung mahnt er den Papst, der sein früherer Mönch war, eindringlich, nicht nur für andere da zu sein, sondern auch an sich selbst zu denken:

8

» Gönne Dich Dir selbst! Wenn Du ganz und gar für alle da sein willst, lobe ich Deine Menschlichkeit, aber nur wenn sie voll und echt ist. Wie kannst Du aber voll und echt Mensch sein, wenn Du Dich selbst verloren hast? Auch Du bist ein Mensch. Damit Deine Menschlichkeit allumfassend und vollkommen sein kann, musst Du also nicht nur für alle anderen, sondern auch für Dich selbst ein aufmerksames Herz haben. (…) Ja, wer mit sich selbst schlecht umgeht, wem kann der gut sein? Denk also daran: Gönne Dich Dir selbst. Ich sage nicht: tu das immer, ich sage nicht: tu das oft, aber ich sage: tue es immer wieder einmal. (Bernhard von Clairvaux, bedeutender Theologe des Mittelalters, 1090–1153)

▪ Angenehme Erlebnisse – früher und heute

Was macht mir Spaß?

Welche konkreten Freizeitaktivitäten es sind, die Ihre ganz persönliche Gegenwelt ausmachen, ist individuell natürlich höchst verschieden. Hier spielen persönliche Vorlieben, Vorerfahrungen und Möglichkeiten eine wichtige Rolle. Ob Natur oder Kultur, ob Sport oder Musik, ob Tanz oder Töpfern – entscheidend ist, dass Sie dabei Freude, Genuss und Muße erleben und vor allem, dass Sie sich Ihre freie Zeit ohne schlechtes Gewissen gönnen. Ich treffe allerdings oft auf Menschen, die für sich selbst gar nicht mehr wissen, was es denn sein könnte, das ihnen Spaß und Freude bereiten könnte, was sie als angenehm, entspannend und erholsam erleben könnten. Sie befinden sich bereits in der Dauerstress-Depressions-Spirale. Durch den anhaltenden Stress des Alltags ist der Zugang zu positiven

Erlebnissen regelrecht verschüttet. Das Leben hat sich mehr und mehr verengt auf die Auseinandersetzung mit Anforderungen in Beruf und Alltag. Hier kann es hilfreich sein, sich einmal zurückzuerinnern an frühere – gegebenenfalls auch an weit zurückliegende – Zeiten und an Tätigkeiten, die einem damals Freude bereitet haben (▶ Kasten »Zum Weiterdenken« und Checkliste »Angenehme Erlebnisse« in ◻ Abb. 8.2).

Zum Weiterdenken

- Welche Freizeitaktivitäten haben mir früher Freude gemacht?
- Was hat mir gut getan?
- Bei welchen Dingen oder Tätigkeiten konnte ich richtig abschalten?

Wenn Sie sich mit diesen Fragen beschäftigen, dann schauen Sie vielleicht auch in alte Fotoalben oder nehmen Erinnerungsstücke (die alten Wanderschuhe, Klaviernoten, den Tennisschläger, das Kochbuch, Reiseandenken ...) in die Hand. Das hilft der Erinnerung auf die Sprünge und lässt sie lebendig werden.

Die acht Regeln des Genießens

Genießen will gelernt sein

Kann man das Genießen lernen? In ihrer therapeutischen Arbeit mit depressiven Patienten haben die beiden Psychotherapeuten Rainer Lutz und Eva Koppenhöfer von der Psychosomatischen Fachklinik in Bad Dürckheim immer wieder die Beobachtung gemacht, dass diese Patienten auch dann, wenn sie Tätigkeiten ausführen, die anderen Menschen in der Regel Spaß oder Genuss bereiten, sich daran nicht wirklich freuen können. Ja, schlimmer noch, oft verschlimmern sich die depressiven Stimmungen durch diese Erfahrung. Ähnliches erleben auch dauergestresste und ausgebrannte Menschen. Sie können sich nicht mehr freuen und nicht mehr genießen. Lutz und Koppenhöfer haben daraus die Konsequenz gezogen, dass es nicht ausreicht, diese Menschen dazu zu motivieren, wieder aktiv zu werden, sondern dass sie zunächst regelrecht erst wieder lernen müssen zu genießen. Zu diesem Zweck haben sie eine »Kleine Schule des Genießens« entwickelt. Da das Genießen im Alltag auch für stressgeplagte Menschen eine ganz wichtige Quelle des Ausgleichs für Belastungen darstellt, gebe ich im Folgenden in etwas abgewandelter Form die wichtigsten Regeln des Genießens wider. Vielleicht finden Sie, liebe Leserinnen und Leser, hier wertvolle Hinweise und Anregungen für die Gestaltung Ihres persönlichen Alltagsgenusses.

Liste angenehmer Erlebnisse

Die folgende Liste enthält eine Reihe von Tätigkeiten, die von vielen Menschen als angenehm und erholsam erlebt werden. Bitte geben Sie bei jeder Tätigkeit an, wie gern und wie häufig Sie diese Tätigkeit ausführen. Die Liste ist nicht vollständig. Falls Ihnen noch andere Möglichkeiten einfallen, tragen Sie diese bitte in die freien Zeilen ein.

Was?	Wie gern?			Wie häufig?		
	Nicht	**etwas**	**sehr**	**nie**	**selten**	**oft**
1. Kontakt und Geselligkeit						
Freunde/Bekannte/Verwandte besuchen	☹	😐	☺	☹	😐	☺
Freunde/Bekannte/Verwandte einladen	☹	😐	☺	☹	😐	☺
Mit den Kindern spielen	☹	😐	☺	☹	😐	☺
Ein Lokal besuchen	☹	😐	☺	☹	😐	☺
Telefonieren, chatten	☹	😐	☺	☹	😐	☺
Tanzen gehen	☹	😐	☺	☹	😐	☺
Unternehmungen/Ausflüge mit der Familie/ mit Freunden oder Bekannten	☹	😐	☺	☹	😐	☺
Gesellschaftsspiele	☹	😐	☺	☹	😐	☺
In einem Verein mitarbeiten (Kegel-Club, Chor, Schachclub etc.)	☹	😐	☺	☹	😐	☺
Was mir noch einfällt:						
–	☹	😐	☺	☹	😐	☺
–	☹	😐	☺	☹	😐	☺
2. Hobbys						
Fotografieren/Filmen	☹	😐	☺	☹	😐	☺
Sammeln von Briefmarken/Münzen	☹	😐	☺	☹	😐	☺
Pflanzen züchten	☹	😐	☺	☹	😐	☺
Malen/Zeichnen	☹	😐	☺	☹	😐	☺

© 2018 Springer-Verlag Berlin Heidelberg. Aus: Kaluza, G.: Gelassen und sicher im Stress

Abb. 8.2 Liste angenehmer Erlebnisse

Was?	Wie gern?			Wie häufig?		
	Nicht	etwas	sehr	nie	selten	oft
Töpfern	☹	😐	☺	☹	😐	☺
Basteln/Handarbeiten	☹	😐	☺	☹	😐	☺
Ein Musikinstrument spielen	☹	😐	☺	☹	😐	☺
Gartengestaltung	☹	😐	☺	☹	😐	☺
Singen	☹	😐	☺	☹	😐	☺
Etwas Besonderes kochen	☹	😐	☺	☹	😐	☺
Puzzles/Rätsel lösen	☹	😐	☺	☹	😐	☺
Technische Spiele (Eisenbahn, Computer ...)	☹	😐	☺	☹	😐	☺
Heimwerken	☹	😐	☺	☹	😐	☺
Was mir noch einfällt:						
–	☹	😐	☺	☹	😐	☺
–	☹	😐	☺	☹	😐	☺
3. Kultur und Bildung						
Ins Konzert gehen	☹	😐	☺	☹	😐	☺
Theaterbesuch	☹	😐	☺	☹	😐	☺
Ins Kino gehen	☹	😐	☺	☹	😐	☺
Einen Vortrag anhören	☹	😐	☺	☹	😐	☺
Besuch von Ausstellungen/Museen	☹	😐	☺	☹	😐	☺
Ein gutes Buch lesen	☹	😐	☺	☹	😐	☺
Einen Kurs bei der VHS belegen	☹	😐	☺	☹	😐	☺
Eine Fremdsprache lernen	☹	😐	☺	☹	😐	☺
Was mir noch einfällt:						
–	☹	😐	☺	☹	😐	☺
–	☹	😐	☺	☹	😐	☺

© 2018 Springer-Verlag Berlin Heidelberg. Aus: Kaluza, G.: Gelassen und sicher im Stress

■ Abb. 8.2 (Fortsetzung)

Was?	Wie gern?			Wie häufig?		
	Nicht	**etwas**	**sehr**	**nie**	**selten**	**oft**
4. Sport und Bewegung						
Spazieren gehen/Wandern	☹	😐	☺	☹	😐	☺
Waldlauf/Jogging	☹	😐	☺	☹	😐	☺
Tennis	☹	😐	☺	☹	😐	☺
Tischtennis	☹	😐	☺	☹	😐	☺
Schwimmen	☹	😐	☺	☹	😐	☺
Rad fahren	☹	😐	☺	☹	😐	☺
Wintersport (Skiwandern, Abfahrtsski, Snowboard …)	☹	😐	☺	☹	😐	☺
Ballsport	☹	😐	☺	☹	😐	☺
Gymnastik/Aerobic/Pilates u. Ä.	☹	😐	☺	☹	😐	☺
Wassersport (Segeln, Rudern, Kanu …)	☹	😐	☺	☹	😐	☺
Krafttraining	☹	😐	☺	☹	😐	☺
Was mir noch einfällt:						
–	☹	😐	☺	☹	😐	☺
–	☹	😐	☺	☹	😐	☺
5. Naturerlebnisse und »Passivitäten«						
Im Gras liegen	☹	😐	☺	☹	😐	☺
Tiere beobachten (z.B. Vögel)	☹	😐	☺	☹	😐	☺
Barfuß laufen	☹	😐	☺	☹	😐	☺
Blumen pflücken (z.B. auf einer Wiese)	☹	😐	☺	☹	😐	☺
In der Sonne sitzen	☹	😐	☺	☹	😐	☺
Kräuter, Pilze o.Ä. sammeln	☹	😐	☺	☹	😐	☺
Eine schöne Aussicht genießen	☹	😐	☺	☹	😐	☺

© 2018 Springer-Verlag Berlin Heidelberg. Aus: Kaluza, G.: Gelassen und sicher im Stress

Abb. 8.2 (Fortsetzung)

Was?	Wie gern?			Wie häufig?		
	Nicht	etwas	sehr	nie	selten	oft
Am Ofen sitzen/ins Feuer gucken	☹	😐	☺	☹	😐	☺
Sauna	☹	😐	☺	☹	😐	☺
Sonnenaufgang, -untergang, Sterne, Wolken beobachten	☹	😐	☺	☹	😐	☺
Angeln	☹	😐	☺	☹	😐	☺
Im Wasser waten	☹	😐	☺	☹	😐	☺
Eine gute Tasse Tee/Kaffee trinken	☹	😐	☺	☹	😐	☺
Musik hören	☹	😐	☺	☹	😐	☺
Ein Bad nehmen	☹	😐	☺	☹	😐	☺
Sich massieren lassen	☹	😐	☺	☹	😐	☺
In einem Straßencafé sitzen	☹	😐	☺	☹	😐	☺
Was mir noch einfällt:						
–	☹	😐	☺	☹	😐	☺
–	☹	😐	☺	☹	😐	☺

Auswertung:
Schauen Sie sich nun bitte den ausgefüllten Bogen noch einmal an: Gibt es Aktivitäten oder »Passivitäten«, die sie zwar gern, aber nur selten oder nie erleben? Sind Sie vielleicht auf Dinge gestoßen, die Sie schon immer gern einmal getan hätten, aber bisher immer wieder verschoben haben? Gibt es Tätigkeiten, denen Sie früher mit Spaß nachgegangen sind und die Sie gerne wieder aufgreifen würden? Bitte notieren Sie auf diesem Blatt die angenehmen Dinge, die Sie in den nächsten Wochen zum Ausgleich für Ihre Belastungen unternehmen möchten!

© 2018 Springer-Verlag Berlin Heidelberg. Aus: Kaluza, G.: Gelassen und sicher im Stress

Abb. 8.2 (Fortsetzung)

Kleine Schule des Genießens

Gönne Dir Genuss Viele Menschen haben Hemmungen, ein schlechtes Gewissen oder schämen sich, wenn sie sich selbst etwas Gutes tun. Ganz so, als stünde ihnen Genuss oder Lebensfreude nicht zu. Vielleicht weil sie in ihrer Kindheit entsprechende Verbote von ihren Eltern bekommen haben, können sie heute sich selbst einen Genuss nicht erlauben. Hier kommt es darauf an, sich über unnötig gewordene Genussverbote klar zu werden und diese fallen zu lassen.

> » Tun hätte ich schon gewollt, dürfen habe ich mich nicht getraut. (Karl Valentin, Komiker und Schriftsteller, 1882–1948)

Nimm Dir Zeit zum Genießen Das klingtbanal, ist aber eine ganz wichtige Voraussetzung für das Genießen. Genuss geht nicht unter Zeitdruck – aber manchmal genügt schon ein Augenblick.

Genieße bewusst Wer viele Dinge gleichzeitig tut, wird dabei kaum genießen können. Wollen Sie Genuss erleben, dann müssen Sie die anderen Tätigkeiten ausschalten und sich ganz auf diesen besinnen. Genuss geht nicht nebenbei. Auch das ständige Denken an zukünftige oder zurückliegende Aufgaben verstellt oft den Blick für das Angenehme. Genuss findet in der Gegenwart statt.

> » Willst Du immer weiter schweifen? Sieh, das Gute liegt so nah! Lerne nur das Glück begreifen, denn das Glück ist immer da. (Johann Wolfgang von Goethe, 1749–1832)

Schule Deine Sinne für Genuss Genießen setzt eine fein differenzierte Sinneswahrnehmung voraus, die sich durch Erfahrung gebildet hat. Beim Genießen kommt es auf das Wahrnehmen von Nuancen an. Es gilt hier, die eigenen Sinne zu schärfen.

Genieße auf Deine eigene Art Das weiß auch der Volksmund: »Was dem einen sin Uhl ist, ist dem anderen sin Nachtigall.« Genuss bedeutet für jeden etwas anderes. Hier kommt es darauf an herauszufinden, was einem gut tut und – genauso wichtig – was einem nicht gut tut und was einem wann gut tut.

Genieße lieber wenig, aber richtig Ein populäres Missverständnis über Genießen ist, dass derjenige mehr genießt, der mehr konsumiert. Für den Genuss ist jedoch nicht die Menge, sondern die Qualität entscheidend. Ein Zuviel wirkt auf die Dauer sättigend und langweilig. Wir plädieren deshalb dafür, sich zu beschränken, nicht aus Geiz oder aus falscher Bescheidenheit, sondern um sich das jeweils Beste zu gönnen.

Planen schafft Vorfreude Eine Redensart besagt, dass man die Feste feiern soll, wie sie fallen. Das Zufällige, Spontane, Unerwartete bringt häufig einen ganz besonderen Genuss. Es erscheint jedoch nicht günstig, den Genuss alleine dem Zufall zu überlassen. Im Alltag wird es oft nötig sein, angenehme Erlebnisse zu planen, d. h. die Zeit dafür einzuteilen, die entsprechenden Vorbereitungen zu treffen, Verabredungen zu vereinbaren usw. Das hat den zusätzlichen angenehmen Effekt, dass Sie sich auf das bevorstehende angenehme Ereignis schon länger vorher freuen können.

Genieße die kleinen Dinge des Alltags Genuss ist nicht immer zwangsläufig etwas ganz Außerordentliches. Nicht wenige Menschen versäumen das kleine Glück, während sie auf das große vergebens warten. Es gilt, Genuss im normalen Alltag zu finden – in kleinen Begebenheiten und alltäglichen Verrichtungen. Wer sich selbst im Alltag innerlich dafür offen hält, kann eine Vielzahl von Quellen für angenehme Erlebnisse gerade auch im alltäglichen Leben entdecken. Alltägliche Dinge einmal aus einer anderen, nicht zweckbestimmten Warte wahrzunehmen, kann unerwartete Genüsse bescheren.

Das kleine Glück

» Glück entsteht oft durch Aufmerksamkeit in kleinen Dingen, Unglück oft durch Vernachlässigung kleiner Dinge. (Wilhelm Busch, 1832–1908)

Genießen im Alltag – Positiver Tagesrückblick
Achten Sie in den kommenden Tagen einmal ganz bewusst auf schöne Dinge in Ihrem Alltag. Darauf, was Ihnen Freude macht, was Sie als angenehm empfinden und genießen können. Das können besondere Ereignisse sein, wie etwa der seltene Besuch guter Freunde oder z. B. ein Theaterbesuch. Wichtiger aber noch sind die ganz alltäglichen kleinen Freuden wie z. B. das angenehme Gefühl auf der Haut nach der morgendlichen Dusche oder ein schöner Sonnenuntergang, den Sie beobachtet haben, oder der angenehme Geruch von frisch gemahlenem Kaffee. Nehmen Sie sich jeden Tag ein paar Minuten Zeit für einen positiven Tagesrückblick. Vergegenwärtigen Sie sich, was Sie an diesem Tag als angenehm erlebt haben.

8.3 Entspannen und loslassen

Wechsel von Anspannung und Entspannung

Der rhythmische Wechsel zwischen Anspannung und Entspannung ist ein wesentliches Merkmal des Lebendigen. Denken Sie nur an den Atemrhythmus mit seinem Wechsel von Inspiration und Expiration oder an das lebendige Pulsieren des Herzens mit seinem Wechsel von Kontraktion und Expansion. Dabei bilden Spannung und Entspannung wie die Sonnen- und Schattenseite eines Berges eine dynamische Einheit. Das eine existiert nur als Gegenüber des anderen. Starke Spannung ermüdet und führt zu einer natürlichen Entspannung. Die Entspannung baut die Energiereserven wieder auf, sodass neue Spannung möglich wird. Einen solchen lebendigen Wechsel zwischen Spannung und Entspannung zu unterstützen, zu fördern und besonders dort, wo er aufgrund lang anhaltender oder immer wiederkehrender Belastungen aus dem Takt gekommen oder ganz unterbrochen ist, wieder in Gang zu bringen, ist das Ziel von Entspannungstrainings.

▪ Entspannungstraining – Wie es wirkt und was es bewirkt

Entspannung ist trainierbar

Die Fähigkeit, körperlich zu entspannen und gedanklich abzuschalten, stellt eine grundlegende Bewältigungsmöglichkeit gegenüber Belastungen dar. Grundsätzlich verfügt jeder Mensch über diese Fähigkeit, und – und das ist die gute Botschaft – sie ist trainierbar. Erforderlich dafür ist – wie bei der Ausbildung jeder anderen Fähigkeit auch – die regelmäßige Übung. Regelmäßige Übung über einen Zeitraum von drei bis vier Monaten ist der Schlüssel zum Erfolg. Dann haben die meisten Menschen ihre Entspannungsfähigkeit so weit trainiert, dass sie diese auch in oder vor schwierigen Situationen gewinnbringend einsetzen können. Folgende Erfahrungen sind auf dem Weg dorthin bedeutsam:

Der Weg zur Entspannung

Spannung wahrnehmen Viele Menschen haben das Gespür für körperliche Anspannungsprozesse verloren. Sie nehmen diese erst wahr, wenn sich bereits Symptome einer zu starken Anspannung (z. B. Kopf- und Nackenschmerzen, Magenbeschwerden, Augendruck, Schlafstörungen etc.) eingestellt haben. Das erste Ziel und die erste Wirkung des Entspannungstrainings besteht daher oft darin, dass wir unsere Wahrnehmung für Spannungsempfindungen schärfen, um möglichst frühzeitig gegensteuern zu können. Wir nehmen körperliche Signale der Anspannung sensibler wahr.

Wechsel von Anspannung zu Entspannung erfahren Im Laufe eines Entspannungstrainings werden wir dann immer bewusster den Unterschied zwischen Zuständen der Anspannung und der Entspannung erfahren. Wir erleben, wie sich mit dem Nachlassen der Anspannung angenehme Gefühle der Entspannung in unserem Körper nach und nach auszubreiten beginnen. Und wir werden nach und nach lernen, diese »Umschaltung« von Anspannung auf Entspannung bewusst herbeizuführen.

Entspannung genießen Innere Unruhe und Nervosität nehmen allmählich ab, und es gelingt uns immer besser, einen angenehmen, tiefen Zustand der Entspannung über einen begrenzten Zeitraum aufrechtzuerhalten und genussvoll zu erleben. Wir prägen uns die Empfindungen der Entspannung möglichst tief ein, um sie dann auch im normalen Alltag abrufen zu können.

Entspannung in den Alltag tragen Das Ziel, auf das letztlich alles hinausläuft, besteht schließlich darin, dass wir in den Stand gesetzt werden, die trainierte Entspannungsfähigkeit gezielt in alltäglichen Situationen einzusetzen. Wir lernen, wie wir angenehme Gefühle der Entspannung nicht allein während der besonderen Entspannungsübungen gewissermaßen im »stillen Kämmerlein« erleben können, sondern in den ganz normalen Alltag hinaustragen können.

Stressbeschwerden nehmen ab

Die positiven gesundheitlichen Effekte, die durch Entspannungstrainings erzielt werden können, sind in zahlreichen wissenschaftlichen Studien zweifelsfrei nachgewiesen worden. Regelmäßige Entspannungsübungen führen zu einem Abbau körperlicher (Über-)Erregung und in der Folge zu einer Linderung vieler stressbedingter körperlicher Beschwerden, wie z. B. Schlafstörungen, Kopfschmerzen, Durchblutungsstörungen und Herzbeschwerden. Personen, die mit einem Entspannungstraining beginnen, berichten bereits nach den ersten Übungen davon, dass sie ihren eigenen Körper und damit sich selbst wieder besser spüren. Sie fühlen sich wieder mehr zentriert, mit ihrer eigenen Mitte verbunden. Personen, die regelmäßig Entspannungsübungen durchführen, berichten darüber hinaus von einem Gefühl zunehmender psychischer Gelöstheit, einem tiefen Erlebnis von Ruhe und Gelassenheit sowie dem Gefühl der Erholung und geistiger Frische unmittelbar nach den Übungen. Längerfristig kann das Entspannungstraining auch zu einem höheren Grad an Selbstsicherheit und zu einer Verringerung von ängstlichen und depressiven Stimmungslagen beitragen.

Entspannungsmethoden

Methoden des Entspannungstrainings Um die Entspannungsfähigkeit zu trainieren, sind unterschiedliche Trainingsmethoden entwickelt worden. Im deutschsprachigen Raum zählen dazu insbesondere das Autogene Training (AT), das von dem

Berliner Arzt Johannes Heinrich Schultz in den 20er Jahren des letzten Jahrhunderts begründet wurde, sowie die Progressive Muskelrelaxation(PMR) nach Edmund Jacobson.

Für beide Methoden liegen umfangreiche praktische Erfahrungen und wissenschaftliche Wirksamkeitsnachweise vor. Beiden Methoden ist auch gemeinsam, dass sie ohne äußere Hilfsmittel auskommen, wie z. B. Audiokassetten oder CDs, und darauf abzielen, dass die Trainierenden lernen, den Entspannungszustand aus sich selbst heraus (= autogen) zu erzeugen. Nach meiner Erfahrung hat die PMR gegenüber dem AT den Vorteil, dass sie zumindest bei den meisten Menschen schneller zu ersten Erfolgen führt und dadurch zum Weiterüben motiviert. Dies gilt insbesondere für dauergestresste Menschen mit einer hohen Grundanspannung. Diese finden oft mit der PMR einen schnellen und leichten Zugang zu ersten Entspannungserfahrungen. Ich werde daher im Folgenden die Methode der PMR etwas genauer darstellen.

▪ Progressive Muskelrelaxation (PMR)

Die Methode wurde in den 30er Jahren des letzten Jahrhunderts von dem amerikanischen Arzt und Neurophysiologen Edmund Jacobson entwickelt. Jacobson ging davon aus, dass sich jede seelische Anspannung auch in muskulärer Anspannung ausdrückt. Daher sollte durch eine fortschreitende (= progressive) muskuläre Entspannung auch eine allmähliche Lösung seelischer Spannungszustände möglich sein. Aufbauend auf dieser Grundidee entwickelte er ein System von Übungen zur differenzierten Entspannung des gesamten Muskelapparates.

Das **Grundprinzip**der Methode ist denkbar einfach (▪ Abb. 8.3). Es besteht aus dem Wechsel zwischen Anspannung und anschließender Entspannung einzelner Muskelgruppen. Hierzu werden einzelne Muskeln zunächst jeweils bewusst angespannt. Die Spannung wird kurz gehalten und dann mit dem Ausatmen wieder gelöst und entspannt. Dabei ist konzentriert auf Empfindungen der Entspannung in den betreffenden Muskelpartien zu achten und die Entspannung jeweils mit dem Ausatmen zu vertiefen.

PMR-Grundprinzip

Mit der Progressiven Muskelentspannunglernen Sie also, einige wesentliche Muskelgruppen Ihres Körpers in einer bestimmten Reihenfolge zu entspannen, indem Sie diese Muskelgruppen erst anspannen und dann lockern, während Sie gleichzeitig sehr konzentriert und sorgfältig auf die Empfindungen achten, die dabei an Ihren Muskeln auftreten. Mit einiger Übung werden Sie dazu kommen, Ihre Muskelspannung weit unter das normale Spannungsniveau zu senken, und zwar wann immer Sie wollen und wann immer Sie es brauchen.

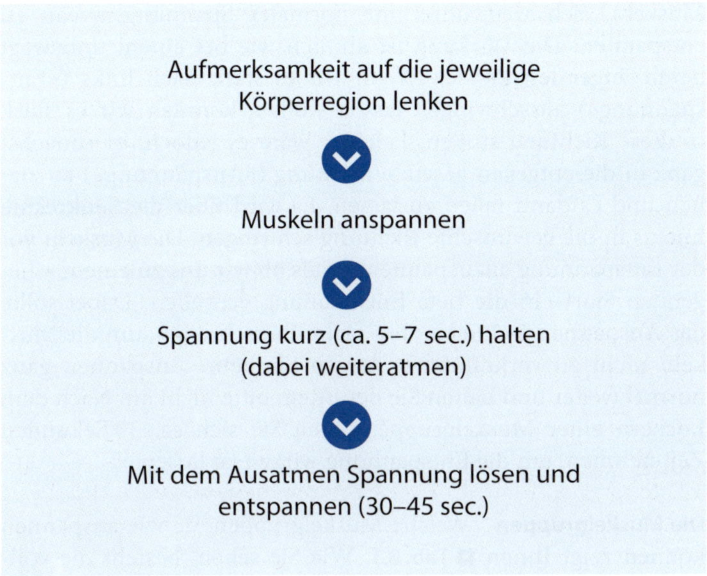

Abb. 8.3 Grundprinzip der progressiven Muskelentspannung (PMR)

Sich entspannen lernen geht ähnlich wie das Erlernen anderer Fertigkeiten, wie Schwimmen, Autofahren oder Klavierspielen. Sie brauchen dazu Übung, Konzentration und Engagement. Dies bedeutet, dass Sie sich Zeit nehmen müssen, Zeit für sich selbst. An der Methode ist auch nichts Geheimnisvolles, Sie müssen nicht daran glauben. Sie müssen nur üben. Schon Erich Kästner wusste: »Es gibt nichts Gutes, außer man tut es!«.

Regelmäßig üben

Mit etwas Übung werden Sie feststellen, dass durch die Entspannung der Muskulatur auch andere Zeichen körperlicher Unruhe und Erregung, wie z. B. Herzklopfen, Schwitzen, Zittern zurückgehen oder verschwinden, dass Sie sich insgesamt viel ruhiger und gelassener fühlen. Mit der Muskelentspannung haben Sie also eine Technik zur Hand, mit der Sie körperliche und seelische Anspannung und Nervosität verringern und alltägliche Stresssituationen gelassener bewältigen können.

Wenn Sie mit einem Entspannungstraining beginnen möchten, dann beherzigen Sie bitte die nachfolgenden Praxistipps. Für einen nachhaltigen Trainingserfolg ist es ratsam, das Training unter professioneller Anleitung durchzuführen. Entsprechende Kurse werden bei Volkshochschulen, Krankenkassen u. Ä. angeboten.

▪ Praxis-Tipps: Worauf es beim Üben ankommt

So üben Sie mit Erfolg

Anspannen und Entspannen Indem Sie eine Muskelgruppe anspannen und dann die so entstandene Spannung anschließend mit dem Ausatmen wieder lockern, ermöglichen Sie diesen

Muskeln, sich weit unter ihr normales Spannungsniveau zu entspannen. Die Wirkung ist ähnlich wie bei einem unbewegt herabhängenden Pendel. Wenn wir es stark nach links (»Entspannung«) ausschwingen lassen wollen, könnten wir es stark in diese Richtung stoßen. Leichter wäre es jedoch, es zunächst ganz in die entgegen gesetzte Richtung (»Anspannung«) zu ziehen und es dann fallen zu lassen. Es wird über die Senkrechte hinaus in die gewünschte Richtung schwingen. Die Muskeln vor der Entspannung anzuspannen ist, als ob wir uns zu einem »fliegenden Start« in die tiefe Entspannung verhelfen. Dabei sollte das Anspannen 5–7 Sekunden nicht überschreiten, um die Muskeln nicht zu verkrampfen. Atmen Sie beim Anspannen ganz normal weiter und halten Sie den Atem bitte nicht an. Nach dem Lockern einer Muskelgruppe sollten Sie sich ca. 30 Sekunden Zeit nehmen, um die Entspannung wirken zu lassen.

Die Muskelgruppen Welche Muskelgruppen Sie wie anspannen können zeigt Ihnen ◘ Tab. 8.1. Wie Sie sehen, besteht die vollständige Übung aus vier Übungsteilen mit jeweils vier Muskelgruppen. Beginnen Sie mit dem ersten Übungsteil und nehmen Sie dann von Übungswoche zu Übungswoche jeweils einen weiteren Übungsteil hinzu. Nach vier Übungswochen beherrschen Sie dann bereits die komplette Übung, mit der Sie alle wesentlichen Muskelgruppen Ihres Körpers entspannen können.

Auf Empfindungen achten Ein weiterer Vorteil der Technik, erst Spannung zu erzeugen und dann zu lockern, liegt darin, dass Sie durch den Kontrast die mit Anspannung und Entspannung verbundenen Empfindungen leichter erkennen und unterscheiden lernen. Wenn Sie eine Muskelgruppe anspannen, spüren Sie, wie die Muskeln hart werden und sich zusammenziehen. Achten Sie während des Anspannens immer genau auf diese Empfindungen. Wenn Sie dann die Muskelgruppe entspannen, d. h. alle Spannung gleichzeitig herauslassen, verschwinden diese Empfindungen und angenehme Entspannungsgefühle treten an ihre Stelle. Diese können von Mensch zu Mensch ganz unterschiedlich sein. Manche Menschen spüren Wärme in ihre Muskeln fließen oder ein angenehmes Kribbeln, andere empfinden Schwere und wieder andere ein Gefühl der Schwerelosigkeit. Wichtig ist nur, dass Sie während des Entspannens ganz aufmerksam auf diese Empfindungen achten, ihnen nachspüren und so die Entspannung tiefer und tiefer werden lassen.

Richtig atmen Beim Anspannen der Muskeln sollten Sie ganz normal weiteratmen, den Atem also nicht anhalten. Beim Lösen der Anspannung atmen Sie tief aus. Ansonsten sollten Sie Ihre Atmung nicht weiter beachten oder gar zu kontrollieren versuchen. Sie werden während der Übung ganz von alleine zu einer ruhigen und entspannten Atmung kommen.

Tab. 8.1 Progressive Muskelrelaxation – Wie Sie die Muskeln anspannen können

1. Übungsteil: Hände, und Arme	
(1) Dominante Hand und Unterarm	Hand zur Faust ballen.
(2) Dominanter Oberarm	Ellenbogen anwinkeln (mit geöffneter Hand).
(3) Nicht-dominante Hand und Unterarm	Hand zur Faust ballen.
(4) Nicht-dominanter Oberarm	Ellenbogen anwinkeln (mit geöffneter Hand).
2. Übungsteil: Füße, Beine, Gesäß	
(5) Füße	Zehen einkrallen *oder* Zehen spreizen.
(6) Unterschenkel	Fersen vom Boden abheben (Achtung: Bei Neigung zu Wadenkrämpfen Fersen nur leicht anheben!).
(7) Oberschenkel	Fersen in den Boden drücken und Zehen vom Boden abheben.
(8) Gesäß	Pobacken zusammendrücken.
3. Übungsteil: Kopf und Gesicht	
(9) Stirn und Kopfhaut	Augenbrauen hochziehen und dabei die Stirn in horizontale Falten legen *oder* Augenbrauen zusammenziehen, sodass auf der Stirn tiefe senkrechte Falten (»Zornesfalten«) entstehen.
(10) Augen und obere Wangenpartie	Augen zusammenkneifen und die Nase nach oben ziehen (»rümpfen«).
(11) Untere Wangenpartie, Kiefer, Mund	Zähne aufeinanderbeißen, Lippen aufeinanderpressen, Zunge nach oben gegen den Gaumen drücken.
(12) Hals und Nacken	Kopf etwas einziehen und nach hinten drücken *oder* Kopf nach vorne auf die Brust ziehen *oder* Kopf leicht geneigt nach rechts (bzw. links) drehen, das Kinn zeigt jeweils zur rechten (bzw. linken) Schulter *oder* Kopf mit dem Gesicht nach unten zur rechten (bzw. linken) Schulter neigen (»das Ohr auf die Schulter legen«).
4. Übungsteil: Schultern, Rücken, Brust, Bauch	
(13) Schultern und obere Rückenpartie	Schultern hochziehen (»bis zu den Ohren«) *oder* Schulterblätter nach hinten unten drücken (»als wollten sich die Schulterblattspitzen berühren«) *oder* Schultern nach vorne vor die Brust ziehen.
(14) Brust	Tief einatmen und Atem kurz anhalten, dabei Brustmuskulatur anspannen.

(Fortsetzung)

Tab. 8.1 (Fortsetzung)

(15) Untere Rückenpartie	Leichtes Hohlkreuz machen, indem das Becken nach vorne gekippt wird *oder* den Rumpf nach vorne überbeugen.
(16) Bauch	Bauch hart machen (»als wolle man einen leichten Schlag abfangen«) *oder* Bauchdecke einziehen *oder* Bauchdecke nach außen wölben.

Abschweifende Gedanken Sie werden feststellen, dass es nicht einfach ist, sich nur auf sich selbst bzw. auf die Muskelentspannung zu konzentrieren. Ihre Aufmerksamkeit wird häufiger durch Geräusche, andere Körperempfindungen oder abschweifende Gedanken abgelenkt werden. Das ist ganz normal und sollte Sie nicht beunruhigen. Wenn Sie feststellen, dass Sie abgeschweift sind, so nehmen Sie es ruhig hin und richten Sie dann Ihre Aufmerksamkeit wieder auf Ihren Körper. Denken Sie also nicht weiter darüber nach, sondern fahren Sie einfach mit der Übung fort. Häufig hilft es, sich die Anweisungen für die Übung durch innerliches Sprechen selbst zu geben und auch die Empfindungen, die beim Entspannen auftreten, innerlich zu kommentieren. Zum Beispiel so: »… atme aus und entspanne. Lass alle Spannung raus und konzentriere dich ganz auf die Empfindungen, die beim Entspannen der Muskeln auftreten. Achte darauf, wie sie weicher und entspannter werden …« usw.

Zeitpunkt Üben Sie täglich mindestens einmal, und legen Sie den Zeitpunkt so, dass Sie anfangs 20 Minuten zur Verfügung haben, in denen Sie nicht gestört werden und sich auch nicht unter Zeitdruck fühlen. Diese Minuten sollen also voll und ganz der Entspannung zur Verfügung stehen.

Äußere Umgebung Gerade zu Beginn des Trainings ist es besonders wichtig, dass Sie während des Übens nicht abgelenkt und in Ihrer Konzentration gestört werden. Ideal ist deshalb ein ruhiger, evtl. abgedunkelter Raum. Achten Sie darauf, weder durch Personen oder Haustiere im Zimmer noch durch das Klingeln des Telefons oder der Türklingel unterbrochen zu werden.

Sitzgelegenheit Die Sitzgelegenheit sollte so beschaffen sein, dass keine Anstrengung für die Körperhaltung nötig ist. Ideal ist ein gut gepolsterter Sessel, in dem Sie Kopf, Nacken, Rücken und Arme bequem anlehnen bzw. auflegen können. Die Füße sollten einen guten Kontakt zum Boden haben.

Kleidung Achten Sie darauf, dass Sie während der Übung nicht durch beengende Kleidungsstücke (Jackett, Krawatte, Gürtel, unbequeme Schuhe etc.) oder Brillen, Kontaktlinsen, Uhren u. Ä. in Ihrer Bewegungsfreiheit und Konzentrationsfähigkeit eingeschränkt werden. Legen Sie diese vorher ab.

Grundposition Bevor Sie mit den Entspannungsübungen beginnen, sollen Sie sich eine Minute Zeit nehmen, in der Sie sich vergewissern, dass Sie auch wirklich bequem und entspannt sitzen und sich darauf vorbereiten, dass Sie sich entspannen werden.

Wenn Sie im Sitzen üben, achten Sie darauf, dass die Füße bequem stehen, dass die Beine gelockert sind, dass Sie sich überall richtig anlehnen können, dass Sie für Ihren Kopf eine angenehme Lage finden, dass die Schultern locker herabhängen und Hände und Unterarme entspannt auf der Lehne oder im Schoß aufliegen.

Sie können natürlich auch im Liegen üben. Legen Sie sich dazu auf den Rücken, die Arme liegen leicht angewinkelt, die Beine liegen ausgestreckt nebeneinander, die Füße zeigen nach außen. Vielleicht ist es bequemer, wenn Sie ein Kissen oder eine Rolle in den Nacken, den Rücken oder in die Kniekehlen legen. Probieren Sie die für Sie angenehmste Lage aus.

Klarer Beginn Bitte gewöhnen Sie sich von Anfang an daran, jede Entspannungsübung mit einem kleinen Ritual zu beginnen. Dieses Startritual sieht wie folgt aus:

1. Sie entscheiden sich ganz bewusst dafür, die Übung jetzt durchführen zu wollen, und sagen sich: »Jetzt entspanne ich mich.«
2. Sie nehmen ganz bewusst Ihre Entspannungsposition ein (mit dem Gesäß auf die gesamte Sitzfläche setzen und Rücken anlehnen, Füße fest auf den Boden stellen, Hände auf die Oberschenkel und dabei die Schultern fallen lassen) und
3. Sie wenden Ihre Aufmerksamkeit ganz bewusst nach innen, auf Ihren Körper, und schließen dabei die Augen.

Klares Ende Wenn Sie alle wesentlichen Muskelgruppen entspannt haben, dann versuchen Sie den angenehmen Entspannungszustand noch einige Minuten aufrechtzuerhalten und zu genießen. Sie können dazu die einzelnen Muskelgruppen in Gedanken nochmals durchgehen und den Grad Ihrer Entspanntheit erfühlen oder auch einfach so entspannt sitzen bleiben und einer angenehmen, wohltuenden Vorstellung nachhängen. Sagen Sie sich anschließend, dass Sie die Entspannung beenden wollen. Lassen Sie sich Zeit dabei. Ballen Sie Ihre Hände zu Fäusten, strecken und räkeln Sie sich, atmen Sie ein paar Mal kräftig tief durch und öffnen Sie dann die Augen. Hierdurch wird der Körper nach der Entspannung – ähnlich wie nach dem Schlafen – wieder auf den Wachzustand eingestellt. Dieses Zurücknehmen der Entspannung soll nach jeder

Tab. 8.2 Progressive Muskelrelaxation – Kurzform

(1) Arme:	Beide Hände zu Fäusten ballen und Ellenbogen anwinkeln.
(2) Kopf:	Augenbrauen zusammenziehen, Nase rümpfen, Zähne und Lippen zusammenpressen, Kopf leicht einziehen und nach hinten drücken.
(3) Rumpf:	Schultern nach hinten unten zusammendrücken, leicht ins Hohlkreuz gehen und Bauchdecke hart machen.
(4) Beine:	Beide Fersen auf den Boden drücken, Zehenspitzen aufrichten, dabei Unterschenkel, Oberschenkel und Gesäßmuskeln anspannen.

Übung erfolgen. Nur wenn Sie abends im Bett unmittelbar vor dem Schlafen üben, nehmen Sie die Entspannung **nicht** zurück. Andernfalls kann es vorkommen, dass Sie sich frisch und ausgeruht fühlen und deswegen in den darauf folgenden Stunden nicht schlafen können. Wenn Sie im Bett das Zurücknehmen der Entspannung auslassen, werden Sie besser einschlafen.

PMR-Kurzform

Verkürzen der Entspannungsübung Wenn Sie die Progressive Muskelrelaxation in der beschriebenen Weise über einen Zeitraum von 3–4 Wochen trainiert haben, dann beherrschen Sie die Methode in der Regel so gut, dass Sie mit einer Verkürzung der Übung beginnen können. Zu diesem Zweck fassen Sie die einzelnen Muskeln zu Gruppen zusammen, die Sie dann gleichzeitig zunächst anspannen und anschließend entspannen. Entsprechend der vier Übungsteile der Langform können Sie die Übung so auf vier Muskelgruppen verkürzen. Wie Sie die Muskelgruppen im Einzelnen anspannen können, entnehmen Sie bitte Tab. 8.2.

Kurzübungenfür den Alltag Zur zwischenzeitlichen Entspannung im Alltag können Sie Kurzübungen einsetzen, bei denen nur noch einzelne Muskeln und Muskelgruppen angespannt und anschließend entspannt werden. Die Anleitung für zwei Kurzübungen, die sich in der Praxis gut bewährt haben, finden Sie in den Kästen »Übung King Kong« und »Übung Quasimodo«. Die Wirkung solcher Kurzübungen ist umso stärker, je intensiver Sie zuvor Ihre Entspannungsfähigkeit mittels der längeren Übungen trainiert haben.

Übung »King Kong«

Diese Übung dient vor allem der Entspannung von Schultern, Armen und Händen. Für viele Menschen stellt sie eine kurzfristig effektive Möglichkeit dar, innere Anspannung zu reduzieren. Die Übung kann im Sitzen oder Stehen durchgeführt werden. Zur Durchführung der Übung gehen Sie wie folgt vor:

Halten Sie die Arme vor der Brust angewinkelt. Die Ellenbogen sind in Schulterhöhe, die Hände zur Faust geballt. Schließen Sie die Augen und atmen Sie während der ganzen Übung weiter. Nicht die Luft anhalten. Spannen Sie die gesamte Arm- und Oberkörpermuskulatur kräftig an. Fäuste, Unterarme, Oberarme, Schultern und Brust – jetzt. Halten Sie die Spannung noch einen Moment, weiteratmen – und mit dem nächsten Ausatmen lassen Sie die Arme sinken und entspannen.
Lassen Sie die Arme ganz locker an der Seite hängen. Wenn es Ihnen angenehm ist, können Sie auch den Kopf nach vorne hängen lassen. Spüren Sie wie sich die Entspannung in Ihrem Oberkörper ausbreitet. In Händen, in Unterarmen, in Oberarmen. Auch die Schultern entspannen sich und die Brustmuskulatur. Atmen Sie ruhig und gleichmäßig …
Ballen Sie nun ihre Hände zu Fäusten, atmen Sie tief durch und richten Sie Ihre Aufmerksamkeit wieder nach außen.
(Adaptiert nach Brechtel 1994)

Übung »Quasimodo«
Diese Übung dient vor allem der Entspannung der Nackenmuskulatur. Sie ist auch hilfreich bei aufkommenden Kopfschmerzen, nachlassender Konzentration und bei Bildschirmarbeit. Die Übung kann im Sitzen oder Stehen durchgeführt werden. Zur Durchführung der Übung gehen Sie wie folgt vor:
Stellen (oder setzen) Sie sich aufrecht hin, der Kopf ist gerade. Ziehen Sie die Schultern ganz hoch. So, als ob Sie damit Ihre Ohrläppchen berühren wollen. Drücken Sie den Kopf jetzt zurück, ohne das Gesicht gegen die Decke zu richten. Drücken Sie den Kopf nach hinten, gegen das Polster, das sich im Nacken gebildet hat. Drücken Sie nun kräftig Hinterkopf und Nackenpolster zusammen. Atmen Sie dabei ruhig und gleichmäßig weiter. Spüren Sie die Anspannung in Schultern und Hals, bis in den Rücken …
Und mit dem nächsten Ausatmen lassen Sie den Kopf und die Schultern locker fallen. Lassen Sie den Kopf auf die Brust fallen, bis Ihr Kinn die Brust berührt und atmen Sie ruhig und gleichmäßig. Spüren Sie die Entspannung in den Schultern, im Nacken und in den Armen …
Ballen Sie nun ihre Hände zu Fäusten, atmen Sie tief durch und richten Sie Ihre Aufmerksamkeit wieder nach außen.
(Adaptiert nach Brechtel, 1994)

Exkurs: Vom Wesen der Entspannung

Aufmerksamkeit zentrieren statt zerstreuen

Innenwendung der Aufmerksamkeit Viele der in unserer Kultur angebotenen Möglichkeiten zur Entspannung beruhen auf Ablenkung, auf Zerstreuung der Aufmerksamkeit. Die Aufmerksamkeit wird dabei nach außen gewendet. Man denke nur an das übergroße Angebot der elektronischen Unterhaltungsmedien. Selbstverständlich kann das Fernsehen helfen, von belastenden Gedanken, Alltagssorgen oder unangenehmen Gefühlen abzuschalten. Die Wirkung hält meist aber nicht lange an. Oft kehrt die innere Unruhe anschließend umso stärker zurück. Nicht selten auch bleibt nach einem Fernsehabend, bei dem man sich durch die verschiedenen Programme gezappt hat, ein schales Gefühl der inneren Leerezurück. Der Kontakt mit dem eigenen Selbst ist verloren gegangen, man fühlt sich selbst nicht mehr. So wird hier nicht aufgehoben, sondern nur fortgesetzt, was in der Hektik des Alltags ständig passiert, nämlich dass man den Kontakt zu sich selbst, die eigene Mitte verliert. Bei den psychologischen Entspannungsmethoden geht es daher nicht um Ablenkung und Zerstreuung, sondern um Sammlung und Zentrierung der Aufmerksamkeit. Die im Alltag auf Außenreize hin orientierte Aufmerksamkeit wird hier nun nach innen gewendet, auf das eigene Selbst, auf den eigenen Körper gerichtet. Diese Innenwendung der Aufmerksamkeit ist anfangs ungewohnt und kann sogar Angst machen. Der Herzschlag, der Atem, das Pulsieren des Blutes in den Adern, Geräusche in Magen und Darm, die normalerweise im Schatten der Aufmerksamkeit liegen, werden nun bewusst. Innere Unruhe, kreisende oder flatternde Gedanken werden verstärkt wahrgenommen. Dies alles kann anfangs eher beunruhigen, als dass es zur Entspannung beiträgt, und den Wunsch aufkommen lassen, sich doch lieber abzulenken. Mit wachsender Übung gelingt es dann jedoch immer besser, sich mit Ruhe und Gelassenheit auf sich selbst zu konzentrieren. Damit ist dann ein erster wichtiger Schritt auf dem Weg zur körperlichen und seelischen Entspannung getan.

Entspannte Wachheit

Konzentration ohne Anstrengung Entspannung erfordert jedoch nicht nur eine Innenwendung, sondern darüber hinaus eine ganz bestimmte Form der Aufmerksamkeit. Es lassen sich zwei Formen der Aufmerksamkeit unterscheiden: einmal die aktive, gespannte, zielgerichtete Konzentration. Sie ist um die Erreichung eines Zieles bemüht, auf ein Objekt oder Problem gerichtet, leistungsbetont und vom Verstand gesteuert. Es ist die Aufmerksamkeit des Akteurs. Demgegenüber ist die zweite Form der Aufmerksamkeit eher passiv, freischwebend, flottierend; sie ist betrachtend, registrierend. Es ist die Aufmerksamkeit des Zuschauers und wird auch als Konzentration ohne Anstrengung bezeichnet. Bei der Entspannung geht es um diese zweite, die gleichsam schwebende Form der Aufmerksamkeit. Diese ist übrigens nicht zu Verwechseln mit Schläfrigkeit. Oft kommt es vor, dass Menschen, die mit einem Entspannungstraining beginnen, bei den ersten Übungen einschlafen und darüber durchaus glücklich sind, etwa weil sie bisher unter Einschlafstörungen gelitten haben. Dies aber ist nur ein Durchgangsstadium. Langfristig wird ein Zustand der »entspannten Wachheit« angestrebt, der gekennzeichnet ist durch körperliche Entspannung bei gleichzeitig geistiger Wachheit. Ein solcher Zustand ist im Übrigen durch eine charakteristische Hirnstromaktivität nachweisbar, wie EEG-Untersuchungen an Personen, die über längere Zeit das Autogene Training praktizierten, gezeigt haben.

Entspannung heißt loslassen können

Entspannung lässt sich nicht erzwingen Wir haben betont, wie wichtig Konzentration und regelmäßiges Üben für den Erfolg des Trainings sind. Sich entspannen können erfordert jedoch noch etwas mehr, nämlich: sich gehen lassen können, sich Zeit für sich selbst nehmen können und Geduld mit sich haben, wenn es einmal nicht so gut klappt. Viele von Ihnen werden auch die Erfahrung kennen, dass gerade dann, wenn man unbedingt einschlafen will, der Schlaf sich nicht einstellt. Erst wenn man die Absicht schlafen zu wollen aufgibt und auch den vielleicht aufkommenden Ärger und die Sorge über zu wenig Schlaf loslässt, stellt der Schlaf sich unvermittelt ein. Bei der Entspannung verhält es sich ganz ähnlich. Auch sie ist durch eine noch so große bewusste Willensanstrengung nicht zu erreichen. Denken Sie z. B. auch an das Suchen nach einem Wort, das man erst findet, wenn man sich nicht mehr krampfhaft darum bemüht. Besonders bemüht Übende, die ihren »ganzen Willen« einsetzen, oder solche, die glauben, man könne alles mit dem Willen erreichen, versagen. Man kann Spannung, Verkrampfung (und die damit einhergehenden Erscheinungen) nicht mit dem Willen beseitigen – lösen schon gar nicht; denn Wille ist Spannung. Auf dem Weg der Entspannung steht daher ganz am Anfang – und immer wieder neu – die Notwendigkeit, den bewussten Willen, die Absicht, die Dinge aktiv beeinflussen, beherrschen, managen zu wollen, loszulassen zugunsten einer mehr mitgehenden, aufnehmenden und sich hingebenden Haltung.

8.4 Sport treiben und mehr Bewegung in den Alltag bringen

Sport fördert das seelische Wohlbefinden

Körperliche Aktivität ist eine gute Möglichkeit, den Organismus vor den schädigenden Auswirkungen von chronischem Stress zu schützen. Durch körperliche Aktivität wird wie bei Kampf- und Fluchtverhalten die unter Stress zur Verfügung gestellte Energie verbraucht und die eigene Widerstandskraft gegenüber Belastungen erhöht. Sport fördert das seelische Wohlbefinden und hilft dabei,

Abstand zu gewinnen. Der Kopf wird frei, die Gedanken kommen zur Ruhe. Sport fördert das Selbstbewusstsein und die Erfolgszuversicht. Kurz und bündig: Sport ist ein höchst wirksamer Stresskiller!

Bewegungsmangel: Gefahr für die Gesundheit

Risikofaktor Bewegungsmangel

Der technische Fortschritt hat in den letzten 100 Jahren das Leben der Menschen radikal verändert. Maschinen, Autos, Fahrstühle, Rolltreppen und Rasenmäher – um nur einige Beispiele zu nennen – haben uns mehr und mehr körperliche Arbeiten erleichtert oder ganz abgenommen. Während unsere Großeltern und auch Eltern häufig noch schwere körperliche Arbeit verrichten mussten und z. B. regelmäßig weitere Strecken zu Fuß gingen, verbringen viele Menschen heute die meiste Zeit des Tages sitzend: im Auto oder in öffentlichen Verkehrsmitteln, im Büro, vor dem Computer oder in Besprechungen, auf dem heimischen Sofa vor dem Fernsehen. Das Leben ist bequemer und angenehmer geworden. Was soll daran schlecht sein? Während die technische Entwicklung immer weiter fortschreitet, ist der menschliche Körper noch weitgehend vergleichbar mit dem des Urmenschen, der in den weiten Savannen Nordafrikas zu Hause war. Dieser menschliche Körper ist auf Bewegung programmiert. Der menschliche Körper funktioniert grundsätzlich anders als eine Maschine, die durch häufige Benutzung verschleißt. Der menschliche Körper verliert seine Leistungsfähigkeit und wird anfällig für Krankheiten gerade dann, wenn er nicht in ausreichendem Maße beansprucht wird. Die Ergebnisse vieler wissenschaftlicher Untersuchungen zeigen immer deutlicher, dass Bewegungsmangel:

- zu Übergewicht führen kann,
- das Herz selbst in Ruhe hochtourig arbeiten lässt,
- den Blutdruck erhöht,
- zu Krampfadern führen kann, weil das Blut in den Venen »versackt«,
- zur Erschlaffung von bestimmten Muskelgruppen und andererseits zur Verspannung von anderen Muskelgruppen beitragen kann,
- Haltungsschwächen bedingt,
- zu übermäßigem Knochenabbau (Osteoporose) führen kann,
- den Blutzucker steigen lässt,
- anfälliger für Viruserkrankungen (Erkältungen, Grippe) macht,
- Abnutzungserscheinungen an Gelenken (Hüfte, Knie) und an Bandscheiben fördern kann,
- Alterungsprozesse beschleunigt,
- depressive und ängstliche Stimmungen verstärkt.

Viele Krankheiten und Beschwerden, die man als normale und unvermeidbare Verschleißerscheinungen des Alterns betrachtet hat, beruhen in Wirklichkeit auf einem jahrelangen Bewegungsmangel.

Stress abbauen durch Bewegung

Positive Auswirkungen von Sport

Die positiven körperlichen Auswirkungen regelmäßiger sportlicher Aktivität sind in zahlreichen wissenschaftlichen Untersuchungen dokumentiert. Viele wissenschaftliche Studien haben darüber hinaus gezeigt, dass insbesondere der Ausdauersport mit erhöhtem seelischem Wohlbefinden und positiven Veränderungen depressiver und ängstlicher Verstimmungen verbunden ist. So trägt regelmäßige körperliche Aktivität wesentlich dazu bei,
- den Blutdruck zu senken,
- den Blutfett- und Blutzuckerspiegel zu senken,
- den Herzmuskel zu kräftigen,
- die Sauerstoffaufnahmekapazität der Lungen zu steigern,
- die Widerstandsfähigkeit insbesondere gegen Erkältungskrankheiten zu erhöhen,
- die Schlaftiefe und -qualität zu verbessern,
- Wohlbefinden und Lebensfreude zu steigern,
- Ängste und Depressionen zu mildern,
- das Selbstwertgefühl zu steigern.

Sportmediziner und Trainingswissenschaftler empfehlen zwei Wege zu mehr körperlicher Aktivität, die einen gesundheitlichen Nutzen bringt:
- **Weg 1: Mehr Bewegung in den Alltag bringen.**
- **Weg 2: Regelmäßig Sport treiben.**

Weg 1: Mehr Bewegung in den Alltag bringen

Bereits körperliche Aktivitäten mit einer mittleren Intensität, wie sie häufig im Alltag vorkommen, können Ihre Fitness verbessern und zu einem Stressausgleich beitragen. Beispiele für derartige Aktivitäten sind:
- Gartenarbeit,
- zügiges Gehen,
- Fahrrad fahren,
- Treppen steigen,
- Schnee schieben oder Blätter kehren.

Bereits 10 Minuten Bewegung fördern die Gesundheit

Derartige körperliche Aktivitäten haben dann einen gesundheitlichen Nutzen, wenn Sie sie möglichst täglich, mindestens aber an 5 Tagen pro Woche jeweils 30 Minuten oder länger durchführen. Die gute Nachricht ist, dass es nicht erforderlich ist, immer 30 Minuten am Stück körperlich aktiv zu sein. Auch mehrere kürzere Phasen körperlicher Aktivität pro Tag bringen bereits einen gesundheitlichen Nutzen. Eine Aktivitätsdauer von 10 Minuten sollte allerdings nicht unterschritten werden.

Jede regelmäßige körperliche Aktivität, die zumindest zu einer Beschleunigung der Atmung führt und wenigstens für 10 Minuten durchgeführt wird, fördert bereits die Gesundheit.

Tipps: So kommt Bewegung in Ihren Alltag

Hier einige Praxistipps, wie Sie mehr Bewegung in Ihren Alltag bringen können:

Verbinden Sie notwendige Aktivitäten im Alltag mit Bewegung! Dies ist eine wenig aufwändige Möglichkeit, Ihren Alltag körperlich aktiver zu gestalten. Denken Sie einmal darüber nach, welche der Aktivitäten in Ihrem Alltag Sie so ausführen könnten, dass Sie sich dabei mehr bewegen. Suchen Sie gezielt nach Möglichkeiten für körperliche Aktivität in Ihrem Alltag. Beispiele dafür sind:
- Ich fahre nicht mehr mit dem Bus zur Arbeit, sondern ich laufe oder fahre mit dem Rad.
- Ich benutze nicht mehr den Fahrstuhl, sondern ich steige die Treppen.
- Ich erledige kleinere Einkäufe und Besorgungen zu Fuß oder mit dem Rad.
- Bei Ausflügen mit der Familie fahren wir weniger Auto und unternehmen stattdessen kleinere Wanderungen oder gehen ins Schwimmbad.
- Bei der Gartenarbeit benutze ich statt Maschinen (Rasenmäher, Heckenschere, Laubsauger usw.) meine Muskeln.

Steigern Sie bewusst die Dauer und Intensität körperlicher Tätigkeiten in Ihrem Alltag! Auch diese Möglichkeit erfordert keinen besonderen Aufwand. Sie müssen nur aufmerksam auf körperliche Aktivitäten achten, die Sie bereits jetzt ausführen. Und dann verlängern oder verstärken Sie diese Aktivitäten ganz bewusst. Beispiele dafür sind:
- Wenn ich zu Fuß unterwegs bin, gehe ich bewusst einen Schritt schneller.
- Beim Treppensteigen nehme ich zwei Stufen auf einmal.
- Bei der Gartenarbeit mache ich weniger Pausen.
- Am Abend führe ich den Hund länger aus.
- Ich steige ein (oder zwei) Haltestellen früher aus und gehe den Rest zu Fuß.

Planen Sie regelmäßige Bewegungspausen ein! Diese Möglichkeit erfordert schon etwas mehr Aufwand und Planung. Es geht darum, im alltäglichen Tagesablauf ganz bewusst Zeiten von wenigstens 10 Minuten einzuplanen, in denen Sie einer mäßigen körperlichen Aktivität nachgehen. Beispiele hierfür sind:
- Morgens vor dem Frühstück 10 Minuten Gymnastik machen.
- In der Mittagspause das Büro verlassen und einen kurzen flotten Spaziergang machen.
- Abends vor dem Schlafen noch mal an die frische Luft gehen und einen längeren Gang machen.

Beobachten und Reflektieren: Mehr Bewegung in den Alltag bringen
Gehen Sie in Gedanken den üblichen Ablauf eines normalen Tages in Ihrem Alltag durch und suchen Sie dabei systematisch nach Gelegenheiten für mehr Bewegung.

■ Weg 2: Regelmäßig Sport treiben

Regelmäßige sportliche Aktivität

Den höchsten Nutzen für die Fitness und den Stressausgleich bringt die regelmäßige sportliche Aktivität. Besonders günstig sind Ausdauersportarten, wie Joggen, Walking (flottes Gehen), Wandern, schnelles Radfahren, Schwimmen und Skilanglauf. Ausdauersportarten sind Sportarten, bei denen sich die gleiche Bewegung über längere Zeit wiederholt. Je größer die eingesetzte Muskelmasse ist, umso mehr werden Kreislauf und Stoffwechsel beansprucht. Ihr Körper passt sich allmählich an diese erhöhte Beanspruchung an. Zum Beispiel fängt Ihr Herz an, ökonomischer zu arbeiten. Das heißt, es braucht weniger Kraft für die gleiche Leistung und erholt sich schneller. Dies geschieht durch eine verstärkte Durchblutung, einen verbesserten Stoffwechsel und durch eine Kräftigung des Herzmuskels.

Die rhythmische Bewegung beim Ausdauersportentlastet psychisch und fördert das Wohlbefinden. Oft hat man das Gefühl, dass die Bewegung wie von selbst geschieht. Die Gedanken bekommen freien Lauf und nach und nach wird der Kopf frei.

Vor dem Sport beachten

Wenn Sie anfangen wollen Sport zu treiben, beachten Sie bitte die folgenden Hinweise!

Vorsicht vor übertriebenem Ehrgeiz! Ganz wichtig ist, dass Sie den Sport aus Spaß an der Bewegung und mit Freude an Ihrem Körper betreiben. Übertriebener Ehrgeiz ist hier fehl am Platz. Hören Sie aufmerksam in Ihren Körper hinein und beachten Sie die Signale Ihres Körpers.

Welche sportliche Aktivität ist für mich am besten? Einfach gesagt: Die beste sportliche Aktivität für Sie ist diejenige, die Sie tatsächlich durchführen werden. Welche Art von körperlicher Aktivität würde Ihnen am meisten Spaß machen? In welcher Umgebung möchten Sie sich am liebsten körperlich betätigen? Treiben Sie lieber drinnen oder draußen Sport? Möchten Sie lieber allein oder gemeinsam mit anderen sportlich aktiv werden? Wenn Sie unsicher sind, ob eine bestimmte Sportart für Sie die richtige ist, konsultieren Sie gegebenenfalls einen Sportarzt.

Ärztlichen Rat einholen

Gehen Sie auf Nummer sicher! Regelmäßig Sport zu treiben, kann Ihr Leben positiv verändern. Sie sollten dabei jedoch kein unnötiges Risiko eingehen. Um auf Nummer sicher zu gehen, sollten Sie gegebenenfalls **vorher** medizinischen Rat einholen, wenn Sie

- älter als 35 Jahre sind,
- während der letzten 5 Jahre nicht regelmäßig Sport betrieben haben und/oder eine überwiegend sitzende Lebensweise hatten,
- übergewichtig sind,
- rauchen,
- unter Diabetes leiden,
- einen hohen Cholesterinspiegel oder einen hohe Blutdruck haben,
- sich gerade von einer schweren Erkrankung oder Operation erholen,
- Blutdruck regulierende Medikamente oder Herzmittel einnehmen,
- einen Herzschrittmacher oder ein anderes implantiertes elektronisches Gerät tragen.

Überforderung vermeiden

Wählen Sie die richtige Belastung Entscheidend ist es, den richtig dosierten Bewegungsreiz für Ihren Körper zu finden. Bisher führte der Bewegungsmangel zu einer Unterforderung Ihres Körpers. Eine sofortige zu starke Belastung kann zu einer Überforderung Ihres Körpers führen. Sowohl Unter- als auch Überforderung sind schädlich. Als Daumenregel gilt: Man sollte sich während der sportlichen Aktivität nebenher noch unterhalten können. Wer die Trainingsintensität genauer bestimmen möchte, kann auf den Pulsschlag (Herzfrequenz, HF) als leicht messbare Größe für die richtige Belastung zurückgreifen.

Wie messe ich meinen Puls? Dazu brauchen Sie eine Uhr mit Sekundenzähler. Sie können Ihren Puls am Handgelenk, an der Halsschlagader oder direkt am Herzen fühlen und zählen, wie oft Ihr Puls in 10 Sekunden schlägt. Dann nehmen Sie diese Zahl mal 6. Dies ergibt die Zahl der Schläge pro Minute. Leichter und zuverlässiger lässt sich der Puls mithilfe eines Herzfrequenzmessgerätes messen, das Sie in Sportgeschäften oder Sanitätshäusern erwerben können. Um die richtige Trainingsbelastung zu bestimmen, müssen Sie Ihre maximale Herzfrequenz (MHF) kennen. Zur Schätzung Ihrer MHF brauchen Sie lediglich Ihr Alter in Jahren von 220 abziehen.

Maximale Herzfrequenz (MHF) = 220 minus Lebensalter Ausgehend von der maximalen Herzfrequenzkönnen Sie anhand der unten aufgeführten Prozentsätze Ihren Trainingspulsfür jeweils unterschiedliche Trainingsziele berechnen.

50–60% der MHF = Training zur Stabilisierung der Gesundheit Ein Training bei einer Herzfrequenz von 50–60% Ihrer MHF fördert die Stabilisierung der Gesundheit. Dabei handelt es sich um leichtes Training (z. B. rasches Gehen), das jedoch auch schon einen gesundheitlichen Nutzen bringt.

60–70% der MHF = Training zur Aktivierung des Fettstoffwechsels Wenn Sie die Herzfrequenz auf 60–70% Ihrer MHF steigern, betreiben Sie ein Training zur Aktivierung des Fettstoffwechsels. Diese Herzfrequenz ist gut für die Fitness und fördert die Gewichtsreduktion.

70–85% der MHF = Training zur Verbesserung der Fitness Ein Training bei 70–85% Ihrer MHF eignet sich zur Verbesserung der Fitness. Hier ist das Training schon anstrengender, aber es lohnt sich – vorausgesetzt Sie haben Spaß daran.

Mehr als 85% der MHF = Anaerobe Zone Anaerobes Training bedeutet, dass unter Sauerstoffmangelbedingungen Kohlenhydrate zur Energiegewinnung verstoffwechselt werden. Das führt zur Übersäuerung der Muskulatur (Laktatbildung) und kann Sie zum vorzeitigen Abbruch der Belastung zwingen. Körperliches Training bei mehr als 85% der MHF ist nur für Leistungssportler, **nicht** aber für den Gesundheitssportler **geeignet**.

◘ Tabelle 8.3 gibt eine nach Alter gestaffelte Übersicht über die aeroben Herzfrequenz-Zielzonen in Herzschlägen pro Minute (◘ Tab. 8.3).

Machen Sie Pausen, aber richtig! Gerade zu Beginn Ihres Trainings werden Sie nicht gleich 20 Minuten am Stück laufen oder schwimmen können. Wenn Sie als Anfänger einfach drauf los laufen, werden Sie mit hoher Wahrscheinlichkeit schon nach wenigen Minuten erschöpft abbrechen müssen. Das ist für Sie frustrierend und bringt keinen gesundheitlichen Nutzen. Es ist

◘ **Tab. 8.3** Trainingspulsfrequenzen für unterschiedliche Altersgruppen und Trainingsziele

Alter	MHF (220 – Alter)	Stabile Gesundheit 50–60% der MHF	Aktiver Fettstoffwechsel 60–70% der MHF	Verbesserte Fitness 70–85% der MHF
25	195	97–117	117–136	136–165
30	190	95–114	114–133	133–161
35	185	92–11	111–129	129–157
40	180	90–108	108–126	126–153
45	175	87–105	105–122	122–148
50	170	85–102	102–119	119–144
55	165	82–99	99–115	115–140
60	160	80–96	96–112	112–136
65	155	77–93	93–108	108–131

vielmehr wichtig, zwischendrin ausreichend kurze Geh-Pausen zu machen, um einer Überforderung vorzubeugen. Dabei ist zu beachten, dass die Pausenzeit um etwa ein Drittel kürzer als die Belastungszeit sein soll. Hierdurch ist zwar eine Erholung möglich, es wird aber ein Zurückkehren auf das Ausgangsniveau vor der Belastung vermieden. Mit diesen Pausen halten Sie auch als Anfänger 20 Minuten durch! Beim Joggen könnte das z. B. für eine Trainingsdauervon insgesamt 20 Minuten so aussehen:

1. Woche:	abwechselnd 2 Minuten laufen – 1 Minute Geh-Pause
2. Woche:	abwechselnd 3 Minuten laufen – 1 Minute Geh-Pause
3. Woche:	abwechselnd 4 Minuten laufen – 1 Minute Geh- Pause
usw.	

Sie werden zunehmend mehr Minuten laufen können und weniger Pausen machen müssen.

Steigern Sie zunächst die Dauer, dann die Intensität! Wenn Sie mit einer sportlichen Aktivität beginnen, dann arbeiten Sie zunächst daraufhin, die Dauer zu steigern, sodass Sie die Aktivität mindestens 20 Minuten mit mäßiger Intensität durchhalten können. Erst dann beginnen Sie allmählich die Intensität zu steigern, also z. B. schneller zu laufen oder zu schwimmen.

Nur regelmäßige Bewegung hält fit! Denken Sie daran, nur regelmäßige sportliche Aktivität bringt lang anhaltenden Nutzen. Unregelmäßige körperliche Aktivität bringt nur eine kurzzeitige Verbesserung des körperlichen und seelischen Wohlbefindens. Damit Sport wirken kann, sollte er regelmäßig betrieben werden, möglichst 3-mal in der Woche und dann jedes Mal am besten 20 Minuten oder länger.

Vergessen Sie das Aufwärmen nicht! Das Aufwärmen vor der eigentlichen sportlichen Aktivität trägt dazu bei, Muskeln und Gelenke beweglich und locker zu machen und beugt Verletzungen vor. Insgesamt wird damit die Umstellung von Ruhe auf Bewegung vorbereitet.

Viel trinken! Durch die sportliche Aktivität geraten Sie ins Schwitzen. Dadurch verliert Ihr Körper Flüssigkeit. Diesen Flüssigkeitsverlust müssen Sie unbedingt ausgleichen. Trinken Sie also reichlich nach jeder sportlichen Betätigung.

Die beste Nachricht zum Schluss
Schon sehr bald nachdem Sie mit Ihrem Ausdauertraining begonnen haben, werden Sie erste positive Veränderungen feststellen. Bereits unmittelbar nach dem Training werden Sie sich belebt, erfrischt oder angenehm entspannt fühlen. Schneller als erwartet werden Sie Verbesserungen Ihrer Fitness feststellen können und sich insgesamt ausgeglichener und kräftiger fühlen. Das ist die gute Nachricht: Ihr Körper wird Sie für die Bewegung, die Sie ihm gönnen, sofort belohnen!

Check for updates

Für den Akutfall: Die 4-A- Strategie

© Springer-Verlag Berlin Heidelberg 2018
G. Kaluza, *Gelassen und sicher im Stress*, https://doi.org/10.1007/978-3-662-55986-4_9

Kennen Sie das? Sie haben am Abend etwas Schönes erlebt, Sie haben gut geschlafen und starten erholt in den neuen Tag. Sie haben Ihren Tag mit ausreichenden Zeitpuffern vorgeplant und sind zuversichtlich, dass Sie die Herausforderungen des Tages erfolgreich bewältigen werden. Kurzum, Ihr regeneratives (Genießen, Schlaf), instrumentelles (Zeitplanung) und mentales Stressmanagement (Zuversicht) funktionieren. Und dann geraten Sie plötzlich in einen Stau. Das kann dauern. Oder Ihr Zug hat Verspätung, sodass Sie wahrscheinlich zu Ihrem ersten Termin nicht rechtzeitig kommen werden. Oder die Schule ruft an, während Sie bereits ein erstes Kundengespräch führen. Ihr Sohn hat sich verletzt und muss abgeholt werden. Oder Ihr Chef teilt Ihnen mit, dass Sie einen erkrankten Kollegen in einer wichtigen Sache vertreten müssen. Ihren schönen Plan können Sie vergessen. Oder Sie stellen fest, während Sie schon unterwegs sind, dass Sie den Haustürschlüssel von innen haben stecken lassen. Ihre Tochter, die vor Ihnen aus der Schule nach Hause kommt, wird daher nicht in die Wohnung kommen. Oder … was fällt Ihnen ein?

Dies sind einige Beispiele für akute Stresssituationen. Situationen, in die wir geraten können, die nicht vorhersehbar sind, die sich auch durch ein noch so gut vorausschauendes Stressmanagement nie ganz werden vermeiden lassen. Sicher kennen Sie aus Ihrem beruflichen und privaten Alltag ähnliche Akutsituationen. Diese Situationen aktivieren unmittelbar das biologische Stressprogramm: Das Herz klopft, wir fangen an zu schwitzen, der Magen zieht sich zusammen, die Muskeln spannen sich an. Emotionale Erregung, Angst, Ärger, vielleicht Wut steigen auf. Diese körperliche und emotionale Aktivierung ist allerdings in den wenigsten Fällen wirklich hilfreich. Kämpfen oder Fliehen sind keine realistischen Optionen. Stattdessen kommt es in solchen akuten Stresssituationen darauf an, sich von der aufsteigenden Erregung nicht überwältigen zu lassen, Kontrolle zu behalten bzw. zurückzugewinnen und einen kühlen Kopf zu bewahren, um Handlungsoptionen, die vielleicht noch bestehen, erkennen und ergreifen zu können. In diesem Kapitel werde ich Ihnen eine Strategie vorstellen, die genau dies zum Ziel hat. Ich nenne sie die 4-A-Strategie, da sie aus vier bewusst zu gehenden Schritten besteht, deren Bezeichnung jeweils mit dem Buchstaben A beginnt (◘ Abb. 9.1).

9.1 Annehmen

Dies ist der erste Schritt der 4-A-Strategie. Annehmen bedeutet hier, die Situation, den Stau, die Zugverspätung, die Verletzung des Sohnes, den Zusatzauftrag des Chefs, den vergessenen Haustürschlüssel etc. als eingetretene Tatsache zu akzeptieren, die nicht zu ändern ist. Das heißt allerdings nicht, dass man sich

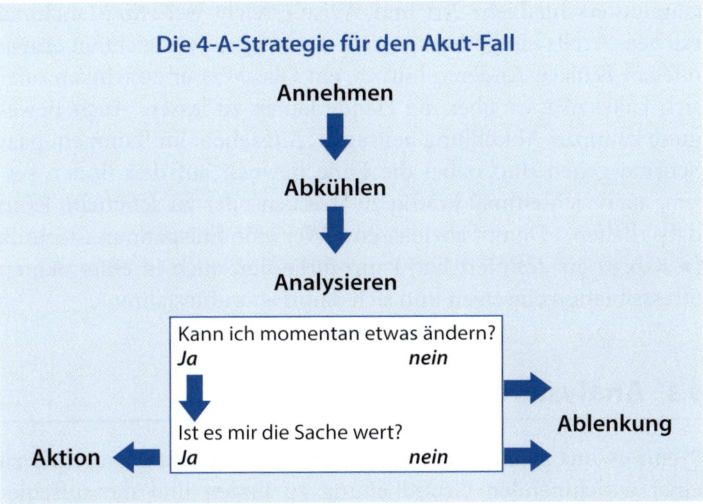

Abb. 9.1 Die 4-A-Strategie für den Akut-Fall

der Situation hilflos ergibt. Annehmen ist nicht gleich bedeutend mit passivem Hinnehmen oder Erdulden der Situation (vgl. ▶ Abschn. 7.1). Vielmehr beendet das Annehmen das fruchtlose Hadern mit dem, was nun einmal passiert ist, und es schützt uns davor, aus der akuten Erregung heraus bestimmte Dinge zu tun (oder auch nicht zu tun), durch die wir die Situation nur noch schlimmer machen würden, als sie ohnehin schon ist. Annehmen hilft uns, unsere Aufmerksamkeit auf die Handlungsmöglichkeiten zu richten, die es vielleicht noch gibt, die wir vielleicht noch ergreifen können, nicht um die eingetretene Situation selbst ungeschehen zu machen, aber um deren Folgen zu begrenzen.

Annehmen erfordert eine bewusste Entscheidung. Indem wir uns bewusst für das Annehmen und damit gegen das Hadern entscheiden, machen wir einen ersten entscheidenden Schritt heraus aus der Opferrolle und gewinnen Kontrolle über die Situation zurück.

9.2 Abkühlen

Dieser zweite Schritt der 4-A-Strategie zielt darauf ab, überschießende Erregung in einer akuten Stresssituation in den Griff zu bekommen, wenn man »aus dem Häuschen ist«, »an die Decke gehen« will oder »nicht mehr weiß, wo vorne und hinten ist«. Es geht hier darum, sich zu sammeln, die eigene Mitte (wieder) zu finden, Bodenhaftung und einen klaren Kopf zu bewahren. Wie kann das gelingen? Wichtig ist auch hier wieder die bewusste Entscheidung für das Abkühlen (und damit gegen das Hineinsteigern in die Erregung). Das Abkühlen selbst kann – je nach Situation – auf ganz unterschiedliche Art und Weise erreicht werden. Manchmal reichen bereits einige wenige tiefe Atemzüge – vielleicht an einem offenen Fenster. Anderen hilft es, ein Glas Wasser zu trinken oder sich kaltes Wasser über die Hände laufen zu lassen. Auch Bewegung kann zur Abkühlung beitragen. Aufstehen, im Raum ein paar Schritte gehen und dabei die Füße bewusst auf den Boden setzen, auch sich einmal kräftig zu strecken oder zu schütteln, kann dabei helfen, »Dampf abzulassen«. Wer eine Entspannungstechnik (▶ Kap. 8) gut trainiert hat, kann diese nun auch in einer akuten Stresssituation einsetzen und sich damit »herunterfahren«.

9.3 Analysieren

Wenn es uns gelingt, in einer akuten Stresssituation innerlich zu einer annehmenden Grundhaltung zu finden und die aufschießende körperliche und emotionale Erregung herunter zu regulieren, dann ist schon viel gewonnen. Äußerlich hat sich an der Situation zwar noch nichts geändert, aber wir haben uns verändert. Durch das bewusste und entschiedene Annehmen und Abkühlen haben wir das Heft wieder selbst in die Hand genommen. In dem nächsten, dem dritten Schritt der 4-A-Strategie geht es dann darum, sich einen kurzen Moment Zeit zu nehmen, um zu einer bewussten und schnellen Einschätzung eigener Handlungsoptionen zu kommen. Wir fragen uns dazu: »Kann ich momentan etwas tun?« Wenn wir eigene Handlungsmöglichkeiten erkennen, so schätzen wir diese unter dem Gesichtspunkt von Aufwand und Nutzen ein: »Ist es mir die Sache wert?«. Diese zweite Einschätzung ist notwendig, um der Gefahr von überstürzten oder zu aufwändigen Handlungen (»zu viel Wirbel machen«) zu begegnen. Nicht jede erkannte Handlungsoption muss man auch gleich nutzen. Statt in blinden Aktionismus zu verfallen, ist es manchmal klüger, abzuwarten, die Dinge auf sich beruhen oder auf sich zukommen zu lassen.

9.4 Ablenkung oder Aktion

Das Ergebnis der kurzen Analyse im vorangegangenen Schritt führt dann entweder dazu, dass man gezielt Maßnahmen ergreift, um die aktuelle Situation bzw. deren Folgen zu beeinflussen (»Aktion«), oder man unternimmt irgendetwas, um sich von der aktuellen Situation zu distanzieren und für das eigene Wohlbefinden zu sorgen (»Ablenkung«). Entweder man kümmert sich um die Situation, oder man kümmert sich um sich selbst. Welche Möglichkeiten der Ablenkung bzw. welche Aktionsmöglichkeiten es jeweils gibt, ist natürlich in starkem Maße abhängig von der konkreten Situation. Ablenkung kann beispielsweise durch Musik, durch Lesen, durch angenehme Gedanken, durch Beobachtung von anderen Menschen usw. geschehen. Direkte Aktionen können beispielsweise darin bestehen, dass man Grenzen zieht und »Nein« sagt, dass man Aufgaben delegiert oder Unterstützung sucht, dass man kurzfristig Termine umlegt oder Aufgaben umdisponiert.

Dies sind die 4 A's der Strategie für den Akut-Fall. Wenn Sie diese Strategie in Ihrem Alltag einsetzen möchten, dann prägen Sie sich ihre vier Schritte sehr gut ein und spielen Sie die Strategie anhand von vergangenen und möglichen zukünftigen akuten Stresssituationen in Gedanken auch mehrmals durch (▶ Kasten »Übung: Die 4-A-Strategie gedanklich erproben«). Die 4 A's sollten Ihnen gewissermaßen in »Fleisch und Blut« übergehen, damit Sie sie in der akuten Situation dann auch tatsächlich abrufen können.

Übung: Die 4-A-Strategie gedanklich erproben

Erinnern Sie sich so genau wie möglich an eine akute Stress-Situation, in die Sie jüngst geraten sind. Versetzen Sie sich in die Situation zurück und rufen Sie Ihre damaligen körperlichen, emotionalen und gedanklichen Stressreaktionen wieder in sich wach. Und dann stellen Sie sich vor, wie Sie in dieser Situation die 4-A-Strategie anwenden. Gehen Sie in Gedanken – Schritt für Schritt – durch diese Strategie. Machen Sie sich bei jedem Schritt ganz genau klar, was Sie jeweils konkret tun oder denken, um den jeweiligen Schritt umzusetzen, und spüren Sie nach, wie sich das auf Ihre körperliche und emotionale Erregung auswirkt. Wiederholen Sie dieses gedankliche Durchspielen der 4-A-Strategie mehrmals, um sich die 4 A's möglichst tief einzuprägen.

Den eigenen Weg finden

© Springer-Verlag Berlin Heidelberg 2018
G. Kaluza, *Gelassen und sicher im Stress*, https://doi.org/10.1007/978-3-662-55986-4_10

10.1 Das 3 × 4 der Stresskompetenz

In den vorangegangenen Kapiteln dieses Buches haben Sie die drei Säulen der persönlichen Stresskompetenz kennengelernt. Für jeden dieser drei Kompetenzbereiche habe ich Ihnen jeweils vier grundlegende Strategien des Stressmanagements vorgestellt. In der nachfolgenden Checkliste finden Sie eine knappe Zusammenfassung dieser 3 ′ 4-Strategien zum Stressmanagement (■ Abb. 10.1). Bitte prüfen Sie anhand der Liste, in welchen Bereichen Ihre Kompetenzen bereits heute gut ausgeprägt sind und hinsichtlich welcher Bereiche Sie sich zukünftig weiterentwickeln möchten.

10.2 Ein Wort zum Schluss

» Auch die längste Reise beginnt mit dem ersten Anheben des Fußes. (Laotse, legendärer chinesischer Philosoph, 6. Jahrhundert v. Chr.)

Liebe Leserin, lieber Leser,

Einstellungen und Verhaltensweisen, die oft über viele Jahre gewachsen sind und den heutigen Umgang mit Belastungen prägen, verändern sich nicht von heute auf morgen, schon gar nicht von selbst. Der Wille, an sich selbst zu arbeiten, Zeit und Geduld sind notwendige Investitionen in Ihren persönlichen Prozess hin zu einem gesünderen Umgang mit den Belastungen des Alltags.

Bitte beherzigen dabei die folgenden Ratschläge:

- Nehmen Sie sich nicht zu viel auf einmal vor. Setzen Sie sich überschaubare realistische Ziele und planen Sie einzelne konkrete Schritte.
- Vergegenwärtigen Sie sich immer wieder Ihre Vorteile, die Sie erreichen wollen und werden. Dies wird Ihnen helfen, auftretende Hindernisse zu überwinden.
- Machen Sie sich bewusst, dass Rückschläge bei jedem Versuch der Verhaltensänderung auftreten können. Rückschläge sind normal. Lassen Sie sich nicht entmutigen und haben Sie Geduld mit sich selbst.
- Gemeinsam geht es oft leichter. Unter dem Titel dieses Buches »Gelassen und sicher im Stress« werden von gesetzlichen Krankenkassen, Volkshochschulen und anderen Einrichtungen der Erwachsenenbildung Kurse zur Stressbewältigung angeboten. Dort finden Sie kompetente Unterstützung und den Rückhalt durch eine Gruppe Gleichgesinnter.
- Ich wünsche Ihnen viel Erfolg auf Ihrem persönlichen Weg zu mehr Gelassenheit, Wohlbefinden und Gesundheit.

Herzlichst
Ihr
Gert Kaluza

10

Checkliste: Das 3 x 4 der Stresskompetenz

In dieser Checkliste finden Sie eine knappe Zusammenfassung wesentlicher Strategien zum persönlichen Stressmanagement. Bitte prüfen Sie anhand der Liste, in welchen Bereichen Ihre Kompetenzen bereits heute gut ausgeprägt sind und hinsichtlich welcher Bereiche Sie sich zukünftig weiterentwickeln möchten.

In diesem Bereich möchte ich etwas ändern …

Diese Aussagen treffen auf mich zu …
5 = völlig, 4 = überwiegend, 3 = teils, teils, 2 = kaum, 1 = gar nicht
Bitte zutreffende Zahl eintragen!

		Ja	Nein	?
1. Instrumentelle Stresskompetenz				
1.1 Ich halte mich fachlich auf dem Laufenden. Ich bilde mich regelmäßig weiter. Ich lerne gern von anderen und sehe mich selbst als »Lernenden«.				
1.2 Ich pflege mein soziales Netz. Ich erfahre ausreichend Unterstützung durch andere. Ich habe mindestens eine vertraute Person, bei der ich mich fallen lassen kann.				
1.3 Ich achte auf meine Grenzen. Ich vertrete meine Interessen gegenüber anderen. Wenn nötig, sage ich »nein«, delegiere Aufgaben oder bitte andere um Unterstützung.				
1.4 Ich habe eine positive Zukunftsvision und klare Ziele vor Augen. Ich setze Prioritäten. Ich plane meine Zeit entsprechend und achte auf meine persönliche Leistungskurve.				
Summe Bereich 1				
2. Mentale Stresskompetenz				
2.1 Anforderungen und Schwierigkeiten gehören für mich zum Leben dazu. Ich begegne ihnen mit einer annehmenden Grundhaltung.				
2.2 Anforderungen oder Schwierigkeiten sehe ich als positive Herausforderung. Ich schätze sie realistisch ein und bewahre mir eine innere Distanz.				

© 2018 Springer-Verlag Berlin Heidelberg. Aus: Kaluza, G.: Gelassen und sicher im Stress

Abb. 10.1 Das 3 × 4 der Stresskompetenz

In diesem Bereich möchte ich etwas ändern …

Diese Aussagen treffen auf mich zu …
5 = völlig, 4 = überwiegend, 3 = teils, teils, 2 = kaum, 1 = gar nicht
Bitte zutreffende Zahl eintragen!

		Ja	Nein	?
2.3 Ich habe ein starkes Vertrauen in meine eigenen Kompetenzen. Ich bin mir meiner Stärken bewusst und vertraue darauf, dass ich auch neue Anforderungen und Schwierigkeiten meistern kann.				
2.4 Ich bin mir meiner persönlichen Stressverstärker bewusst. Ich arbeite gezielt an meiner persönlichen Weiterentwicklung. Ich entschärfe meine persönlichen Stressverstärker, indem ich aktiv neues Verhalten ausprobiere, z.B. Fehler zulasse, Kontrolle abgebe oder um Hilfe bitte.				
Summe Bereich 2				
3. Regenerative Stresskompetenz				
3.1 Ich sorge für regelmäßige Pausen. Ich gestalte meinen Urlaub entsprechend meinen Erholungsbedürfnissen. Ich habe einen tiefen und erholsamen Schlaf.				
3.2 In meiner Freizeit sorge ich aktiv für ein Gegengewicht zur Arbeit. Ich übe Aktivitäten aus, die mir Spaß machen, und genieße angenehme Dinge.				
3.3 Ich beherrsche eine Entspannungsmethode, mit der es mir gut gelingt, körperlich zu entspannen und gedanklich abzuschalten.				
3.4 Ich treibe regelmäßig Sport und sorge für viel Bewegung in meinem Alltag.				
Summe Bereich 3				

? Fragen zur Auswertung:
- Welche Säulen der Stresskompetenz sind stark, welche weniger stark ausgeprägt?
- In welchen Bereichen möchte ich meine Stresskompetenz zukünftig weiterentwickeln?
- Welche nächsten Schritte werde ich gehen, um meine Stresskompetenz zu erweitern?

© 2018 Springer-Verlag Berlin Heidelberg. Aus: Kaluza, G.: Gelassen und sicher im Stress

Abb. 10.1 (Fortsetzung)

Serviceteil

© Springer-Verlag Berlin Heidelberg 2018
G. Kaluza, *Gelassen und sicher im Stress,* https://doi.org/10.1007/978-3-662-55986-4

Literatur

Allmer H (1996) Erholung und Gesundheit. Grundlagen, Ergebnisse und Maßnahmen. Hogrefe, Göttingen

Antonovsky A (1988) Unraveling the mystery of health. How people manage stress and stay well. Jossey-Bass, San Fransisco

Bandura A (1977) Self-efficacy: Toward a unifying theory of behavioral change. Psychological Review, 84:191–215

Bauer J (2005) Das Gedächtnis des Körpers. Wie Beziehungen und Lebensstile unsere Gene steuern. 3. Aufl. Piper, München

Benkert O (2005) Stressdepression. Die neue Volkskrankheit und was man dagegen tun kann. Beck, München

Bernstein DA, Borkovec TD (1990) Entspannungstraining. Handbuch der progressiven Muskelentspannung. Pfeiffer, München

Brechtel C (1994) Muskuläres Tiefentraining – neue Wege zur Entspannung. psychotop, Durbach

Bouchard C, Shepard RJ, Stephens T, Sutton, JR, McPherson BD (1991) Exercise, fitness and health – A consensus of current knowledge. Human Kinetics Books, Champaign/Ill

Burisch M (1994) Das Burnout-Syndrom. 2. Aufl. Springer, Heidelberg

Buske-Kirschbaum A, Kirschbaum C, Hellhammer D (1990) Psychoneuroimmunologie. In: Schwarzer R (Hrsg) Gesundheitspsychologie. Ein Lehrbuch. Hogrefe, Göttingen, S 35–44

Cannon WB (1929) Bodily changes in pain, hunger, fear and rage. Appleton, New York

Covey SR, Merill AR, Merrill RR (1997) Der Weg zum Wesentlichen. Zeitmanagement der vierten Generation. Campus, Frankfurt am Main

Eberspächer H (1998) Ressource Ich. Der ökonomische Umgang mit Streß. Hanser, München

Frankl VE (1981) Die Sinnfrage in der Psychotherapie. Piper, München

Frankl VE (1994) Logotherapie und Existenzanalyse. Texte aus sechs Jahrzehnten. Quintessenz, München

Fuchs E, Flügge G (2001) Psychosoziale Belastung hinterlässt Spuren im Gehirn. Zeitschrift für Medizinische Psychologie, 10:99–105

Hamm A (1993) Progressive Muskelentspannung. In: Vaitl D, Petermann F (Hrsg) Handbuch der Entspannungsverfahren. Band 1: Grundlagen und Methoden. Psychologie Verlags Union, Weinheim, S 245–264

Hoffmann F (2005) „Gönne Dich Dir selbst" – Monastische Burnout-Prophylaxe. Deutsches Pfarrerblatt 8:35

Holmes TH, Rahe RH (1967) The Social Readjustment Rating Scale. Journal of Psychosomatic Research, 11:213–218

Hüther G (1997) Biologie der Angst. Wie aus Stress Gefühle werden. Vandenhoeck & Ruprecht, Göttingen

Jacobson E (1993) Entspannung als Therapie. Progressive Relaxation in Theorie und Praxis. Pfeiffer, München

Jansen R (2000) Arbeitsbelastungen und Arbeitsbedingungen. In: Badura B, Litsch M, Vetter C (Hrsg) Fehlzeiten-Report 1999. Psychische Belastung am Arbeitsplatz. Springer, Berlin, Heidelberg, S 5–30

Kaluza G (1996) Belastungsbewältigung und Gesundheit – Theoretische Perspektiven und empirische Befunde. Zeitschrift für Medizinische Psychologie 5: 147–155

Kaluza G (1999) Optimismus und Gesundheit: Gibt es eine salutogene Konstruktion subjektiver Realität? Psychomed 11:51–57

Kaluza G (2004) Stressbewältigung. Trainingsmanual zur psychologischen Gesundheitsförderung. Springer, Heidelberg

Kaluza G, Vögele C (1999) Stress und Stressbewältigung. In: Flor H, Birbaumer N, Hahlweg K (Hrsg) Enzyklopädie der Psychologie, Themenbereich D Praxisgebiete, Serie II Klinische Psychologie, Band 3 Grundlagen der Verhaltensmedizin. Hogrefe, Göttingen, S 331–388

Kaluza G, Basler HD, Simon G, Schmidt-Trucksäß A, Büchler G (1998) Wohlbefinden und kardiovaskuläre Fitness bei Teilnehmern eines laktatgesteuerten Ausdauertrainings. Zeitschrift für Gesundheitspsychologie, 6:33–36

Kaluza G, Keller S, Basler HD (2001) Beanspruchungsregulation durch Sport? – Zusammenhänge zwischen wahrgenommener Arbeitsbelastung, sportlicher Aktivität und psychophysischem Wohlbefinden. Zeitschrift für Gesundheitspsychologie 9:26–31

Karasek RA, Bauer D, Marxer A, Theorell T (1981) Job decision latitude, job demands and cardiovascular disease: A prospective study of Swedish men. American Journal of Public Health, 71:694–705

Karasek RA, Theorell T (1990) Healthy work: Stress, productivity and the restruction of working life. Basic Books, New York

Kirschbaum C, Hellhammer D (1999) Hypothalamus-Hypophysen-Nebennierenrindenachse. In: Birbaumer N, Frey D, Kuhl J, Prinz W, Weinert FE (Hrsg) Enzyklopädie der Psychologie:

Themenbereich C Theorie und Forschung, Serie I Biologische Psychologie, Band 3 Psychoendokrinologie und Psychoimmunologie. Hogrefe, Göttingen, S 79–140
Koppenhöfer E (2004) Kleine Schule des Genießens. Pabst, Lengerich
Lazarus RS (1966) Psychological stress and the coping process. McGraw-Hill, New York
Lazarus RS, Launier R, (1981) Streßbezogene Transaktionen zwischen Person und Umwelt. In: Nitsch JR (Hrsg) Stress. Theorien, Untersuchungen, Maßnahmen. Huber, Bern, S 213–259
Ledoux JE (1999) Das Gedächtnis für Angst. Spektrum der Wissenschaft Dossier, 3:16–23
Linehan M (1996) Trainingsmanual zur Dialektisch-Behavioralen Therapie der Borderline-Persönlichkeitsstörung. Cip-Medien, München
Lohmann-Haislah, A. (2012). Stressreport Deutschland 2012. Psychische Anforderungen, Ressourcen und Befinden. Dortmund: Bundesanstalt für Arbeitsschutz und Arbeitsmedizin
Lutz R (1993) Genußtraining. In: Linden M, Hautzinger M (Hrsg) Verhaltenstherapie. Techniken und Einzelverfahren. Springer, Berlin, S 155–159
Matyssek, AK (2007) Führungsfaktor Gesundheit. So bleiben Führungskräfte und Mitarbeiter gesund. Gabal, Offenbach
Maslach C, Leiter MP (2001) Die Wahrheit über Burnout – Stress am Arbeitsplatz und was Sie dagegen tun können. Springer, Wien, New York
Menz W, Dunkel W, Kratzer N (2011) Leistung und Leiden. Neue Steuerungsformen von Leistung und ihre Belastungswirkungen. In: Kratzer N, Dunkel W, Becker K, Hinrichs S (Hrsg) Arbeit und Gesundheit im Konflikt - Analysen und Ansätze für ein partizipatives Gesundheitsmanagement. edition sigma, Berlin, S 143–198
Mentzel G (1979) Über die Arbeitssucht. Zeitschrift für Psychosomatische Medizin und Psychoanalyse, 25:115–127
Nemeroff C (1999) Neurobiologie der Angst. Spektrum der Wisssenschaft Dossier, 3:24–31
O'Leary A (1984) Self-efficacy and health. Behavior Research and Therapy, 23:437–451
Poppelreuter S (1997) Arbeitssucht. Psychologie Verlags Union, Weinheim
Rudow B (2004) Das gesunde Unternehmen. München, Oldenbourg
Rugulies R, Siegrist J (2002) Soziologische Aspekte der Entstehung und des Verlaufes der chronischen Herzkrankheit. Soziale Ungleichverteilung der Erkrankung und chronische Distress-Erfahrungen im Erwerbsleben. VAS, Frankfurt am Main
Röhrle B (1994) Soziale Netzwerke und soziale Unterstützung. Psychologie Verlags Union, Weinheim
Sapolsky RM (1996) Why stress is bad for your brain. Science, 273:749–750
Schedlowski M (1994) Stress, Hormone und zelluläre Immunfunktionen. Spektrum Akademischer Verlag, Heidelberg
Schlicht W (1993) Psychische Gesundheit durch Sport? Realität oder Wunsch: Eine Meta-Analyse. Zeitschrift für Gesundheitspsychologie, 1:65–81
Schmid W (1998) Philosophie der Lebenskunst. Suhrkamp, Heidelberg
Schultz JH (1979) Das autogene Training. Konzentrative Selbstentspannung. Thieme, Stuttgart
Schulz von Thun F (1989) Miteinander reden 2.Stile, Werte und Persönlichkeitsentwicklung. Rowohlt, Reinbek
Schwarzer R (1993) Defensiver und funktionaler Optimismus als Bedingungen für Gesundheitsverhalten. Zeitschrift für Gesundheitspsychologie, 1:7–31
Schwarzer R, Leppin A (1989) Sozialer Rückhalt und Gesundheit. Eine Meta-Analyse. Hogrefe, Göttingen
Seiwert LJ (2001) Wenn Du es eilig hast, gehe langsam. Das neue Zeitmanagement in einer beschleunigten Welt. Sieben Schritte zur Zeitsouveränität und Effektivität. Campus, Frankfurt am Main
Seligman M (1979) Erlernte Hilflosigkeit. Urban & Schwarzenberg, München
Selye H (1936) A syndrome produced by diverse nocious agents. Nature, 138, 32.
Selye H (1981) Geschichte und Grundzüge des Stresskonzeptes. In: Nitsch JR (Hrsg) Stress. Theorien, Untersuchungen, Maßnahmen. Huber, Bern, S 163–187
Siegrist J (1996) Soziale Krisen und Gesundheit. Hogrefe, Göttingen
Siegrist J, Dragano N (2008) Psychosoziale Belastungen und Erkrankungsrisiken im Erwerbsleben. Befunde aus internationalen Studien zum Anforderungs-Kontroll-Modell und zum Modell beruflicher Gratifikationskrisen. Bundesgesundheitsblatt, 51, S 305–312
Theorell T, Harms Ringdahl K, Ahlberg Hutten G, Westin B (1991) Psychosocial job factors and symptoms from the locomotor system – A multicausal analysis. Scandinavian Journal of Rehabilitation Medicine, 23:165–173
Uvnäs-Moberg K, Petersson M (2005) Oxytocin, ein Vermittler von Antistress, Wohlbefinden, sozialer Interaktion, Wachstum und Heilung. Zeitschrift für Psychosomatische Medizin und Psychotherapie, 51:57–80
Vahtera J et al (2004) Organisational downsizing, sickness absence, and mortality: 10-town prospective cohort study. British Medical Journal, 328:555–560
Watzlawick P (1988) Anleitung zum Unglücklichsein. Piper, München
Zulley J, Knab B (2002) Die kleine Schlafschule. Herder, Freiburg

Stichwortverzeichnis

T

U

V

W

Z